JN049940

THE STRATEGY
FORMULATION AND EXECUTION

USING
THE BALANCED
SCORECARD

# BSCによる
# 戦略の策定と実行

事例で見るインタンジブルズのマネジメントと
統合報告への管理会計の貢献

**伊藤和憲** ITO KAZUNORI

同文舘出版

# はしがき

　企業は何を目指して経営すべきなのだろうか。こんな疑問を持たせてくれた講義がこれまでたびたびあった。最初は，大学に入学したばかりの講義で，ある教師から，利益を高めることが企業の目的であると教わった。当時は，利益追求という表現がなんとも卑しい感じがしたことを記憶している。反論するだけの知識を持ち合わせていなかったが，利益追求でいいのだろうかという気持ちを持った。その後，修士課程に進んだとき，ちょうど日本にもファイナンスが流行りだしたころである。その影響で，企業の目的は株主価値の創造であるという指導を受けた。ポートフォリオセレクションを習ったものの，企業はなぜ株主のためにあるのかという疑問だけが脳裏に残った。

　それから博士後期課程に進んで，企業経営というのは「八方をにらんで経営するものだ」という指導を受けた。非常に納得がいく講義を，感動して聞いていたことをいまでもはっきり覚えている。このアイディアは，すでに1950年代に，General Electric（GE）で検討を重ねた8つの重要成功要因（8 key factors for success）であった。このことはずいぶん後になるまで忘れていた。

　Kaplan and Nortonが1992年に*Harvard Business Review*誌でバランスト・スコアカード（Balanced Scorecard : BSC）を提案したときも，まったく気がつかなかった。その後，櫻井通晴先生の下で，Kaplan and Nortonの4冊の著書を翻訳していくうちに，BSCこそが企業の目指す姿を教えているのではないかと思うようになっていった。そのようにして考えてみると，GEの8つの重要成功要因は，BSCの4つの視点と親和性がある。このような企業の目指す姿，すなわち，企業価値とは何かがだんだんクリヤーになっていった。

　なぜ，企業価値を創造する必要があるのだろうか。BSCの研究を進めていくうちに，Kaplan and Nortonは，当初よりインタンジブルズへの投資を戦略的に行うことで企業価値の創造を図り，米国の復活を目論んだのではないかという思いを持つようになった。1960年代から70年代を通じて，ハーバードの管理会計は一貫してROI（return on investment : 投資利益率）よりRI（residual income：残余利益）の優位性を主張してきた。しかし，米国の実務では経営指標と言えば，ROI一辺倒であった。株主は重視するものの，生産はプロダクトアウト志向で顧客ニーズを重視しないために赤字を垂れ流していた。

　一方，日本では，総花的にいろいろな経営指標を経営目標としており，日本で開発されたTQC，JIT，原価企画などはいずれも顧客ニーズを重視するマーケットイン志向の生産によって世界のトップに躍り出ていた。このように米国の経営と日本の経営を比較してみると，インタンジブルズをどちらの国も考えていないことがわかる。また，企業価値の創造のためには，このインタンジブルズへの投資を重視すべきであるということを意識するようになった。

　要するに，米国の財務偏重（財務の視点）に対して，日本は顧客満足（顧客の視点）のためのビジネス・プロセスの構築（内部プロセスの視点）を図ってきたのである。

　Kaplan and Nortonは，米国再生の鍵として，インフラへの投資（学習と成長の視点）によって，企業にゆるぎない力をつけることだという認識を持ったのではないだろうか。これが米国再生のための４つの視点の意味であったのではないだろうか。また，「なぜ，企業価値を創造すべきなのか」という問題に対する回答であったのではないだろうか。

　ところで，企業価値はどのように創造すべきなのだろうか。米国再生の鍵となる学習と成長の視点をどのようにマネジメントすべきかが長年の課題であった。企業価値の創造は，学習と成長の視点にかかっていると言っても過言ではない。戦略マップが考え出されることで，企業価値の創造プロセスを戦略目標の因果関係として可視化することができるようになった。また，レディネス評価というアイディアが生まれたことで，学習と成長の視点の成果測定ができるようになった。この戦略マップとレディネス評価によって，インタンジブルズのマネジメントを飛躍的に展開することができるようになった。戦略マップを可視化して，インタンジブルズを戦略と密接に結びつけてマネジメントすることが，企業価値の創造に大きく貢献するものと考えている。

　このようなインタンジブルズのマネジメントを，Kaplan and Nortonは2004年の *Strategy Maps : Converting Intangible Assets into Tangible Outcomes* の

なかで具体的に紹介した。この著書を『戦略マップ』として，著者らが翻訳したのは，2004年から2005年にかけてであった。この翻訳がきっかけとなって，上述のように，企業価値のwhat/why/howはインタンジブルズと深く結びついていることが理解できた。また，インタンジブルズのマネジメントに強く関心を持つようになっていった。

　インタンジブルズのマネジメントを研究する前に，2000年から行ってきたBSC研究を著書としてまとめることで，新たな研究に進もうと考えた。これが2007年に中央経済社から出版した『ケーススタディ 戦略の管理会計』である。その後，BSCについての知識をベースとして，インタンジブルズの文献研究やケーススタディを行っていった。その過程において，わが国でもBSCを導入している企業が増えてはきているものの，まだ多くの企業でBSCを導入する必要があるにもかかわらず，その認識が不足していたり，「財務業績がすぐに向上しないため，BSCは有効ではない」という意見があったり，まだまだBSCの普及が十分ではないという問題意識も持つようになった。加えて，BSCを導入している企業においても，失敗している企業も散見され，その失敗要因としては導入の仕方および導入目的の認識に問題があると思われる。さらに重要なことは，BSCによってインタンジブルズを戦略的にマネジメントするという意識が不足している。

　このような背景の下で進めてきたBSCおよびインタンジブルズの研究の果実として，このたび，やっと著書という形にまとめることができた。それがこの『BSCによる戦略の策定と実行—事例で見るインタンジブルズのマネジメントと統合報告への管理会計の貢献—』である。

　この著書が完成するまでには，多くの人々や企業などからたくさんの支援をいただいた。ここに記して，感謝の意を述べたい。

　まずお礼を申し上げなければならないのは，恩師の櫻井通晴先生（現城西国際大学客員教授）である。櫻井先生には，テーマのヒント，すべての論文の構想段階から学会報告までのアドバイス，著書の完成に至るまで懇切丁寧にかつ温かい指導をいただいた。櫻井先生の指導がなければ本書の完成はなかった。櫻井先生には心よりお礼を申し上げたい。

　また，専修大学で開催されている管理会計研究会では，本書を毎週1章ずつ検討してもらった。いろいろなアドバイスの結果が本書の随所に出ている。管理会計研究会のメンバーには感謝申し上げたい。とりわけ，明治大学の﨑章浩教授には，第7章の中期計画に対して貴重なコメントをいただいた。また，専修大学の青木章通教授には，第8章の顧客価値の概念を教えていただいた。両教授には，入校直前の原稿をすべて丁寧に校正していただいたことにも感謝している。

　北海学園大学に赴任したばかりの関谷浩行専任講師には，参考文献の間違いを多数発見してもらった。また，専修大学博士後期課程に在学中の梅田宙君にも原稿のミスをずいぶん指摘してもらった。両君の今後の活躍を祈念している。

　さらに，JSPS科研費23530593の科学助成と専修大学の会計研究所や研究助成研究費（個人）から研究助成をいただいたことに感謝の意を表したい。また，事例を紹介していただいた各社の方々にもお礼を申し上げなければならない。

　最後に，本書の出版を計画してから2年の間，遅々として進まぬ執筆活動を温かく見守っていただいた同文舘出版社長の中島治久氏に感謝したい。また，極めて丁寧かつ精緻に校正していただき，読者の立場で的確なコメントをしていただいた同社編集部角田貴信氏にもお礼を申し上げたい。

　本書が，BSCの効果的な活用，企業価値の創造に寄与できるのであれば，これに過ぎた慶びはない。


2014年夏


伊藤　和憲
CBSの研究室にて

# BSCによる戦略の策定と実行

―事例で見るインタンジブルズのマネジメントと統合報告への管理会計の貢献―

◆目次◆

第4章 企業戦略のマネジメント
―リコー，シャープ，三菱東京UFJの事例研究―

第5章 事例で見るインタンジブルズのマネジメント
―日米企業の事例研究―

## 第6章　BSCによる事業戦略の可視化とカスケード
―海老名総合病院の事例研究―

# 第7章 BSCによる戦略実行と業績評価のマネジメント
## —Chadwick社の事例研究—

# 第8章 統合報告における価値創造の可視化

## 終章　インタンジブルズのマネジメント研究のあり方

# 序章 研究フレームワーク

## はじめに

　従来，戦略と業務の議論は別々に行われてきた。戦略は策定するものとして，具体的には戦略的計画に始まり，SWOT分析にしてもポジショニングや資源ベースの戦略にしても戦略は策定が中心であった。今日，戦略が実現できないのは，策定が悪いからではなく，戦略実行がうまくいっていないからであるという指摘がある。たとえば，Charan and Colvin（1999）によれば，70％のケースでは，戦略そのものに問題があるわけではなく，実行に問題があるという。また，清水（2011, pp.36-37）は，戦略は立てたり持つことが目的ではなく，実行して結果を出すことが本来の目的であると指摘している。

　戦略を確実に実行するためには，戦略と業務を切り離して議論するのではなく，両者を統合してマネジメントする必要がある。そこで，本章では戦略と業務のマネジメント・システムの構築という観点から，戦略と業務の統合型マネジメント・システムの課題について検討する。まず，戦略と業務の統合型マネジメント・システムを明らかにする。次に，統合型マネジメント・システムに基づいて戦略マップとスコアカードからなるバランスト・スコアカード（Balanced Scorecard：BSC）を構築する上での課題を取り上げる。具体的には，学習と成長の視点における戦略目標の設定，企業戦略と事業戦略の連携，戦略と業務の連結，戦略修正のための仮説検証である。最後に，研究課題を掘り下げて，本書の章立てを明らかにする。

## 1　統合型マネジメント・システム

　戦略と業務の統合型マネジメント・システムとは，従来ばらばらだった戦略の策定と実行のマネジメント・システムやツールを統合することによって，戦略を効果的に実現することである。たとえば，Kaplan and Norton（2008）の循環型マネジメント・システムはその１つである。また，Simons（1995）の４つのコントロール・レバーもコントロールに焦点を当ててはいるが，戦略の策定から実行までを，レバーを調整しながら統合する提案であると言えよう。この戦略と業務を統合するマネジメント・システムを図示すれば，図表序-1となる。

　第１ステップは企業戦略の策定である。第２ステップは，戦略マップやスコアカードを用いた事業戦略の策定である。第３ステップは，事業戦略を業務へ落とし込んで業務計画を作成することである。第４ステップは，戦略および業務の計画を実行することである。第５ステップは，戦略と業務を検証し適応す

図表序-1　統合型マネジメント・システム

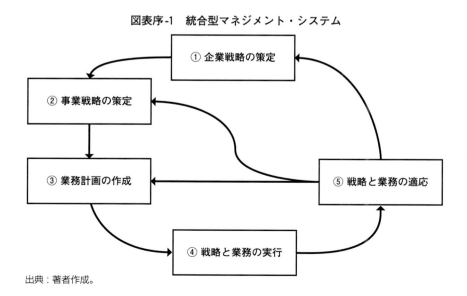

出典：著者作成。

2

ることである。これらを循環させて戦略と業務のPDCAを回していくことが統合型マネジメント・システムの要諦である。

第1ステップの企業戦略の策定段階では，企業戦略として企業価値の創造を検討する。企業戦略は，持ち株会社が新たな事業会社のM&A（mergers & acquisitions）により既存の事業会社とのシナジーを図ったり，ポートフォリオを組んだりすることである。たとえば，川下の事業会社を持つ本社が川上の事業会社を買収することで，事業会社間にシナジーを創出させることなどが挙げられる。このように，企業戦略は事業会社間でシナジーを創出することである。この戦略を外部ステークホルダーに可視化することでブランドやレピュテーションを高めることができる。

他方，内部の従業員に対しても，企業戦略を可視化して，企業戦略としての価値創造プロセスや人的資産，情報資産，組織資産といったインタンジブルズを共同で構築してシナジーの創造を図ることも必要である。そのためには，企業戦略で事業会社や事業部に共通する戦略目標の戦略的実施項目を共同で検討するといった工夫をする必要がある。

第2ステップは，事業戦略の策定である。事業戦略を策定し，これを可視化する戦略マップ，および戦略の進捗状況をマネジメントするスコアカードを計画する段階である。この段階では戦略目標として戦略を可視化する必要がある。このステップには，本書ではとりわけ重要と考えているインタンジブルズ[1]をマネジメントすることも含まれる。つまり，インタンジブルズを戦略的にいかにマネジメントすべきかを可視化して，従業員と情報共有する必要がある。学習と成長の視点は，明確に意図してマネジメントしておかないとなおざりにされがちとなる可能性がある。学習と成長の視点の戦略目標を内部プロセスの価値創造プロセスと連携するようにインタンジブルズを構築する必要がある（Kaplan and Norton, 2004）。これらが特定されたら，内部プロセスの視点の戦略目標を達成するような目標値の設定とアクションがとられなければならない。

---

1）インタンジブルズとは，第2章で定義するが，本書では無形の企業価値を創造する源泉のことである。

　第3ステップは戦略を業務へとカスケード（落とし込み）する段階である。戦略を策定しただけで戦略が実現するわけではない。ここに戦略の業務計画への落とし込みの意義がある。戦略を実行するには，戦略を業務計画に落とし込む必要があるが，そのとき，業務計画を実施する現場担当者の日常業務のなかでインタンジブルズを測定・管理して創造できるようにしなければならない。そして，第4ステップとして戦略と業務の実行が行われる。さらに第5ステップとして，実績が計画通りかどうか，環境変化により実現できない部分があるのかなど，戦略と業務の適応を図りながら，必要であれば戦略と業務の修正行動をとることになる。

　以上が戦略と業務のPDCAであり，これを統合型マネジメント・システムと呼んだ。戦略と業務の実績データは，ときには企業戦略や事業戦略を新たに構築する情報としても利用される。この統合型マネジメント・システムが現実的に有用であるかについては，実証研究できるほど企業に普及している考え方ではない。いまだに理論構築は重要な段階であり，フィールド・リサーチによる検証が必要である。

## 2　BSCの課題

　価値創造活動を可視化して戦略を実行に移すとき，戦略マップとスコアカードを用いることで一貫したマネジメントができる。ところが，このようなBSCのマネジメントは，いくつか見解の一致を見ていない部分がある。少なくとも3つの検討すべき点がある。第1の課題は，学習と成長の視点の戦略目標とその尺度である。第2の課題は，企業戦略と事業戦略との関係，事業戦略と業務計画との関係である。第3の課題は，戦略計画と業務計画を実施した後，モニタリングによる適応行動である。以下，これらの課題を順に明らかにする。

　第1に，学習と成長の視点の課題を明らかにする。インタンジブルズのマネジメントに大きく貢献する学習と成長の視点の戦略目標と尺度は，BSCが提唱された当初より大きな課題であるとともに，難題であった。たとえば，

Kaplan and Norton (1992, p.71) は，「伝統的な財務尺度は工業化時代にはうまく機能していたが，今日のように企業がスキルや能力を身につけていこうという時代には有効とは言えない」として，学習と成長の視点の意義を明らかにしている。また，Kaplan and Norton (2001, pp.93-94) によれば，「エグゼクティブ・チームは，この学習と成長の視点は確かに重要だと認めはするが，一般にその目標をどのように定義づけて達成するのかの知識やコンセンサスを得にくい」と指摘している。このことから，学習と成長の視点は戦略目標とその尺度の設定が困難であることが理解できる。

　学習と成長の視点の戦略目標には，スキルの向上，知識の共有，情報インフラとアプリケーションの導入，戦略の理解，戦略への方向づけ，学習効果，動機づけといったものが例示できる。また，その尺度として戦略的なスキルの採用率（研修参加率など），ベスト・プラクティスの共有，戦略的な情報技術の採用率，戦略の理解度，戦略との目標整合性，雇用保証期間，モラールなどが例示されてきた。そのような尺度は，測定困難な指標が少なくなかった。これらの指標では戦略目標の達成度を測定することができない。つまり，学習と成長の視点については実務適用上の課題が存在している。

　学習と成長の視点をマネジメントするために，Kaplan and Norton (2004) はレディネス評価を提案している。レディネス評価とは，内部プロセスの視点の戦略目標を下支えするための準備度合いを測定するものである。このレディネス評価の実務上の実施可能性については必ずしも十分な議論が行われているとは言えない。すなわち，学習と成長の視点を中心とするインタンジブルズのマネジメントについて，フィールド・リサーチによる実現可能性も含めた検討がなされる必要がある。

　第2の課題は，戦略のアラインメント（ベクトル合わせ）である。戦略のアラインメントとしては，企業戦略と事業戦略の連携をいかに図るかという課題と，事業戦略を業務計画にいかに落とし込むかという課題に区分できる。

　企業戦略はグループ全体を対象にした企業価値を問題視する戦略である。他方，事業戦略は事業会社もしくは事業部といった顧客から得られる事業価値を問題視する戦略と言うことができよう。つまり，企業価値とは，本社が導く価

値創造と顧客から得られる価値から創造される（Kaplan and Norton, 2006, p.5）。企業価値は，シナジーの創造によってもたらされる全社の価値創造と，事業会社や事業部による顧客価値創造から得られる事業価値とに区分される。

　これに対して，伊藤（和）（2007, p.59）は，本社では価値創造だけでなく，価値毀損をしないようにアネルギー抑制の検討を提案した。アネルギーとは，企業価値を毀損する可能性のある経営者と従業員の行動を指す。たとえば，シナジー・コスト，コンプライアンス，内部統制などのような本社が適切に管理しないと価値毀損するものである。アネルギーの抑制という戦略についても本社主導で管理する必要があるが，必ずしも研究が進んでいるとは言えない。企業戦略と事業戦略のアラインメントについてフィールド・リサーチによる研究を行う必要がある。

　戦略が実行できないのは，戦略と業務の連携がうまくいかないという不具合のためでもある。策定した戦略を業務予算や方針管理へどのように展開すべきか，いわゆる戦略の業務へのカスケードについての課題とも言える。

　まず，財務的なカスケードについて検討する。従来，戦略的なプロジェクトは，第1章の1.5項で明らかにするように，プロジェクトの投資計画を検討し，これを実施したことによる効果として，短期・長期の収益性という財務への影響を検討してきた。他方，BSCでは，目標値と実績値のギャップを埋める手段として戦略的実施項目を設定し，戦略をより確実に実行できる方法論を提案した。このために費やす戦略的実施項目の予算を戦略予算として損益予算に落とし込んで年度で管理する。このように，戦略予算を損益予算へと落とし込むことは，すでに提案されており，実施方法を間違えなければうまくいく。

　ところが，戦略を業務計画へカスケードすることはそれほど簡単ではない。従来，日本の多くの企業は，目標管理や方針管理を実施してきた。このような企業は，戦略を策定した後で業務計画を立案しているので，戦略が業務計画へと適切に落とし込まれるものと考えられてきた。しかし，目標管理は戦略志向というよりも，上司と部下の，いわゆる「握り」によってモチベーションを向上させることにその意義がある。そのためにアクション・プランを行ったとしても目標管理では戦略を実現できる保証がない。また，方針管理は戦略を所与

としているために，戦略を修正する機能が存在しない。戦略を所与とする点でシングル・ループの学習とならざるを得ない。

　他方，戦略マップとスコアカードを検討しよう。戦略マップは戦略を可視化するツールである。この戦略マップとスコアカードの構成要素である戦略目標の尺度，目標値，実施項目は密接にリンクしている。BSCの構成要素を修正すると，戦略の実行に影響を及ぼすとともに，戦略仮説も修正される可能性がある。戦略マップとスコアカードによって戦略を修正するというダブル・ループの学習が実現できる。ここにBSCの戦略実行上の意義がある。BSCのこのような長所があるにもかかわらず，戦略を業務に落とし込むことができないという課題もある。

　たとえば，ダブル・ループの学習を行うためにBSCによって戦略をマネジメントするとき，シングル・ループの学習となりがちな目標管理や方針管理へどのようにカスケードすべきかという課題がある。また，BSCで戦略をマネジメントするだけでなく，カスケードもBSCでできないかという期待も寄せられよう。このように，戦略をカスケードするプロセスにおいて多様な実務が行われており，BSCとの関係で適切なカスケードが求められている。この点についてフィールド・リサーチする必要がある。

　最後に，第3の課題は戦略と業務の検証と適応である。戦略実行が成功するためには，戦略と業務の仮説検証を行い，適切に環境適応する必要がある。また環境適合ができなくなれば，必要に応じて新たな戦略の策定が求められる。そこで最後に，この仮説検証の課題について検討する。

　戦略仮説の検証としては，Rucci et al.（1998, pp.82-97）によるSearsをリサーチ・サイトとした従業員・顧客・プロフィットチェーンがよく知られている。この従業員・顧客・プロフィットチェーンでは，多変量解析を行って，従業員の態度が5ポイント上昇すると，それによって顧客満足度が1.3ポイント上がる。その結果として，売上高成長率が0.5％高まるという因果関係があることを実証している。

　また，Kaplan and Norton（2008, pp.266-272）は，ストア24というリサーチ・サイトによる仮説検証を行ったケースを紹介している。これは，退屈撃退戦略

という戦略テーマを戦略マップで策定したケースである。いろいろな店舗に退屈撃退プログラムというものをどう展開していったか、その展開率を高めていけばいくほど、財務の視点のEBITDA（earnings before interest, taxes, depreciation and amortization：利子引前・税引前・償却前利益）[2]が高まるという因果関係を設定して検証している。

　スーパーや金融機関のように、複数の店舗が同じ戦略を実行しているケースであれば、仮説検証するデータは十分収集できる。しかし、事業部や子会社等のように組織によって戦略が異なるケースを想定すると、その組織だけからしかデータを収集できない。戦略仮説を検証できるだけのデータ量が不足してしまう。つまり、特定の組織を対象にすると収集するデータに制約があり、仮説検証できないという課題がある。

　一方、最近ビッグデータの利用が話題となっているが、このようなビッグデータによる戦略の仮説検証ができれば、1つの解決策となり得る。たとえば、Amazonのようにビッグデータを利用して競争優位を確立した企業がある（McInerney and Goff, 2013）。しかし、ビッグデータを利用する場合、これまでの情報技術とは違って、仮説検証を通じてデータの関係を特定し、データに疑問を投げかけられるだけの経験と専門知識を要することがほとんどである（Marchand and Peppard, 2013, p.108）。要するに、整理されていない大量のデータであるビッグデータは、仮説もなく利用することはできない。このようなビッグデータを使って戦略仮説を検証するのは、まだ当分先のことになろう。

　仮説検証しようとしても、特定の組織を対象にした場合は収集するデータが少なすぎるという制約がある。また、ビッグデータを扱うにはそのための知識や技術の習得が必要であるため、戦略仮説を検証することはそれほど容易なことではない。これらの点にも実証研究としてではなく、フィールド・リサーチによりBSCの仮説検証の事例を検討する必要がある。また、インタンジブルズのマネジメントそのものが確立していないため、フィールド・リサーチによってあるべきマネジメント・システムを検討する方が効果的である。

---

2）EBITDAとは、営業キャッシュフローに近似する概念である。

## 3　研究課題の整理

　本章の第1節では，研究フレームワークを明らかにした。このフレームワークは，戦略と業務の統合型マネジメント・システムである。本章の残りでは，BSCによる統合型マネジメント・システムの課題，とりわけインタンジブルズに注目して課題を整理する。

　ここで，統合型マネジメント・システムの課題を検討する。しかしその前に，統合型マネジメント・システムの前提となっているBSCとインタンジブルズについて明らかにしておく必要がある。

　まず，BSCとは何か，なぜ導入する必要があるのか，導入の仕方はどのようにするのかを明らかにする。またBSCを提唱したKaplan and NortonはBSCをアクション・リサーチによって拡張してきているので，彼らのBSCの変遷を追尾しておくことは，統合型マネジメント・システムを理解するのに有益である。このBSCの概要を第1章で検討する。

　また，インタンジブルズのマネジメントを研究する前に，インタンジブルズに対する定義が人によって異なっている。そこで，本書でのインタンジブルズとは何かを第2章で明らかにしておきたい。

　第1の研究課題は，本書全体を通して検討する統合型マネジメント・システムそのものについての研究である。そこで第3章では，キリンホールディングスを題材として，企業戦略と事業戦略の統合モデルについてフィールド・リサーチによりケーススタディを行う。

　第2の研究課題は，企業戦略と事業戦略との連携をいかに行うべきかという研究課題である。これについては，第4章で，リコー，シャープ，三菱東京UFJ銀行のフィールド・リサーチを行った。これらの戦略と連携については，ボトムアップ型，トップダウン型，折衷（ミドルアップトップダウン）型という3つのタイプがあり，これらに該当する事例を紹介し，ケーススタディを行う。

　第3の研究課題は，事業戦略のインタンジブルズをいかにマネジメントすべ

きかという課題である。これは，レディネス評価に関わるインタンジブルズの
マネジメントとしては最も重要な課題である。インタンジブルズのマネジメン
トには3つのアプローチがあることを明らかにする。3つのマネジメント・ア
プローチについて第5章で，フィールド・リサーチを行う。

　第4の研究課題は，戦略と業務の連動に関わる課題である。いかに素晴らし
い戦略を策定しても業務計画に落とし込まなければ，その戦略を実行すること
はできない。また，戦略と業務のモニタリングと仮説検証および環境適合につ
いても併せて第6章で検討する。戦略の落とし込み，すなわちカスケードにつ
いては，戦略を目標管理や方針管理と連動するという事例が紹介されてきた。
第6章では，海老名総合病院をリサーチ・サイトとしてアクション・リサーチ
したケーススタディである。BSCを用いたカスケードとしては興味深い事例
である。

　以上のほかにも，統合型マネジメント・システムに関わる課題がある。戦略
の業績評価に関わる課題と外部報告である統合報告の経営管理への影響という
課題である。

　第5の研究課題は，戦略と事後の業績評価に関わる課題である。戦略はしば
しば中期計画のなかで具現化される。この中期計画をローリングして立案して
いる企業がある。このような企業では，中期計画が毎年立案されており，戦略
の達成度が事後測定される。業績評価するタイミングになると計画が立案し直
されてしまうために，業績評価よりも計画設定に神経が注がれてしまうのでは
ないかという疑問が生じる。この戦略実行と業績評価の関係に関して第7章で
検討する。

　第6の研究課題は，ステークホルダーへの外部報告である統合報告に関わる
課題である。統合報告をすることは内部の経営者に市場志向という外圧を与え
てくれる。そのことがコマンド・アンド・コントロール志向の内部組織に良い
影響を及ぼすと考えられる。つまり，組織にインターラクティブなコミュニケー
ションを取り入れ，変革する組織へと向かわせてくれる。この点について，
統合報告の管理会計上の意義として第8章で検討する。

　以上の研究課題と本書の章とを関係づけると図表序-2となる。つまり，第1

章で企業価値創造に役立つBSCの意義を明らかにする。次に，第2章でインタンジブルズの先行研究を行い，インタンジブルズの研究課題を明らかにする。これに基づいて，第3章では，統合型マネジメント・システムによるインタンジブルズの構築を事例研究する。第4章では，企業戦略と事業戦略とのアラインメントに関わるインタンジブルズの課題を検討する。第5章では，事業戦略とインタンジブルズのマネジメントに関わる課題を研究する。第6章では，事業戦略の業務計画へのカスケードに関わるインタンジブルズの課題を考察する。第7章では，戦略と業績評価に関わる課題をインタンジブルズに関わらせて明らかにする。第8章は，統合報告による価値創造とインタンジブルズの可視化はどうすべきかを検討する。そして最後の終章では，全体の結論を整理するとともに，インタンジブルズのマネジメントの研究について私見を明らかにする。

**図表序-2　本書の構成**

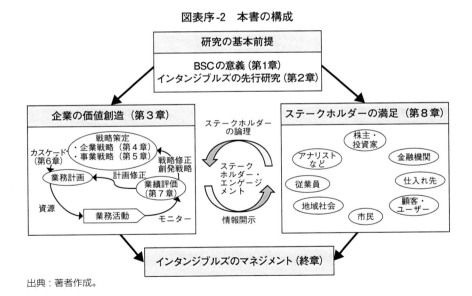

出典：著者作成。

## 参考文献

Charan, R. and G. Colvin (1999) Why CEO's Fail, *Fortune*, June 21.

Kaplan, R. S. and D. P. Norton (1992) The Balanced Scorecard : Measures that drive Performance, *Harvard Business Review*, January-February, pp.71-79（本田桂子訳（1992）「新しい経営指標"バランスド・スコアカード"」『Diamondハーバード・ビジネス・レビュー』4-5月号，pp.81-90）.

Kaplan, R. S. and D. P. Norton (2001) *The Strategy-Focused Organization : How Balanced Scorecard Companies thrive in the New Business Environment*, Harvard Business School Press（櫻井通晴監訳（2001）『戦略バランスト・スコアカード』東洋経済新報社）.

Kaplan, R.S. and D.P. Norton (2004) *Strategy Maps*, Harvard Business School Press（櫻井通晴・伊藤和憲・長谷川惠一訳（2005）『戦略マップ—バランスト・スコアカードの新・戦略実行フレームワーク—』ランダムハウス講談社）.

Kaplan, R.S. and D.P. Norton (2006) *Alignment, Using the Balanced Scorecard to create Corporate Synergies*, Harvard　Business School Press（櫻井通晴・伊藤和憲監訳（2007）『BSCによるシナジー戦略』ランダムハウス講談社）.

Kaplan, R.S. and D.P. Norton (2008) *The Execution Premium, Linking　Strategy to Operations for Corporate Advantage*, Harvard Business School Press（櫻井通晴・伊藤和憲監訳（2009）『戦略実行のプレミアム』東洋経済新報社）.

Marchand, D. A. and J. Peppard (2013) Why IT Fumbles Analytics : Tech Projects should forcus Less on Technology and more on Information, *Harvard Business Review*, Juanuary, pp.104-112（スコフィールド素子訳（2013）「ビッグデータの導入に従来の手法は通用しない」『Diamondハーバード・ビジネス・レビュー』12月号，pp.112-124）.

McInerney, P. and J. Goff (2013)「ビッグデータが日本企業に迫るもの」『Diamondハーバード・ビジネス・レビュー』2月号，pp.72-83）.

Rucci, A. J., S. P. Kirn and R.T. Quinn (1998) The Employee-Customer-Profit Chain at Sears, *Harvard Business Review*, January-February, pp.82-97（Diamondハーバード・ビジネス・レビュー訳（1998）「シアーズ復活のシナリオ：顧客価値を生み続けるシステムの構築」『Diamondハーバード・ビジネス・レビュー』8-9月号，pp.34-49）.

Simons, R. (1995) *Levers of Control : How Managers Use Innovative Control Systems to Drive Strategic Renewal*, Harvard Business School Press（中村元一・黒田哲彦・浦島史惠訳（1998）『ハーバード流「21世紀経営」4つのコントロール・レバー』産能大学出版部）.

伊藤和憲（2007）『ケーススタディ　戦略の管理会計』中央経済社。

清水勝彦（2011）『戦略と実行』日経BP社。

# 第 1 章

# 企業価値創造に役立つ
# バランスト・スコアカード

## はじめに

　グローバル化が進み，競争が激化すればするほど，企業は戦略を無視できなくなってきた。戦略とは，Porter（1996, p.61）によれば，他社よりも卓越した業務を行うことではなく，他社と違う活動を行うことである。よく言われる成句を用いれば，「事を正しく行う」のではなく，「正しいことを行う」のが戦略である。何が正しいかは企業によって異なる。外部の競争要因に対処して競争優位を構築するために，コスト優位や差別化に集中することも重要である。他方，競争優位の構築のために内部のコア・コンピタンスを強化すべきだとも言える。競争優位となるには内部の資源を構築することも重要だからである。

　外部環境の競争優位を構築する戦略と内部環境のコア・コンピタンスを構築する戦略は，相互排他的な関係で研究されてきた。しかしこれらはどちらも重要であり，共存できる戦略である。外部環境と内部環境を考慮するだけでなく，戦略実行のためのマネジメント・システムとして登場したのが，バランスト・スコアカード（Balanced Scorecard : BSC）である。

　BSCの目的は，当初考えられていたものから少しずつ変化してきた。BSCの目的を今日的な意味で表現すれば，BSCの狙いは戦略を策定し管理するマネジメント・システムであると言えよう。このために戦略マップとスコアカードが用いられる。戦略マップとは，戦略を可視化したものである。戦略マップが必要な理由の1つは，戦略を従業員全員でコミュニケーションをとることにある。そのようなコミュニケーションをとるべき戦略を可視化するために，「測定するには記述しなければならない」として，戦略マップが考え出された。他方，スコアカードは戦略を測定し管理するシステムであり，戦略の進捗状況を

モニタリングするために用いられる。「管理するには測定しなければならない」と言われるように，スコアカードは戦略目標の達成度を測定し，それによって管理を行うために用いられてきた。

戦略マップは，財務の視点，顧客の視点，内部プロセスの視点，学習と成長の視点という4つの視点のなかで，戦略目標を因果関係として示す戦略を可視化したものである。その1つひとつの戦略目標の達成度を図る尺度を設定し，目標値を実現できるように戦略的実施項目（strategic initiatives）を設定して，定期的に実績値をモニタリングしていくのがスコアカードである。

今日の経済は製造業を中心とした工業重視の経済から情報技術などが重視される知識重視の経済に移行している。工業重視の経済では機械や設備といったオンバランスされた物的資産が価値創造の源泉であった。他方の知識重視の経済では，オンバランスされないインタンジブルズ（intangibles）の方がより大きな価値創造の源泉である。このようなインタンジブルズに注目してBSCを用いて戦略を管理しようというのが，本書の狙いの1つである。

本章では，戦略と業務のマネジメント・システムという観点から，BSCを明らかにして，BSCの基礎的理解を支援する。具体的には，第1節でBSCとは何か，企業はBSCをなぜ導入する必要があるのか，BSCをどのように構築すべきかを明らかにする。第2節では，Kaplan and Nortonが著した5冊の著書を振り返り，彼らのBSCにおける研究の変遷を整理する。最後に，本章で明らかにしたかったことをまとめる。

## 1　BSCの概要

BSCは，戦略の策定と実行のマネジメント・システムである（櫻井，2008，p.25）。BSCはKaplan and Norton（1992, p.71）が，財務偏重から脱却するために戦略的業績評価システムとして考案したものである。当初は，財務の視点だけでなく，顧客の視点，内部プロセスの視点，学習と成長の視点からなる評価指標のバランスを保とうとするところにその本質があった。その後，BSC

の測定と管理を行うスコアカードに，戦略の可視化を行う戦略マップが追加されて，戦略実行のマネジメント・システムへと展開した（Kaplan and Norton, 2001）。

　BSCの機能は必ずしも戦略と結びつけるだけに止まらない。たとえば，BSCを業務改善の効果測定のツールとして用いる企業や，財務偏重の予算管理に代わる複数指標のマネジメント・システムと捉える企業もある。また，トップと現場が同じ言葉で議論するためのコミュニケーション・ツールとして用いる企業もある。しかし，BSCが重視する機能は戦略の策定と実行のマネジメント・システムである。この戦略の策定と実行によって企業価値を創造するところに，BSCの大きな意義がある。

　企業価値の創造は企業経営の主要な目的である。本節では，その企業価値を創造するために，BSCを戦略と結びつけることが効果的であると主張する。具体的には，BSCとはいったい何のことか，企業はなぜBSCを導入しなければならないのか，BSC導入の成果ないしメリットは何か，BSCをいかに導入すべきか，そしてBSCの特徴はどこにあるのかを明らかにする。

## 1.1　BSCとは何か

　戦略の策定と実行のマネジメント・システムとしてのBSCは，端的に言えば，戦略を可視化する戦略マップと，戦略の進捗を測定し管理するスコアカードからなる。管理するには測定しなければならないとしてスコアカードがまず考案された。その後，測定するには記述しなければならないとして戦略を記述する戦略マップが考案された。スコアカードで戦略を管理するには，指標で測定するだけでなく，目標達成の手段として，戦略的実施項目という戦略に関わるアクション・プランを案出しなければならない。BSCの構成要素は，図表1-1に示すものからなる。

　戦略は一般に，顧客価値提案（customer value proposition）で構想し始めることが多い。価値提案とは，顧客に何を訴えるかであり，コスト・パフォーマンス，入手可能性，新規性などの要素が重要である。この価値提案を顧客の

**図表1-1　バランスト・スコアカードの構成要素**

| 戦略マップ | 戦略目標 | 尺度 | 目標値 | 戦略的な実施項目 | 予算 |
|---|---|---|---|---|---|
| **財務の視点**<br>プロセス：業務管理<br>テーマ：地上の折り返し | ■収益性<br>■収益増大<br>■機体の折り返し減少 | ■市場価値<br>■座席の収益<br>■機体のリース費用 | ■年成長率30%<br>■年成長率20%<br>■年成長率5% | | |
| **顧客の視点** | ■より多くの顧客を誘引し維持する<br>■定刻の発着<br>■最低の価格 | ■リピート客の数<br>■顧客数<br>■連邦航空局定刻到着評価<br>■顧客のランキング | ■70%<br>■毎年12%の増加<br>■第1位<br>■第1位 | ■CRMシステムの実施<br>■ロイヤリティ・マネジメント<br>■顧客ロイヤルティ・プログラム | $xxx<br>$xxx<br>$xxx |
| **内部プロセスの視点** | ■地上での迅速な折り返し | ■地上滞在時間<br>■定刻出発 | ■30分<br>■90% | ■サイクルタイムの改善プログラム | $xxx |
| **学習と成長の視点** | ■必要なスキルの開発<br>■支援システムの開発<br>■地上係員の戦略への方向づけ | ■戦略的業務のレディネス<br>■情報システムの利用可能性<br>■戦略意識<br>■地上係員の持株者数の割合 | ■1年目70%<br>　2年目90%<br>　3年目100%<br>■100%<br>■100%<br>■100% | ■地上係員の訓練<br>■係員配置システムの始動<br>■コミュニケーション・プログラム<br>■従業員持ち株制度 | $xxx<br>$xxx<br>$xxx<br>$xxx |
| | | | | 予算総額 | $xxxx |

**戦略マップ（財務の視点）**：利益とRONA／収益増大／機体の減少

**戦略マップ（顧客の視点）**：より多くの顧客を誘引し維持／定刻の発着／最低の価格

**戦略マップ（内部プロセスの視点）**：地上での迅速な折り返し

**戦略マップ（学習と成長の視点）**：戦略的な業務駐機場係員／戦略的システム係員の配置／地上係員の方向づけ

出典：Kaplan and Norton (2004, p.53). 原文ではBSCと表記されているが、本書ではスコアカードと表記している。

視点で捉えて，その結果が財務の視点の財務業績で測定される。他方，顧客価値提案を実現するには，現状のプロセスでは提供できないとき，プロセスの再構築を行わなければならない。内部プロセスの視点でプロセスの再構築を行うが，それを実行に移すには，スキルや情報システム，あるいは組織文化といった内部プロセスを支援するインフラが整備されていなければならない。これらを構築するのが学習と成長の視点である。

　図表1-1の戦略マップは，Southwest Airlinesの業務プロセスを卓越しようという戦略を可視化したものである。顧客価値提案はコスト・パフォーマンスの訴求である。Southwest Airlinesは，これまでの航空業界とは異なる戦略を提案した。価格を長距離バス並みに低価格にするとともに定刻発着して学生や家族の旅行のように安いチケットを好む顧客を引き付けて，リピーターになってもらおうという提案である。この顧客価値提案が顧客に受け入れられれば，収益が増大するとともに，機体数を減少させることで生産性が向上して，その結果として利益が増加し，純資産利益率（return on net assets：RONA）も増加する。

　安売りチケットを実現するために，地上での折り返し時間を少なくすることで便数を増やして，規模の経済を働かせることにした。折り返し時間を短縮するには，主に駐機場スタッフが業務改善をしなければならない。これらの戦略を実現できて，はじめて戦略が実行できる。このような戦略目標の因果関係を図示したものが**戦略マップ**である。

　戦略が可視化されたら，次は，戦略が達成できたかどうかを測定しなければならない。戦略の達成度を測定する指標が**スコアカード**の尺度の意味である。たとえば，内部プロセスの視点の戦略目標は「地上での迅速な折り返し」である。迅速な折り返しができたかどうかを測定する尺度として，「地上滞在時間」と「定刻出発」を選択した。地上での滞在時間は現在60分かかっているが，これを半減して30分という目標値を設定した。同時に，定刻出発は現在70％しか実現していないが，90％達成を目標値として設定した。

　目標値を設定してもそれを実現してくれる手段がなければ絵に描いた餅に終わる。目標値を実現して戦略目標を達成し，戦略の実行に貢献するのが一連の**戦略的実施項目**である。Southwest Airlinesでは，「地上での迅速な折り返し」

を達成してくれる戦略的実施項目として「サイクルタイムの改善プログラム」を考えた。多様な地上業務を棚卸して，最短経路となっているクリティカルパスを見つけ出し，クリティカルパスから順に改善していってサイクルタイムを大幅に短縮していくというプログラムである。このプログラムを実施するには経費が掛かるので，戦略予算として見積もっておく必要がある。内部プロセスの戦略目標だけを落とし込んだが，すべての戦略目標を同じように落とし込んだ結果が図表1-1である。この図表の財務の視点を見ると，財務の視点は結果であるために戦略的実施項目が存在しない。財務業績を向上するパフォーマンス・ドライバー（業績推進要因）があれば，財務の視点の戦略的実施項目は必要ないとも言えよう。

## 1.2　BSCの導入理由

　多くの企業はBSCを導入する必要があるにもかかわらず，その認識を持っていない場合がある。そこで，日米企業の実務を振り返り，経営指標，戦略，インタンジブルズという3点を比較しながら，BSCの導入理由を明らかにする。

　第1に，経営指標の日米比較を行う。欧米企業が重視する経営指標は，EPS（earnings per share：一株利益）やROI（return on investment：投資利益率）といった財務指標である。BSCを考案した理由として，Kaplan and Norton（1992）は米国企業が財務偏重に陥っており，経営を短期志向に向かわせるとして憂いた点にある。たとえばROIは利益を投資額で除すところから，利益増加を見込めない経営者は設備などを売却して投資額を減らすことでみかけ上のROIを良好に見せる行動をとることがある。米国企業では，短期と長期，財務と非財務，過去・現在・将来といった多様な指標間のバランスをとる必要がある。

　他方，日本企業では品質，生産性，利益など多様な経営指標を総花的に重視してきた。総花とは重点志向がないことを意味し，「日本企業には戦略がない」とPorter（1996）に揶揄されたことは当たらずとも遠からずである。日本企業では，多様な指標を重視はしていたが，戦略に集中させるために指標間の因果

関係を持たせる必要がある。

　第2に，日米の戦略観を比較検討する。欧米企業のトップは，戦略を組織の牽引として極めて重視してきた。たとえば，Andrews（1987）はSWOT分析を提唱した。内部環境の強み（strength）と弱み（weakness），外部環境の機会（opportunity）と脅威（threat）を特定し，これらを組み合わせて戦略を策定するという提案である。また，Porter（1980）も主に外部環境への対応として，5つの競争要因を提唱した。これは，競争要因として新規参入の脅威，既存業者間の敵対的関係の強さ，代替製品からの圧力，買い手の交渉力，売り手の交渉力からなる5つを特定し，これらから競争優位を構築することである。多くの企業は戦略を策定したが，実行できた企業は10%以下でしかない（Kaplan and Norton, 2001, p.1）とも言われている。これは戦略策定が間違っていたのではなく，実行の仕方を間違えていたと考えられる。戦略を実行するのは現場であり，現場が戦略を理解していなければ実行できないからである。戦略を可視化するツールとして戦略マップが考案されたことは，戦略について組織全体でコミュニケーションをとる素地ができたことになる。

　他方，日本では意図した戦略を策定する経営者はそれほど多くはなかった。しかし実現された戦略は存在する。Mintzberg et al.（1998）は，ホンダのスーパーカブを販売したケースを用いて，現場の創意工夫によって実現した戦略があり，これを創発戦略と呼んだ。現場での戦略の修正や戦略の形成は，トップの上意下達を前提にしてきた戦略の策定の議論を大きく展開させることになった。創発戦略の意義は認めるにしても，日本企業のトップの戦略策定は極めて脆弱であり，この点は真摯に学ぶべきである。

　要するに，米国企業では戦略マップとスコアカードによって戦略を可視化してこれを管理することで，戦略実行を支援する強力なツールとなった。これに対して日本企業では，戦略マップを利用して内部環境と外部環境に関わる因果関係を構築することで，集中戦略が比較的容易に策定可能となった。また，BSCをインターラクティブコントロール・システム[3]として用いることで，

---

3）インターラクティブコントロール・システムとは，新たな戦略を形成するために，学習を促し，組織的対話を行うことである。詳細は，第6章で明らかにする。

戦略を創発することもできる。

　第3は，インタンジブルズの日米比較を行う。米国企業が重視したROIは，すでに明らかにしたように経営を誤った方向に向かわせる指標とも言える。このような指標で予算編成したとき，ブランド，レピュテーション，研究開発，人的資産，情報資産，組織資産といったインタンジブルズへの投資が軽視されてしまう。Lev（2001）が指摘するように，企業価値の半分以上をインタンジブルズが構築しているとすると，インタンジブルズへの投資を無視することができなくなっている。それにもかかわらず，米国企業ではROIやEPS，あるいは経済的付加価値（economic value added：EVA）といった財務業績による短期志向の経営を実践してきた。

　一方，日本企業は，営業利益や経常利益を重視してきたし，品質や生産性といった非財務指標も無視してはこなかった。しかし，人的資産や情報資産，あるいは組織資産のインタンジブルズへの投資が胸を張って行われてきたとは言い難い。言い換えれば，インタンジブルズへの投資が，重要であるにもかかわらず，日米企業はその投資を軽視してきたとも言える。日米の企業とも，インタンジブルズという将来への投資が行われず，結果として企業価値を向上できる機会を失っている。

　以上から，日本企業でも米国企業でも，BSCを導入することでマネジメントが良くなるという3つの理由が明らかである。すなわち，第1に，戦略に集中して経営指標のバランスが良くなる。第2に，戦略策定能力と実行能力が高まる。さらに，第3として，インタンジブルズへの投資が促進される。

## 1.3　BSC導入の成果と成功要因

　BSCを導入したからといって財務業績がすぐに向上しないため，BSCは有効ではないと考える人がいる。この点について，BSCを提案したKaplan and Nortonと日本企業の実態調査結果から，財務業績の意味を検討する。また，BSCが財務業績の向上だけではなく，多様な目的で導入されていることから，導入目的との関係でBSCの成果と成功要因を検討する。

　第1のKaplan and Nortonが指摘するBSCの狙いを見てみる。BSCを導入して戦略が実行できると，最も理解しやすいのは財務成果が期待できることである。Kaplan and Norton（2001, p.6）は，BSCを導入すると戦略が効果的に実現できるとして，Chemical Retail Bankが5年で20倍の利益を実現した例を紹介している。戦略実行によって得られるものは財務成果だけではない。Mobilの戦略を理解したガソリン・スタンドは，デポジット・カードの一種であるスピード・パスを考案して，顧客価値提案を支援した。このスピード・パスの考案は，グレードの高い顧客を訴求しようというMobilの戦略を，従業員だけでなくユーザー・カンパニーまで共有できたことを示している。このように戦略の浸透および価値観共有によって，インタンジブルズである組織資産が構築されることも大きな成果である。

　戦略マップで戦略を可視化すると，因果関係がはっきりしない戦略目標を取り上げていたり，あるいは因果関係を持たせるには戦略目標を追加しなければならないことがわかる。戦略の策定に長けていない日本企業の経営者には，戦略マップで戦略策定の確認作業ができることも効果的である。また，スコアカードによって，戦略目標の達成度を測定する指標を特定したり，目標値と実績値のギャップを埋める戦略的実施項目を考える必要がある。このようなBSCのフレームワークにしたがって展開していくと，戦略の策定と実行を効果的にマネジメントすることができる。つまり，Kaplan and Nortonは財務成果だけでなく，組織資産の構築や戦略の策定と実行の能力といったインタンジブルズが向上することもBSCの成果として取り上げている。

　第2に，日本の実態調査を行った森沢と黒崎が指摘するBSCの狙いは興味深い。日本企業でも財務成果を望む企業が多いが，この点に関する森沢・黒崎（2003）は，必ずしも財務業績だけではないことを明らかにしている。森沢・黒崎は35社を対象に，10項目の調査を行った。調査項目は，①戦略の質の向上，②戦略の浸透，③戦略実行力の向上，④仮説検証サイクルの確立，⑤モチベーションの向上，⑥組織長の戦略策定能力の向上，⑦成功報酬制度の納得感の醸成，⑧非財務業績の把握，⑨財務業績の向上，⑩他部門とのコミュニケーションである。これらの項目に対して，BSCを導入する前にBSCに対して，強く

図表1-2　BSC導入の期待と成果

| 調査項目 | 期待 | | 成果 | |
|---|---|---|---|---|
| | 度数 | 比率 | 度数 | 比率 |
| 戦略の質の向上 | 23 | 66% | 24 | 69% |
| 戦略の浸透 | 19 | 54% | 22 | 63% |
| 戦略実行力の向上 | 18 | 51% | 21 | 60% |
| 仮説検証サイクルの確立 | 15 | 43% | 11 | 31% |
| モチベーションの向上 | 14 | 40% | 19 | 54% |
| 組織長の戦略策定能力の向上 | 12 | 34% | 20 | 57% |
| 成功報酬制度の納得感の醸成 | 11 | 31% | 13 | 37% |
| 非財務業績の把握 | 10 | 29% | 11 | 31% |
| 財務業績の向上 | 7 | 20% | 12 | 34% |
| 他部門とのコミュニケーション | 4 | 11% | 15 | 43% |

出典：森沢・黒崎（2003）のデータに基づいて著者作成。

　期待した，期待した，あまり／まったく期待せず，無回答から１つを選択させた。また，同様の項目を，BSCを導入した後，かなり成果があった，成果があった，あまり／まったく成果なし，無回答から１つを選択させた。事前に強く期待したと事後にかなり成果があったという度数をまとめると，図表1-2となる。

　図表1-2より，50％以上の企業がBSCに強く期待する項目は，戦略の質の向上，戦略の浸透，戦略実行力の向上である。意外にも，財務業績の向上はわずか20％，10項目中９番目であった。

　これに対してBSCを導入したことでかなり成果が上がった項目として，50％以上の企業が戦略の質の向上，戦略の浸透，戦略実行力の向上，モチベーションの向上，組織長の戦略策定能力の向上を挙げている。また，仮説検証サイクルの確立を除けば，強く期待した項目よりもかなり成果があった項目がほとんどであった。とりわけ他部門とのコミュニケーションと財務業績の向上は，期待していたよりも，かなり成果があったと答えている。戦略の質の向上，戦略の浸透，戦略実行力の向上，モチベーションの向上，組織長の戦略策定能力の向上，他部門とのコミュニケーションは，いずれも組織資産の向上，すなわち，インタンジブルズの向上である。このように，日本でもBSCの導入によって

図表1-3　BSC導入による成功と失敗の理由

| 調査項目 | 成功理由 | | 失敗理由 | |
|---|---|---|---|---|
| | 度数 | 比率 | 度数 | 比率 |
| トップのコミットメント | 15 | 65% | 6 | 50% |
| 導入目的の明確化 | 12 | 52% | 3 | 25% |
| 対象組織の納得感 | 8 | 35% | 5 | 42% |
| 他の制度との整合性 | 7 | 30% | 3 | 25% |
| インセンティブ | 5 | 22% | 3 | 25% |
| 事務局と対象組織の十分な理解 | 2 | 9% | 6 | 50% |
| 外部専門家の活用 | 8 | 35% | 0 | 0% |
| 十分な準備期間 | 4 | 17% | 0 | 0% |
| 事務局内の連携 | 3 | 13% | 1 | 8% |
| 情報システムの活用 | 2 | 9% | 2 | 17% |
| その他 | 2 | 9% | 3 | 25% |

出典：森沢・黒崎（2003）のデータに基づいて著者作成。

インタンジブルズが向上できることがわかる。

　また，森沢・黒崎は，BSC導入により成功した企業23社，失敗した企業12社についてその理由を調査した。調査項目は，①トップのコミットメント，②導入目的の明確化，③対象組織の納得感，④他の制度との整合性，⑤インセンティブ，⑥事務局と対象組織の十分な理解，⑦外部専門家の活用，⑧十分な準備期間，⑨事務局内の連携，⑩情報システムの活用，⑪その他である。これらの選択肢からそれぞれの理由を第3位まで順位づけてもらった。調査項目ごとに，第3位までの度数を図表1-3に示す。

　図表1-3より，成功要因と失敗要因の質問項目はいずれも重要ではあるが，50％を超える要因だけを取り上げると，第1位はトップのコミットメントである。興味深いのは，導入目的の明確化を52％の企業が成功理由として挙げているのに，失敗企業ではこの点を半分の25％しか認識していない。導入目的の明確化を失敗理由と認識していないところに問題があり，それは成功企業が導入目的をBSC成功の重要な要因の1つとしていることが根拠である。

　逆に，失敗企業は事務局と対象組織の十分な理解を怠ったことを失敗要因と

答えている企業が50％であるが，成功企業ではそのような意識は9％しかない。BSC導入に反対する組織があるかどうか，反対する組織にBSCを導入する場合，事務局がいかに説得できるかどうかが成功と失敗の分かれ目となるのではないだろうか。外部専門家を使うと成功すると答えている企業が35％もあるのは，その辺にも理由があるのかもしれない。

　次に，BSCの目的をその成果との関係で検討する。Kaplan and Nortonと森沢・黒崎が指摘するように，BSCの成果は財務業績だけに求めるべきではない。BSCの導入目的によって成果も異なると考えるべきである。では，BSCの導入目的とは何かを明らかにする必要がある。

　本節の冒頭で明らかにしたように，Kaplan and Norton（2001）は，BSCの目的を戦略的業績評価システムと戦略実行のマネジメント・システムに区分し，戦略実行のマネジメント・システムであるとする見解を明らかにした。これに対して，櫻井（2008, pp.25-30）は，BSCが多様な実務で利用されている点を踏まえて，主要な目的として戦略の策定と実行のマネジメント・システム，成果連動型の業績評価，経営品質向上のツールを取り上げた。また，企業変革ないし組織風土変革と密接なIRとしての情報提供，部門横断的にあるいは階層間でのコミュニケーション，システム投資の評価などもあるとしている。これらは排他的に捉えるべきではなく，経営品質の向上を戦略の1つとして策定して実行することもできるし，そのことを戦略マップに描いて外部のIR情報として投資家に提供したり，内部的にはトップと現場のコミュニケーションに使うこともできる。さらに，BSCの指標を成果連動型の業績評価システムと連結させることもできる。企業は，BSCが意図する目的を選び，その目的に沿ったBSCを実施すべきだとしている。

　逆に，組織がBSCを導入するとき，多様な目的をすべて対象にすべきであろうか。戦略の策定と実行のシステムとしてBSCを導入するとき，併せて成果連動型の業績評価システムも同時に導入することがある。このとき，業績評価されると考えて目標値を高く設定することに難色を示すというパフォーマンス・スラックを生じる可能性があり，戦略実行がうまく機能しないことがある。また，たとえば，多くの病院の大きな関心事として，医師と看護師のコミュニ

ケーションの悪さを改善するには，BSCを戦略の策定と実行のシステムや成果連動型の業績評価システムまで結びつける必要はなく，コミュニケーション目的とするだけでも効果がある。要するに，多様な目的をすべてBSCだけに求めることは危険ですらある。また，第7章で検討するが，BSCを戦略実行と業績評価に用いるとき，その導入順序を間違えると，BSC導入の阻害要因となることもある。

## 1.4 BSCをいかに導入するか

　BSCをいざ導入しようとするとき，その導入プロセスを正しく理解しておくことは大切である。この導入プロセスを示すと，図表1-4となる。

　図表1-4に示すように，導入組織がなぜ存在するのかというミッションを明示することから始める。たとえば，Johnson & JohnsonのOur Credo（我が信条）では，「我々の第1の責任は，……すべての顧客にあるものと確信する。」として，顧客を最優先することを企業理念としている。このように企業にとって最優先すべきは顧客であるというメッセージをミッションとして明示することで，企業の存在価値を明らかにできる。

　次に，トップが組織をどうしたいのか，いわゆるトップの夢をビジョンとして掲げる必要がある。ビジョンの実現には，一般的に言えば，組織の旧態依然とした価値観という阻害要因が立ちはだかるので，この価値観を変革することを打ち出さなければならない。たとえば，利益追求だけでなく地域社会や従業員などのステークホルダーを満足させたいとか，総花主義の現状肯定型ではなく，戦略志向へ変革する組織にしたいといったことである。現状の価値観と将来の価値観とのギャップを戦略的チェンジアジェンダとして明確にしておく必要がある。その上で，ビジョンを実現してくれる戦略を策定することになる。ビジョンが上位目的で，これを実現するための手段が戦略であるが，戦略は必ずしもそのまま実現しなければならないものではない。

　ビジョンを実現する戦略は1つとは限らない。ビジョンを実現するためにホップ，ステップ，ジャンプと戦略を分割することも必要である。たとえば，9

**図表1-4　バランスト・スコアカード導入プロセス**

出典：Kaplan and Norton (2004, p.33)．原文ではBSCと表記されているが，本書ではスコアカードと表記している。

年間のビジョンを実現するために，３年間の中期計画を３回繰り返すことを考えよう。最初の３年間は，Southwest Airlinesが行った卓越した業務というコスト・パフォーマンスを実現する戦略テーマ（戦略を細分したものであり戦略の柱となるもの）にチャレンジする。次の３年間は誰でも必要なときに簡単に手に入れられるような入手可能性を高める戦略テーマを，最後の３年間は創造的な製品やサービスを提供して新規性を追求する戦略へとステップ・アップしていくことである。これらの戦略テーマを，同時に戦略マップに描くと混乱するので，戦略テーマ別に戦略マップを描くことになる。

　戦略マップが作成できれば，スコアカードによって測定し管理することで戦略をマネジメントできる。ただし，戦略はトップだけで実現するものではないため，戦略の実現に関わる現場の個人レベルまで指標と目標値，戦略的実施項

目がカスケードされなければならない。このカスケードは，戦略を業務計画に落とし込むことであり，目標管理や方針管理，予算編成によって実施される。これが成功すれば，ステークホルダーである株主，顧客，サプライヤー，従業員，経営者などが満足できるようになる。

## 1.5　BSCの特徴

　BSCは，戦略の考え方や学習の捉え方，また戦略を実行するための実施項目が，これまでのマネジメント・システムとは異なっている。そこで，伝統的なAnthony（1965）のマネジメント・システムと比較しながら，BSCのマネジメント・システムの特徴を明らかにする。具体的なBSCの特徴を明らかにするために，意図した戦略と創発戦略，シングル・ループの学習とダブル・ループの学習，手段としての戦略的実施項目を検討する。

　第1のBSCの特徴を検討するために，意図した戦略と創発戦略の違いを明らかにする。戦略は捉えどころがないために，それを定義する人ごとに主張点が異なっているが，一般的に戦略とは，Anthonyの戦略的計画に代表できるように，トップの「意図した戦略」であると指摘できる。たとえば，計画立案を明らかにしたAnsoff（1965）の企業戦略，外部環境と内部環境によって戦略を策定するとしたAndrews（1987）のSWOT分析，外部環境へのポジショニングを重視したPorter（1980）の競争戦略，あるいは内部環境のコア・コンピタンスの構築を重視したPrahalad and Hamel（1990）である。

　これらの戦略に対して，トップが当初策定した戦略だけでなく，実現された戦略を振り返ってみると，環境に適応すべく現場で練り上げられたパターンとしての戦略を見つけることができる。この戦略はトップが策定した戦略ではなく，現場で形成された戦略である。Mintzberg et al.（1998）はこのような戦略を創発戦略と命名した。以上の意図した戦略と創発戦略の関係をMintzberg et al.は，図表1-5のように描いた。

　BSCはまず戦略マップでトップの意図した戦略を可視化する。その意味では，戦略マップは意図した戦略と言えよう。戦略マップには，財務の視点と顧客の

### 図表1-5　意図した戦略と創発戦略

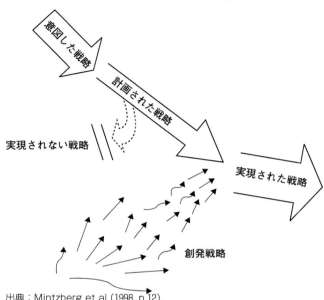

出典：Mintzberg et al.(1998, p.12).

視点という外部環境を考えて戦略目標を設定するとともに，内部環境の戦略目標として内部プロセスの視点と学習と成長の視点を考慮する。外部環境と内部環境を意図するという特徴がある。意図して策定した戦略マップとスコアカードを用いて，戦略を測定・管理する。戦略目標や指標，目標値を修正しながら戦略を実現できるように現場に努力を求める。戦略が実現されたとき，当初のトップの戦略とはまったく異なるパターンが戦略マップに描かれていることがある。つまり，BSCは意図した戦略だけでなく，創発戦略を容認するものと見ることができる。

　第2のBSCの特徴を検討するために，シングル・ループの学習とダブル・ループの学習を明らかにする。学習とは当初想定した考え方を修正することである。すでに想定したことを修正するところにその本質がある。このような学習観を持つとき，戦略の学習があるか否かが問題となる。これを示すと図表1-6となる。

図表1-6　シングル・ループの学習とダブル・ループの学習

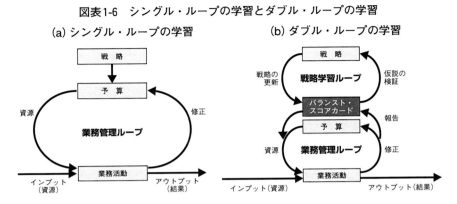

（a）シングル・ループの学習　　　　　（b）ダブル・ループの学習

出典：Kaplan and Norton（2001, pp.274-275）. なお, シングル・ループの学習に著者が戦略を加えている。

　図表1-6より, 戦略の学習を意図しないシングル・ループの学習によれば, 戦略はトップが策定するものであり, 策定された戦略は現場では所与のものとして, 粛々と戦略の実現に向けて努力するという考え方である。Anthonyのマネジメント・コントロールは, 戦略的計画を効果的かつ効率的に実現するものであり, 戦略的計画を修正する情報の流れはない。他方, 戦略の学習を認めるダブル・ループの学習もある。この下では, 戦略は仮説であって戦略を修正してもかまわず, むしろ戦略を修正しながらビジョンを達成することにその意味がある。

　BSCは, 戦略マップによって戦略を可視化する優れたツールであり, ダブル・ループの学習を行うことに適している。言い換えれば, 戦略を可視化した戦略マップがあることで戦略の修正をより効果的に行うことができる。BSCはダブル・ループの学習を前提としており, 戦略の修正という点にBSCの大きな特徴がある。

　第3のBSCの特徴を検討するために, 手段としての戦略的実施項目を明らかにする。Anthonyは, 戦略を実現しようとするとき, まず戦略的計画を立案して資源配分を行ってきた。戦略と戦略的計画との間には, 戦略的計画は策定された戦略を実行する手段とする関係を構築してきた。必ずしも戦略が明確

になっていない場合でも，戦略的計画については，多数の目標指標で優先順位をつけながら，資源制約の下で選択されてきた。ところが，選択された戦略的計画を確実に実行したからといって，戦略が可視化されていない以上，戦略の実現に戦略的計画が寄与したかどうかははっきりしない。

　Kaplan and Norton（2001, p.294）は，このような伝統的な戦略的計画の立案とBSCによる戦略的計画プロセスを以下のように比較して示している。

---

**伝統的な戦略的計画プロセス**
　　　戦略　⇒　戦略的実施項目　⇒　尺度
**BSCによる戦略的計画プロセス**
　　　戦略　⇒　戦略目標　⇒　尺度　⇒　目標値　⇒　戦略的実施項目

---

　BSCを用いた戦略的実施項目の立案では，まず戦略を戦略マップで可視化して，その戦略マップのなかで戦略目標間の因果関係を明らかにする。1つずつの戦略目標の達成度を測定するために尺度が選択され，その尺度に基づいて目標値が設定される。最後に，目標値と実績値のギャップを埋めてくれるような戦略的実施項目を立案する。つまり戦略と戦略的実施項目の間には，戦略目標，尺度，目標値が密接に絡んでいる。

　戦略的計画をやみくもに立案したからといって，戦略の実現可能性が高くなるとは言えない。戦略目標の実績値と目標値のギャップを埋める戦略的実施項目を実行することによって，戦略の実現可能性は高まる。この戦略的計画プロセスもまた，BSCの大きな特徴と言えよう。

　BSCの意義の最後として，BSCのチェック項目を整理する。BSCがうまく構築できたかどうかを確認するには，図表1-4のBSC導入プロセスに照らし合わせることが大切である。簡単にまとめれば，以下のようになる。

　① トップのビジョンが設定されているか
　② 戦略テーマが設定されているか
　③ 戦略テーマ別に戦略マップが構築できているか

④ 4つの視点でBSCの戦略目標を管理しているか

⑤ 戦略目標ごとに尺度を設定しているか

⑥ 目標値を達成できるように戦略的実施項目を設定しているか

⑦ トップと現場のコミュニケーションがとれているか

⑧ 戦略の修正が行われているか

BSCを導入して戦略が成功すれば，財務業績だけでなく，ステークホルダーの満足が期待できる。また，戦略策定が向上したり，戦略の浸透ができたり，コミュニケーションがとれたり，従業員のモチベーションの向上にもつながると言えよう。

## 2  Kaplan and Norton の研究変遷

Kaplan and Norton は1996年から2008年まで，5冊のBSC関係の著書を出版してきた。これらの著書を詳細に検討する余裕はないが，それぞれの目次を振り返ることで，彼らの研究の変遷を明らかにする。Kaplan and Norton はアクション・リサーチから得た成果を豊富に盛り込んで彼らの著書を展開してきた。本節では，5冊の著書の特徴を明らかにすることで，Kaplan and Norton の研究成果を概括的に把握しておく。

## 2.1  *The Balanced Scorecard*

第1冊目の著書は，Kaplan, R. S. and D. P. Norton（1996）*The Balanced Scorecard : Translating Strategy into Action*, Harvard Business School Press（吉川武男訳（1997）『バランス・スコアカード』生産性出版）である。同書は，2つの章からなる総論と，11章からなる本論で構成されている。総論の2つの章は，「情報化時代の測定と管理」と「企業はなぜバランスト・スコアカードが必要なのか」である。本論は，**事業戦略の測定**と，**事業戦略の管理**の2部構

成である。事業戦略の測定は，「財務の視点」，「顧客の視点」，「内部ビジネス・プロセスの視点」，「学習成長の視点」，「バランスト・スコアカードの尺度と戦略の連結」，「組織構造と戦略」からなる。他方，事業戦略の管理は，「戦略アラインメントの達成（トップからボトムまで）」，「目標値・資源配分・実施項目・予算」，「フィードバックと戦略的学習プロセス」，「バランスト・スコアカード管理プログラムの実施」からなる。

　同書の特徴を3点に絞って明らかにする。この3点には，「4つの視点」，「BSCの狙い」，「戦略テーマ」を挙げることができる。

　第1の「4つの視点」については，典型的な視点として，財務の視点，顧客の視点，内部ビジネス・プロセスの視点，学習と成長の視点を提示した。内部ビジネス・プロセスの視点を業務プロセスの視点と指摘することもある。営利企業では，BPR（business process reengineering：ビジネス・プロセス・リエンジニアリング）による業務革新を連想できるため，ビジネス・プロセスの方が適していよう。一方，非営利組織のようにビジネスを連想しにくい組織では，業務プロセスということの方が組織に浸透しやすいようである。

　学習と成長の視点をKaplan and Norton（1992）は，当初，人材と変革の視点としていた。しかし，イノベーション（変革）を行うのは内部ビジネス・プロセスであるため，Kaplan and Norton（1993）以降，学習と成長の視点に改めている。学習と成長の視点は，企業価値を創造する内部ビジネス・プロセスの視点を下支えするインフラ部分であるため，人材と変革の視点とするのは問題があるように思える。

　第2の「BSCの狙い」について，Kaplan and Nortonは戦略的マネジメント・システムにあるとしていることは間違いないが，同書では業績測定に焦点があてられた。スコアカードによって戦略目標を測定し管理するために，遅行指標（lagging indicators）と先行指標（leading indicators）を区別している。戦略目標の達成度を測定するには遅行指標でなければならず，この遅行指標が測定できるまで当座は先行指標で管理する。遅行指標を設定しないスコアカードは戦略の達成度を測定できず，したがって戦略の進捗度を管理できなくなる。

　第3の「戦略テーマ」とは，戦略は一般に財務の視点で構築されるとして，

財務の視点には３つの異なる戦略テーマがあることを明示した。財務の視点の戦略テーマには，収益増大戦略，原価低減戦略，資産効率戦略が設定された。

## 2.2 The Strategy-Focused Organization

第２冊目の著書は，Kaplan, R. S. and D. P. Norton（2001）*The Strategy-Forcused Orgnization : How Balanced Scorecard Companies thrive in the New Business Environment*, Harvard Business School Press（櫻井通晴監訳（2001）『戦略バランスト・スコアカード』東洋経済新報社）である。同書は，２つの章からなる総論，10の章からなる本論，２つの章からなる補論で構成されている。総論の２つの章は，「戦略実行のためのバランスト・スコアカードの導入」と「モービルはいかに戦略志向の組織体へと変貌したか」である。本論は，**戦略を現場の言葉に置き換える，シナジーを創造するために組織体を方向づける，戦略を全社員の日々の業務に落とし込む，戦略を継続的なプロセスにする**，の４部からなる。第５部の補論では，エグゼクティブのリーダーシップによって変革を促すとして「リーダーシップと活性化」と「失敗を回避する留意点」の章がある。

第１部の〈戦略を現場の言葉に置き換える〉は，「戦略マップの構築」，「営利企業における戦略マップの構築」，「非営利組織・政府・医療機関の戦略スコアカード」からなる。第２部の〈シナジーを創造するために組織体を方向づける〉は，「ビジネス・ユニットのシナジー創造」，「シェアードサービスを通じてのシナジーの創造」からなる。第３部の〈戦略を全社員の日々の業務に落とし込む〉は，「戦略意識の高揚」，「個人レベルとチーム・レベルの目標を定義づける」，「バランスト・スコアカードに基づく報酬制度」からなる。第４部の〈戦略を継続的なプロセスにする〉は，「計画設定と予算管理」，「フィードバックと学習」からなる。

同書の特徴を３点に絞って取り上げる。この３点とは，「戦略テーマ」，「組織学習」，「戦略的実施項目」である。

第１の「戦略テーマ」は，第１冊目とは異なり，戦略は顧客の視点で構築さ

れるとして，顧客の視点の戦略テーマを提案した。本書で Kaplan and Norton は，顧客の視点の戦略テーマを構築するために，顧客価値提案という概念を提示した。顧客価値提案とは，企業が顧客に訴求するマーケティング戦略のことである。顧客価値提案は，典型的には卓越した業務，顧客関係性管理，製品リーダーシップという戦略テーマがある。

　第 2 の「組織学習」とは，シングル・ループとダブル・ループの学習である。すでに本章の1.5項で概説したように，シングル・ループの学習とは，戦略を所与として業務管理の PDCA を回すことである。これに対してダブル・ループの学習とは，業務管理だけでなく，戦略の PDCA を回すというように，戦略は仮説であり，修正を前提とする考え方である。このような 2 つの組織学習のうち，BSC を活用すればダブル・ループの学習を効果的に行うことができる。

　第 3 の特徴は「戦略的実施項目」である。スコアカードのなかで戦略目標の尺度や目標値を設定することは比較的やさしい。これに対して戦略的実施項目は，戦略目標の現状値と目標値のギャップを埋める手段であり，ギャップが大きければ大きいほど戦略的実施項目を設定することは重要である。ギャップが小さければ戦略目標を設定する意味はなく，業務管理や日常管理で努力して実現しようと思えばできる。ギャップが大きいからこそ戦略目標として管理する意味がある。そのようなギャップを埋める戦略的実施項目をいかに考え出すかは，その責任者である戦略目標のオーナーの仕事である。

　戦略マップでは複数の戦略的実施項目を設定することになるが，そのすべてを実行しなければ戦略マップで可視化された戦略を実現することはできない。このような一連の戦略的実施項目への予算である戦略予算総額が限られている場合，優先順位をつけざるを得ないことがある。予算枠を設けることで実施できなかった戦略的実施項目があれば，戦略の実現はその分だけ遅れる。言い換えれば，戦略を実現するには戦略的実施項目として取り上げたものをすべて実施する必要がある。

## 2.3 *Strategy Maps*

第3冊目は，Kaplan, R. S. and D. P. Norton (2004) *Strategy Maps : Converting Intangible Assets into Tangible Outcomes*, Harvard Business School Press（櫻井通晴・伊藤和憲・長谷川惠一監訳（2005）『戦略マップ』ランダムハウス講談社）である。同書は5部15章からなる。第1部が総論の「序章」と「戦略マップ」である。第2部から第4部が本論，第5部でケースファイルとして「民間企業」，「公的組織」，「非営利組織」を取り上げている。

同書の本論は，第2部の**企業価値創造のプロセス**，第3部の**インタンジブルズ**，第4部の**戦略と戦略マップの構築**からなる。第2部の〈企業価値創造のプロセス〉は，「業務管理のプロセス」，「顧客管理のプロセス」，「イノベーションのプロセス」，「規制と社会のプロセス」からなる。また第3部の〈インタンジブルズ〉は，「インタンジブルズを企業の戦略に方向づける」，「人的資本レディネス」，「情報資本レディネス」，「組織資本レディネス」からなる。第4部の〈戦略と戦略マップの構築〉は，「戦略マップのカスタマイズ」と「戦略実行キャンペーン」からなる。

同書の特徴を，ここでも3点に絞って紹介する。その3点とは，「戦略テー

**図表1-7　戦略テーマの関係図**

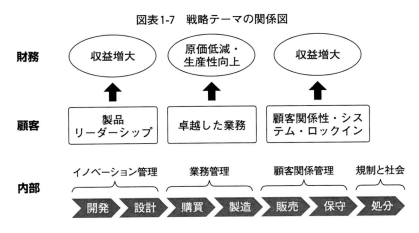

出典：著者作成。

マ」,「インタンジブルズ」,「レディネス評価」である。

　第1の「戦略テーマ」は，Kaplan and Norton の第1冊目の著書では財務の視点で，また第2冊目の著書では顧客の視点で構築してきた。ところが同書では，内部プロセスの視点から戦略テーマを考える必要があると指摘している。つまり，業務管理，顧客管理，イノベーション管理，規制と社会という4つの戦略テーマに区分して，これまでの戦略テーマと関連づけた。

　図表1-7に示すように，財務の視点の成長戦略である「収益増大」，顧客の視点の顧客価値提案である「製品リーダーシップ」，内部ビジネス・プロセスの視点の企業価値創造プロセスである「イノベーション管理」が関連づけられている。これらはいずれも戦略テーマと呼ばれ，これらの戦略テーマが密接に関わって因果関係をもって図示されなければならないとしている。それ以外の戦略テーマの因果関係についても同様である。

　第2の「インタンジブルズ」とは，Kaplan and Norton によれば，学習と成長の視点を構成する人的資産，情報資産，組織資産を指す。これらはいずれも測定が困難なものであり，構築しようとすると比較的長期間を費やすことになる。かと言って，これらのインタンジブルズへ投資しなければ競争優位の構築はおぼつかなくなる。Kaplan and Norton は，同書でインタンジブルズの測定と管理の仕方を，事例を用いて詳細に明らかにしている。

　人的資産は，特定の個人が獲得するスキルやケイパビリティのことである。また情報資産は，情報システムやその利用マニュアルだけでなく，システムを利用する人の能力も含まれる。さらに組織資産とは，価値観，リーダーシップ，アラインメント，チームワークといったように，組織に内在するインタンジブルズのことである。

　第3の「レディネス評価」とは，成熟度のような順序尺度による測定のことである。たとえば，スキルの向上という学習と成長の視点の戦略目標を測定するには，このスキルに関わる従業員とスキルの棚卸をする必要がある。スキルごとに未着手，研修申請中，研修中，資格取得，指導可能といった成熟度によって関係者がどのレベルかを測定することをレディネス評価と言う。このようにすれば，内部プロセスの視点の戦略目標を実行するためのスキルを成果とし

て測定できるようになる。

## 2.4 *Alignment*

　第4冊目は，Kaplan, R. S. and D. P. Norton（2006）*Alignment : Using the Balanced Scorecard to create Corporate Synergies*, Harvard Business School Press（櫻井通晴・伊藤和憲監訳（2007）『BSCによるシナジー戦略』ランダムハウス講談社）である。同書は，全10章からなる著書である。第1章の「アラインメント（経済的価値の源泉）」と第2章の「企業戦略と組織構造（歴史的な視点）」が総論である。本論は，「全社戦略テーマへのアラインメント（財務の視点と顧客の視点の重視）」，「全社戦略テーマへのアラインメント（内部プロセスの視点と学習と成長の視点の重視）」，「支援機能のアラインメント」，「戦略のカスケード・プロセス」，「取締役会と投資家のアラインメント」，「外部協力企業のアラインメント」，「アラインメント・プロセスの管理」，「総合的な戦略アラインメント」からなる。

　同書の特徴も3点に絞って明らかにする。この3点とは，「アラインメント」，「企業戦略」，「戦略テーマ」である。

　第1の「アラインメント」とは，企業と取締役会，企業と事業部，本社スタッフと事業部スタッフ，事業部と顧客，事業部とベンダーの関係のベクトルを合わせることである。また，アラインメントとは，企業内外の多様な組織と連携を図って，企業戦略にすべての組織を方向づけることである。企業戦略と事業戦略が相反する戦略を持っている場合には，企業戦略と事業戦略の整合性をとることでもある。事業戦略を業務計画に落とし込んで，一貫性をとることでもある。このように，すべての組織でベクトルを合わせるのがアラインメントに込めた意味である。

　第2の「企業戦略」とは，本社や持ち株会社の戦略である。戦略には企業戦略と事業戦略がある。企業戦略は全社的に企業価値を創造することである。具体的には，持ち株会社やグループ本社の役割であり，事業会社もしくは事業部間のシナジー創造とポートフォリオ・マネジメントによって価値創造すること

である。シナジーの創造とは，複数の組織が別々に活動するよりも一緒に活動することで得られる相乗効果のことである。またポートフォリオ・マネジメントとは，複数の組織を持って複数の事業を同時に行うことでリスク分散することである。

　他方，事業戦略とは，顧客価値提案によって顧客から得られる企業価値の創造である。顧客価値提案が功を奏するように内部ビジネス・プロセスを再構築したり，そのような企業価値創造プロセスを下支えする人材を育成したり組織文化を構築したりすることである。また，事業戦略を業務に落とし込むこともアラインメントとしては重要である。

　第3の「戦略テーマ」については，同書では，企業戦略のために戦略テーマでシナジーの創造を図るべきであると指摘する。グループ内の複数の組織がそれぞれの事業戦略を戦略マップとして可視化するが，企業戦略とのアラインメントをとらなければ，シナジー効果が得られない。ここで重要になるのが，企業戦略としての戦略テーマである。企業戦略のなかで戦略テーマを設定して，その戦略テーマに関わる複数の組織を特定することで，本社がオーナーとなってシナジーを創造する戦略的実施項目を考え出すことができる。たとえば，NTT持ち株会社がオーナーとなって標準的な経理システムを構築して，グループ子会社にそのシステムを導入したケースは，まさにこのシナジー効果を高めるためである。

## 2.5 *The Execution Premium*

　第5冊目の著書は，Kaplan, R. S. and D. P. Norton（2008）*The Execution Premium : Linking Strategy to Operations for Competitive Advantage*, Harvard Business School Press（櫻井通晴・伊藤和憲監訳（2009）『戦略実行のプレミアム』東洋経済新報社）である。同書は，全10章からなる著書である。第1章の「戦略実行のプレミアム」が総論であり，他の8つの章が本論，最後の第10章が補論で「戦略管理室」を取り上げている。同書の本論は，循環型マネジメント・システムのステップにしたがって，「戦略の構築」，「戦略の企画」，「戦

図表1-8 循環型マネジメント・システム

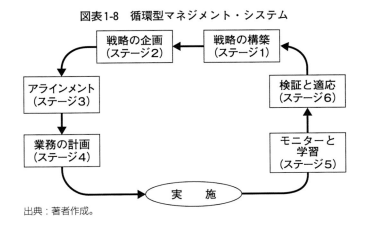

出典：著者作成。

略的実施項目」，「組織ユニットと従業員のアラインメント」，「業務の計画（プロセス改善プログラムへの戦略の落とし込み）」，「業務の計画（販売予測・資源キャパシティ・ダイナミック予算）」，「業務と戦略の検討会議」，「戦略の検証と適応の会議」からなる。

　同書の特徴を3点に絞る。この3点とは，「循環型マネジメント・システム」，「戦略の業務へのカスケード」，「戦略管理室」である。

　第1の「循環型マネジメント・システム（closed loop management system）」とは，戦略と業務のPDCAを回すマネジメント・システムのことである。Kaplan and Nortonによれば，図表1-8のように，戦略と業務のPDCAをマネジメントするシステムを循環型マネジメント・システムと呼んだ。この循環型のマネジメント・システムは，6つのステージからなる。

　ステージ1は戦略の構築である。ステージ2は，戦略マップやスコアカードを用いた戦略の企画である。ステージ3は，組織ユニットを連携させるために，戦略マップとスコアカードをすべての組織ユニットへ落とし込むこと（アラインメント）である。ステージ4は，経営者たちが業務を計画することである。ステージ5は，戦略および業務の計画を実行した結果をモニターし学習することである。ステージ6は，戦略を検証し適応させることである。これらを循環させて戦略のPDCAを回していくことが重要である。

　これまでのKaplan and Nortonの著書は，BSCが戦略のマネジメント・システムであるために，戦略の可視化として戦略マップを作成し，戦略の管理としてスコアカードを使う必要があることを中心に明らかにした。しかし，同書では，戦略を実現するには戦略の議論だけでなく，業務を通じて戦略を実行することが重要であるとして，業務のPDCAを含めて検討している。

　第2の「戦略の業務へのカスケード」とは，戦略を実行するために戦略を業務計画にカスケード（落とし込み）することである。これまでのKaplan and Nortonの著書の中で，カスケードやアラインメントとして戦略の落とし込みの重要性は指摘されてきた。しかし同書では，具体的なカスケード・ツールを紹介している。このようなカスケード・ツールはすでに企業で実践されているものであり，ダッシュボード，シックスシグマ，方針管理，目標管理，ベスト・プラクティスなどを例示している。これらのツールを利用して，どのように戦略をカスケードすべきかという課題が残されている。

　第3の「戦略管理室」は，戦略の策定と実行のマネジメント・システムであるBSCを専門に担当する組織である。わが国の多くの企業では，経営企画室や戦略企画室といった戦略管理室に対応する組織が設置されている。これらの組織があれば，改めて戦略管理室の設置は必要としないと考えることもできよう。しかし，外部環境を分析して戦略や中期計画の立案を支援するスタッフが，業務計画へのカスケードまで含めて戦略管理する専門部署は，これまで設置されてこなかった。BSCで確実に戦略を実行するには，戦略管理室が必要である。

## まとめ

　本章では，BSCとは何か，なぜBSCを導入すべきなのか，どのようにしたらBSCが導入できるのかを整理した。併せて，BSCの3つの特徴を明らかにした。第1は，意図した戦略と創発戦略の違いであり，BSCはどちらにも利用できることを明らかにした。第2は，シングル・ループの学習とダブル・ループの学習の違いであり，これについてもBSCはどちらの学習にも使うこと

ができることを明らかにした。第3は，戦略的実施項目について，伝統的な戦略的計画プロセスとの比較で，BSCによる戦略的計画プロセスの違いを明らかにした。

　また，Kaplan and Nortonの5冊の著書の変遷を明らかにすることで，BSCがどのように拡張していったのかを明らかにした。そのなかで，BSCでとりわけ重要な3つの点を最後に明らかにする。第1は，戦略テーマである。Kaplan and Nortonは，第1冊目の著書のときから戦略テーマを明らかにしていたが，戦略マップを構築するには，4つの視点にまたがって戦略テーマを作成すべきであるということが明らかとなった。第2は，Kaplan and Nortonが考えているインタンジブルズとは学習と成長の視点である，人的資産，情報資産，組織資産であることを明らかにした。第3は，戦略実行のための循環型マネジメント・システムとは，6つのステージからなる戦略と業務のPDCAのことであることを明らかにした。

## 参考文献

Andrews, R. K. (1987) *The Concept of Corporate Strategy, third ed.*, Dow Jones-Irwin, Inc. (中村元一・黒田哲彦訳 (1991) 『経営幹部の全社戦略』 産能大学出版部).

Anthony, R. N. (1965) *Planning and Control Systems: Framework for Analysis*, Harvard University Press (高橋吉之助訳 (1968) 『経営管理システムの基礎』 ダイヤモンド社).

Ansoff, I. (1965) *Corporate Strategy*, McGraw-Hill.

Kaplan, R. S. and D. P. Norton (1992) The Balanced Scorecard: Measures that drive Performance, *Harvard Business Review*, January-February, pp.71-79 (本田桂子訳 (1992) 「新しい経営指標"バランスド・スコアカード"」『Diamondハーバード・ビジネス・レビュー』 4-5月号, pp.81-90).

Kaplan, R. S. and D. P. Norton (1993) Putting the Balanced Scorecard to Work, *Harvard Business Review*, September-October, pp.134-147 (鈴木一功・森本博行訳 (1993) 「実践バランスト・スコアカードによる企業変革」『Diamondハーバード・ビジネス・レビュー』 12-1月号, pp.94-109).

Kaplan, R. S. and D. P. Norton (1996) *The Balanced Scorecard: Translating Strategy into Action*, Harvard Business School Press (吉川武男訳 (1997) 『バランス・スコアカード』 生産性出版).

Kaplan, R. S. and D. P. Norton (2001) *The Strategy-Focused Organization: How Balanced Scorecard Companies thrive in the New Business Environment*, Harvard Business

School Press（櫻井通晴監訳（2001）『戦略バランスト・スコアカード』東洋経済新報社）.

Kaplan, R.S. and D.P. Norton（2004）*Strategy Maps : Converting Intangible Assets into Tangible Outcomes*, Harvard Business School Press（櫻井通晴・伊藤和憲・長谷川惠一訳（2005）『戦略マップ—バランスト・スコアカードの新・戦略実行フレームワーク—』ランダムハウス講談社）.

Kaplan, R.S. and D.P. Norton（2006）*Alignment, Using the Balanced Scorecard to create Corporate Synergies*, Harvard Business School Press（櫻井通晴・伊藤和憲監訳（2007）『BSCによるシナジー戦略』ランダムハウス講談社）.

Kaplan, R.S. and D.P. Norton（2008）*The Execution Premium, Linking  Strategy to Operations for Corporate Advantage*, Harvard Business School Press（櫻井通晴・伊藤和憲監訳（2009）『戦略実行のプレミアム』東洋経済新報社）.

Lev, B.（2001）*Intangibles : Management Measurement, and Reporting*, Brookings Institution Press, Washington, D. C.（広瀬義州・桜井久勝監訳（2002）『ブランドの経営と会計』東洋経済新報社）.

Mintzberg, H., B. Ahlstrand and J. Lampel（1998）*Strategy Safari : A Guide Tour Through the Wilds of Strategic Management*, Free Press, p.12.（斉藤嘉則監訳（1999）『戦略サファリ—戦略マネジメント・ガイドブック—』東洋経済新報社）.

Porter, M.E.（1980）*Competitive Strategy*, The Free Press（土岐坤・中辻萬治・服部照夫訳（1982）『競争の戦略』ダイヤモンド社）.

Porter, M.E.（1996）What is Strategy, *Harvard Business Review*, November-December, pp.61-78（中辻萬治訳（1997）「戦略の本質」『Diamondハーバード・ビジネス・レビュー』3-4月号, pp.6-31）.

Prahalad,C.K. and G.Hamel（1990）The Core Competence of the Corporation, *Harvard Business Review*, May-June.

櫻井通晴（2008）『バランスト・スコアカード（改訂版）—理論とケース・スタディ—』同文舘出版。

森沢徹・黒崎浩（2003）「バランス・スコアカードを活用した経営管理システム改革」『知識資産創造』10月号, pp.24-39。

# インタンジブルズの測定と管理

## はじめに

インタンジブルズについて，知的資本，ブランド，レピュテーションなど多方面から研究が進められている（Edvinsson and Malone, 1997；伊藤（邦），2002；櫻井，2008a）。インタンジブルズのなかで，のれんは将来のサービスポテンシャルが認められ，合併により金額が客観的に測定できるため資産として計上されている。しかし通常，企業が創造したユニークで卓越した知識や技術は将来のサービスポテンシャルがあったとしても客観的にその価値を見積もることができないし，その一部分を分割して販売することもできない。同様に，組織文化やリーダーシップ，チームワークなどは戦略志向の組織として重要な要因であり，将来の財務業績を向上する可能性がある。近年はこのように，将来の財務業績を向上する要因がインタンジブルズにあり，このインタンジブルズをマネジメントする必要が高まってきた。

インタンジブルズといっても，研究者の研究目的によって多様な定義がある。そこで，第1節においてインタンジブルズを定義する。第2節で，インタンジブルズを測定する目的を特定する。知的資本を中心としたインタンジブルズに関わる多数の文献研究を行ったMarr et al.（2003）とAndriessen（2004）に基づいて，必要な場合は他の研究も加えてインタンジブルズの研究成果を明らかにする[4]。また，その測定目的ごとにインタンジブルズの現状と課題を検討

---

4）Marr et al. とAndriessenは知的資本（intellectual capital）という用語を用いている。また，IttnerやKaplan and Nortonは無形資産（intangible assets）という用語を用いている。いずれもインタンジブルズという用語を使用しているわけではないが，本書ではこれらも含めてすべてインタンジブルズと扱っている。

する。続く第3節では，インタンジブルズ測定の研究のうち，実証研究について検討する。というのも，インタンジブルズの測定は，理論構築の段階はすでに過ぎ，実証研究に移行すべきであると主張されているからである（Marr et al., 2003 ; Ittner and Larcker, 2005）。また第4節では，将来のインタンジブルズ研究の方向性を明らかにする。最後に，本章をまとめる。

## 1　インタンジブルズとは何か

インタンジブルズは，オックスフォード辞典によれば，「触ることができないものあるいは物的実態を伴わないもの」と定義される。しかし，何がインタンジブルズかについて意見の一致を見ているわけではない。物的実態を伴わない価値創造の源泉という見解，無形のバリュー・ドライバーという見解，戦略の実行を支援する無形の資産という見解がある。それらの見解をまず明らかにする。

物的実態を伴わない価値創造の源泉とする見解としては，インタンジブルズを，「イノベーション，独自の組織設計，人的資源によって生み出される物的実態を伴わない価値源泉（将来便益の請求権）のことである」とする，Levの定義がある（Lev, 2001, p.5）。Levは，同義語として，知的資産，知的資本などがあり，また，インタンジブルズと無形の資産をも同義語として扱っている。すなわち，Levによれば，インタンジブルズは，イノベーションというインタンジブルズの創出要因，独自のコンピタンス，人的資源からなる。たとえば，特許，ブランド，原価低減をもたらす独自の組織構造などをインタンジブルズに含めている。

興味深いのは，株式時価総額と帳簿上の純資産とが大きく食い違っている主因（のれん）がインタンジブルズにあると考えている点である。このようなアイディアの根底には，オフバランスではあるが，株主にとって看過できない重要な資産がインタンジブルズであるという認識がある。この点から，株主価値の創造という視点でインタンジブルズに注目する必要がある（伊藤（邦）・加賀谷, 2008, pp.6-22）という主張も見られる。

　また，インタンジブルズを無形のバリュー・ドライバーと捉える見解がある。たとえば，インタンジブルズ（intangible assets）とは「将来の経済業績および企業価値のためのドライバーである物的実態を伴わない資産への支出およびその構築である」という定義である（Ittner, 2008, p.262）。Ittnerの定義によれば，インタンジブルズは無形のバリュー・ドライバーとほぼ同義に解釈している。この定義の意図は，オンバランスかオフバランスかという資産性の問題ではなく，企業価値とインタンジブルズの関係性を構築することが狙いであると言う。

　インタンジブルズは測定だけではなく，ステークホルダー志向の下で，戦略的にマネジメントすべきだとする見解もある。Kaplan and Norton（1992, pp.71-79）は，予算だけでは短期的な財務業績に偏りすぎてしまい，長期的なインタンジブルズへの投資が軽視されるという問題意識のもとにバランスト・スコアカード（Balanced Scorecard : BSC）を提唱した。Kaplan and Nortonも資産性を問題視したわけではなく，将来の財務業績向上の源泉へ投資することを意図していた。彼らは，インタンジブルズを「人的資本，情報資本，組織資本からなる学習と成長の視点の3つの要素」からなるとしている（Kaplan and Norton, 2004, p.xiv）。内部の視点の企業価値創造プロセスを下支えする学習と成長の視点こそが，インタンジブルズであると解釈している。

　以上のように，Levの無形の価値創造の源泉を将来便益の請求権とする定義はオンバランスを意図しており，株主の請求権という株主価値の創造を前提にしている。Ittnerの価値創造の源泉である無形のバリュー・ドライバーという定義は，インタンジブルズと企業価値の関係性を構築することを意図した定義である。無形の価値創造の源泉であるという定義そのものはLevと同じである。Kaplan and Nortonもインタンジブルズを，企業の価値創造プロセスを支援する源泉であると定義としている。無形の価値創造の源泉であるという定義そのものは3者とも共通している。

　無形の価値創造の源泉というインタンジブルズの定義は同じであるとしても，インタンジブルズに対する研究アプローチはそれぞれ異なっている。Levはあくまでもインタンジブルズの測定を意図しており，無形の価値源泉をオンバラ

ンスするにはどのようにしたらいいかを目的としてインタンジブルズを捉えている。これに対してIttnerは，インタンジブルズのオンバランスには関心がなく，インタンジブルズと財務業績である企業価値との因果関係の構築を目的としている。これらに対してKaplan and Nortonの関心は，オンバランスのためのインタンジブルズの測定でも，インタンジブルズと企業価値の因果関係の検証でもない。むしろ，インタンジブルズを戦略的にマネジメントする対象として，すなわち戦略実行のマネジメント・システムを構築するためにインタンジブルズを研究対象とした。

　以上より，本書でもインタンジブルズを「無形の価値創造の源泉」と定義する。また，本書の研究目的は，書名に明らかにしたように，BSCによる戦略の策定と実行であり，インタンジブルズの戦略的なマネジメントである。インタンジブルズをマネジメントするためには，インタンジブルズの測定だけでなく，インタンジブルズと財務業績との因果関係についても研究対象とする。

　ところで，Blair and Wallman（2001, pp.51-56）によれば，インタンジブルズは測定原則によって，3つのレベルに整理・区分できると言う。第1のレベルは，すでにオンバランスされているもので，特許権，著作権，ブランド，商標といったように，所有可能で販売可能な資産であり，現行の法制度の下である程度定義され保護されているものである。第2のレベルは，オンバランスはされていないが資産性を認められるような開発途上の研究開発，事業上の秘密事項，レピュテーション資産，独自の経営システムとビジネス・プロセスといったように，支配は可能だが，分離して販売できない資産である。第3のレベルは，オンバランスとは無関係なもので，人的資本，コア・コンピタンス，組織資本，関係性資本というように，企業が完全には支配することができないインタンジブルズである。Blair and Wallmanの分類に基づいて，第1レベルを知的財産，第2レベルをオフバランスの無形資産，会計学から本来的な"資産"とは呼び難い第3レベルを無形の資産というように明確に用語を区分して使うべきである（櫻井, 2008a）という指摘がある。本書では，インタンジブルズのマネジメントを研究対象としているので，オンバランスされている第1のレベルのインタンジブルズというよりは，第2のレベルと第3のレベルに焦点を

当てて研究を進める。

インタンジブルズ研究は、いろいろなアプローチで行われている。Ulrich and Smallwood（2003, pp.6-13）によれば、インタンジブルズの研究には3つのアプローチがあると言う。

第1のアプローチは、インタンジブルズを財務報告すべきであるという主張である（Lev, 2001）。Levによれば、有形資産と無形資産のすべてを含む企業価値を報告すべきであり、そのような報告へと会計制度を見直すべきであると言う。第2のアプローチは、インタンジブルズを測定すべきであるという主張である（Ittner and Larcker 1998 ; Ittner et al., 2003 ; Ittner, 2008）。インタンジブルズの多様な目的ごとに、インタンジブルズの適切な測定を検討する必要がある。第3のアプローチは、持続的なインタンジブルズを創造するリーダーシップの選択と行動を研究すべきであるという主張である（Ulrich and Smallwood, 2003）。戦略実行のために学習と成長の視点のインタンジブルズのマネジメントを研究したKaplan and Norton（2004）も、第3のアプローチに含めることができる。本書はインタンジブルズのマネジメントを扱うため、第3のアプローチの下で研究を進めていく。

## 2　インタンジブルズ測定の目的

本節では、インタンジブルズをなぜ測定すべきかについて、先行研究をベースに検討する。まず、データベースに基づいてキーワード検索から文献リストを作成したMarr et al.（2003）の研究を検討する。また、直近の文献に基づいて多数引用されている文献を調査したAndriessen（2004）の研究を取り上げる。これらの文献研究からインタンジブルズを測定する目的を明らかにする。

## 2.1　Marr et al.の研究

インタンジブルズを測定するのは何のためかという測定目的に関する研究があ

る（Marr et al., 2003）。Marr et al. は，ProQuest, Emerald, InfoTrac, Ingenta, それに Centre for Business Performance reference database という データベースに基づいて，インタンジブルズの測定に関わる26の用語でキーワード検索した。具体的には，知的資本や人的資本などインタンジブルズに代わる用語，資源ベースや資源に関わる用語，業績や株価利回りなど尺度に関わる用語，その他としてコンピタンス，特許，研究開発などインタンジブルズに含まれる用語を検索した結果，84本の文献が選択された。これらのうち31本がインタンジブルズの背景に関わるものであり，11本が実証研究，9本が情報開示と会計の順に多かった[5]。

　これらの文献から，Marr et al.（2003）はインタンジブルズを測定する目的を5つに分類した。(1) 戦略の策定，(2) 戦略の業績評価，(3) 買収金額算定の基礎，(4) 報酬制度，(5) 外部とのコミュニケーションギャップ，の5つである。以上の測定目的を示すと，図表2-1となる。以下では，Marr et al. にしたがってインタンジブルズ測定の目的を明らかにする。

図表2-1　Marr et al. によるインタンジブルズの測定目的

| |
|---|
| (1)　戦略の策定 |
| (2)　戦略の業績評価 |
| (3)　買収金額算定の基礎 |
| (4)　報酬制度 |
| (5)　外部とのコミュニケーションギャップ |

出典：Marr et al.（2003, p.433）に基づいて著者作成。

　第1は，戦略の策定を支援するという測定の目的である。戦略の策定とは，Porter（1980）の5つの競争要因を考慮したり，あるいは外部環境の機会や脅威を明らかにするだけでは十分ではない。企業の内部環境の強みと弱みとして，

---

5) Marr et al.（2003）は，関連文献をすべて研究対象として，インタンジブルズ研究の分類を行った。この種の研究は分類学であるが，これを一歩進めて，過去の研究成果からこれまで見逃されてきた何らかの結論を導き出すというメタ分析を行うことで，研究が大きく発展する可能性がある。

コア・コンピタンスや資源を明らかにしなればならない（Andrews, 1987）。とりわけ，価値創造の源泉となるコアコンピタンスの構築は，戦略的に重要である（Prahalad and Hamel, 1990）。

　Marr et al.によれば，戦略策定を支援するためにインタンジブルズの測定を行う実証研究はほとんどなく，いまのところ理論構築の段階である（Marr et al., 2003）と言う。例外的な研究として，Hall（1992）のケーススタディ研究を取り上げている。その研究によれば，イギリスの多様な産業の経営幹部95人を対象として調査を行った結果，会社の評判，製品の評判，従業員のノウハウといったインタンジブルズが事業成功へと導くことを結論づけた。また，Marr and Schiuma（2001）によるケーススタディ研究として，インタンジブルズが戦略策定プロセスに影響を及ぼすと指摘している。以上より，戦略策定支援のためのインタンジブルズ測定に対する実証研究はほとんど行われていないことがわかる。Marr et al.は，実証研究によって，インタンジブルズの測定メカニズムを特定する必要があると主張している。

　第2は，戦略の業績評価という測定の理由である。多くのインタンジブルズは戦略と関連づけない限り，ほとんど価値を持たない。たとえば，Kaplan and Nortonのいうインタンジブルズは，企業価値創造を下支えするインフラである。インフラだけでは価値創造できない。学習と成長の視点のインタンジブルズを内部プロセスの視点である価値創造プロセスのパフォーマンス・ドライバーとして機能させると，顧客の視点と財務の視点の成果を期待できる。また，戦略マップそのものが，因果関係によって企業価値を創造するバリュー・ドライバーとなり得る。

　この因果関係に関して，Ittner and Larcker（1998）は，顧客満足度が顧客の購買行動（維持，売上高，売上高成長率），顧客数の伸び率，財務業績（ビジネス・ユニットの売上，粗利，売上高利益率）の先行指標であることを実証した[6]。また，Rucci et al.（1998）も，Searsの事例を用いて従業員の態度が顧客満足度に影響を及ぼし，顧客満足度が財務業績に影響を及ぼすことを実証

---

6）櫻井（2011）は，顧客満足の罠として，顧客満足が増加しても財務業績が良くならないことがあることを紹介している。

した。このように戦略目標間に因果関係があり，インタンジブルズの測定が重要であるという認識は高まっているが，戦略の方向づけ（strategic direction）を結果で評価しているのは10％でしかない（Stivers et al., 1998）。

　Marr et al.によれば，戦略の業績評価に関わる実証研究は，マクロ・レベルの大規模な調査によって，インタンジブルズと企業価値との関連性を解明しようとする研究が行われてきた。しかし，特定企業を対象としたミクロ・レベルの研究が不足している。自社の戦略を競争相手に示すようなデータを公開しようとする企業はほとんどあり得ないからである。戦略の業績評価に実証研究が必要ではあるが実際には困難であり，ケーススタディやアクション・リサーチの成果が期待されよう。

　第3は，企業買収金額の合理的判断という測定の目的である。相手企業の価値が合理的かどうかを判断するために，インタンジブルズを測定することがある。たとえば，M&Aで相手企業を合理的に評価しなければならないときである。買収の価値創造は，買収企業（買収側）のインタンジブルズによって左右される。このようなインタンジブルズとは，チームワークや組織文化などである。インタンジブルズはいずれも組織と深く結びついているため切り離すことができず，買収時にインタンジブルズも譲渡される。インタンジブルズの評価は，しばしば正確な測定が困難であり，買収企業にとって有利となったり，逆に被買収企業にとって有利となったりする。企業は，適切に自社のインタンジブルズを測定する必要がある。

　Marr et al.によれば，買収金額のためのインタンジブルズの測定に関して，実証研究はほとんどないと言う。今後の研究分野である。企業がインタンジブルズを開示してくれると，インタンジブルズの評価はしやすくなる。統合報告をする実務が進展して，インタンジブルズも外部報告するようになれば，買収金額を算定する根拠も高まる可能性がある。

　第4は，報酬制度としての測定の目的である。業績評価を財務尺度だけで行うと，経営者は短期志向になるとしてKaplan and Norton（1992）は，バランスト・スコアカードを提案した。財務尺度による業績評価の情報を報酬制度と連動させると，さらに短期志向が増す。価値創造の源泉であるインタンジブル

ズの構築と逆行した行動をとってしまうことになる。そのため，非財務尺度との併用によって財務業績尺度を補完すべきであるという指摘がある（Ittner and Larcker, 2002）。

　報酬制度として非財務尺度を用いるのは，非財務尺度が財務業績の先行指標だからである（Banker et al., 2000）。また，非財務尺度の方が財務尺度より情報としての価値が高い（Ittner et al., 1997）という見解もある。Ittner et al. によれば，イノベーション志向の戦略を追求する企業は，インセンティブとして非財務尺度に対してより多くの重みを加える傾向にあったと言う。また，品質志向の戦略を追及する企業も非財務尺度により多くの重みを加える傾向にあることを実証している。

　報酬制度にインタンジブルズを利用すべきかどうかに関しては，課題もある。たとえば，インタンジブルズは個人業績との関係が直接的ではないため，個人業績に反映させることは問題もある。また，経営者の業績評価と企業にとって重要なインタンジブルズとは異なる。

　第5は，外部ステークホルダーとのコミュニケーションという目的である。今日，インタンジブルズを報告すべきだという企業への圧力がますます高まっている。たとえば，Marr et al.（2003）が論文を書いた当時でも，デンマークの知的資本報告書（DATI, 2000）やMERITUM（2002）などは，バリュー・ドライバーを可視化すべきだと提案している。インタンジブルズを開示すべき

**図表2-2　インタンジブルズを外部報告する理由**

①　大株主は情報共有しているものの少数株主はインタンジブルズについて知らない可能性がある。

②　外部ステークホルダーの知らないインタンジブルズを経営者がインサイダー取引に利用する可能性がある。

③　投資家や金融機関がボラティリティを高く設定してしまう。

④　資本コストが高く設定される。

⑤　知識ベースの産業ほどコミュニケーションギャップが大きい。

出典：Marr et al.（2003, p.449）に基づいて著者作成。

理由は，いくつか考えられる。Marr et al.は，５つの理由を挙げている。

　図表2-2に示すように，①大株主は情報共有しているものの少数株主はインタンジブルズについて何も知らない可能性がある，②外部ステークホルダーの知らないインタンジブルズを経営者がインサイダー取引に利用する可能性がある，③投資家や金融機関がボラティリティを高く設定してしまう，④資本コストが高くなる，⑤知識ベースの産業ほどコミュニケーションギャップが大きい，という理由である。

　Marr et al.によれば，この分野での実証研究はたくさんあると言う。たとえば，Aboody and Lev（2000）は，化学産業のR&Dへ１ドル投資すると，現在と将来の営業利益が平均２ドル増加することを実証した。また，Lev（2001）は，特許件数，過去の特許引用件数，自社特許の学会誌での引用件数という３つの尺度が上場企業の株価利回りと市場対簿価の差額評価を予測できることを実証した。これらの研究からわかるように，これまでの実証研究はR&Dと組織資本がほとんどである。

　知識，スキル，関係性，文化といったインタンジブルズの測定が困難であり，これまで研究があまり進んでいない。このようなインタンジブルズの開示を行うことは，メリットもあればデメリットもある。インタンジブルズの情報開示の潜在的なデメリットとは，競争相手に情報を与えてしまうことと，開示のための追加コストがかかることである。統合報告が進展しているが，開示情報の信頼性も含めて，インタンジブルズの外部への開示は今後の研究分野である。

　以上，Marr et al.の研究成果を整理すると，インタンジブルズを測定する理由は，５つあった。戦略策定，戦略の業績評価，買収金額算定，報酬制度，および外部報告である。

## 2.2　Andriessenの研究[7]

　インタンジブルズをなぜ測定するのかについて，Andriessen（2004）は文献調査に基づいて明らかにしている。Andriessenは，直近のインタンジブルズ研究として取り上げた７つの雑誌に引用されている論文をすべて調べて，少

なくとも4つ以上の文献で引用されている論文を選択した。また，こうして選ばれた論文にインタンジブルズの財務評価の研究が完全に抜け落ちていたとして，これに関わる論文を含めて，37本の論文を選択した。この37本の論文に基づいて，なぜインタンジブルズを評価および測定したのかその理由を調査したところ，最終的に3つの狙いがあることが明らかとなった。

　図表2-3に示すように，内部の経営管理を向上するため，外部報告を改善するため，法や取引に関わるため，という3つの理由である。以下で，Andriessenにしたがってそれぞれを概説する。

図表2-3　Andriessenによるインタンジブルズの測定目的

| |
|---|
| (1)　内部の経営管理を向上するため |
| (2)　外部報告を改善するため |
| (3)　法や取引のため |

出典：Andriessen（2004, p.232）に基づいて著者作成。

　第1の内部の経営管理を向上することに関して，Andriessenは，7つの課題があると言う。これらの7つの課題を図表2-4に示す。

　図表2-4より，①管理するには測定しなければならないと言うが，これは正しいのか，②インタンジブルズをどのようにマネジメントすべきか，③資源ベースの戦略をいかに取り込むべきか，④行動計画の影響をどのようにモニターするのか，⑤事業戦略をいかに行動計画へ落とし込むべきか，⑥行動計画の優先順位をどのように決めるのか，そして⑦マネジメントをどのように強化すべきか，の7つである。

---

7）Andriessen（2004）の取り上げた7つの論文は以下である。*International Journal of Management Reviews*誌 のBontis（2001），*European Management Journal*誌 のBontis et al.（1999），*the Asian Pacific Interdisciplinary Research*会計学会要旨集のLuthy（1998），*Journal of Intellectual Capital*誌のPetty and Guthrie（2000），第25回知的資本世界大会のプレゼンテーション資料Pike and Roos（2004），Stewart（1997）の著書*Intellectual Capital*，それにwebから入手可能なSveiby（2002）の論文である。直近の論文を調査の拠り所としている点に，著者の文献選定の問題があると思われる。Marr et al.（2003）が行った無作為抽出とは，本質的に異なる方法論である。

**図表2-4　経営管理向上に関わる課題**

| |
|---|
| ①　管理するには測定しなければならない |
| ②　インタンジブルズのマネジメント |
| ③　資源ベースの戦略 |
| ④　行動計画の影響をモニターする |
| ⑤　事業戦略の行動計画への落とし込み |
| ⑥　行動計画の優先順位 |
| ⑦　マネジメントの強化 |

出典：Andriessen（2004, pp.232-233）に基づいて著者作成。

　まず，①の管理するには測定しなければならないという問題とは，測定でき
ないものは管理できないという問題でもある。従業員の士気や戦略などは測定
することが困難であるため，管理することも難しかった。Andriessenによれば，
このようなインタンジブルズは測定できないからといって，これまでまったく
管理してこなかったわけではないと言う。測定の問題とは別に，モチベーショ
ンや戦略の2分野で研究されてきたと言う。Andriessenが指摘するように，「管
理するには測定しなければならない」には説得力がないのかもしれない。しか
し，BSCでKaplan and Norton（2004）が展開したように，インタンジブルズ
を管理するためにレディネス評価を考案したことは，測定へのチャレンジであ
り，極めて重要である。

　次に，②のインタンジブルズのマネジメントという問題である。有形資産の
マネジメントと比較すると，インタンジブルズのマネジメントは必ずしも説得
力のある研究が行われていない。Andriessenは，インタンジブルズのマネジ
メントを改善するために，Kaplan and Norton（1992）のスコアカードを利用
すべきであると言う。Andriessen によれば，スコアカードは財務尺度を業務
尺度で補完することを狙ったものでもある。この業務尺度はパフォーマンス・
ドライバーである。したがって，財務尺度という過去にとった行動計画の結果
と業務尺度であるパフォーマンス・ドライバーとのバランス志向を作り出すこ
とができると指摘する。著者はこれに戦略マップを加えて，BSCとして利用
すべきであると考えている。

　②で取り上げたパフォーマンス・ドライバーという考え方は，次の③の資源ベースの戦略という問題と関わりがある。パフォーマンス・ドライバーを重視するBSCは，無形の価値創造の源泉であるインタンジブルズの構築を洞察させてくれる。BSCは資源ベースの戦略を創造する基盤であるとAndriessenが指摘するのは，インタンジブルズの構築を考えているからである。

　そして，④の行動計画の影響をモニターするという問題とは，まさに業績測定の中心部分であるが，インタンジブルズにとっても重要である。BSCの狙いは，企業の長期的な戦略を短期の行動計画と，どのようにリンクさせるかにある。当初，BSCは業績測定のツールのためのモニターが重要とされていた。しかし今は，戦略実行のマネジメント・システムへと移行したために，戦略目標の達成度をモニターすることの方が重要となった（Kaplan and Norton, 2001, p.viii）。

　戦略を実行するときは行動計画の影響をモニターする前に，⑤の事業戦略を行動計画へ落とし込むという問題がある。戦略マップで可視化した戦略をスコアカードの戦略的実施項目へといかに落とし込んでいくかが重要である。現状値と目標値のギャップを埋めるための戦略的実施項目を考え出すことが肝要である。

　さらに，⑥の行動計画の優先順位という問題については，AndriessenはBSCを導入すると優先順位づけができると指摘している。たとえば，学習と成長の視点の実施項目が実現できたとしても，財務業績が達成できるまでに相当の時間がかかる。一方，顧客の視点の実施項目が実現できれば，比較的すぐに財務業績が得られる。どの戦略目標の実施項目を優先するかは企業価値創造に連動している。ところがBSCを導入しない場合，たとえば知的資産モデルでは，行動計画の優先順位づけができないとコメントしている。

　最後に，⑦のマネジメントの強化という問題は，インタンジブルズの測定尺度に関する問題である。これまで事業部や企業の業績評価としてしばしば用いられてきたROIやROS（return on sales：売上高利益率）は，キャッシュフローではない点で恣意性が介在すると指摘されてきた。これを正すために，経済的付加価値（economic value added：EVA）が考案された，とAndriessenは

図表2-5　外部報告に関わる課題

| |
|---|
| ①　帳簿価額と市場価値のギャップ |
| ②　現時点での企業価値と将来業績の情報改善 |
| ③　情報の非対称性 |
| ④　資金調達能力 |
| ⑤　評判を高めて株価を上げる |

出典：Andriessen（2004, p.234）に基づいて著者作成。

言う。ところが，ROIやROSと同様に，EVAでもインタンジブルズの価値を測定することはできない。インタンジブルズをどのように測定するかは，大きな問題である。

　第2の外部報告の改善の問題を明らかにする。外部報告に関わる問題点は，図表2-5に示すように，①帳簿価額と市場価値のギャップ，②現時点での企業価値と将来業績の情報改善，③情報の非対称性，④資金調達能力，⑤評判を高めて株価を上げる，がある。

　まず，①の帳簿価額と市場価値とのギャップという問題は，このギャップこそがインタンジブルズであると言われる（Edvinsson and Malone, 1997）。市場価値と帳簿価額の違いをインタンジブルズとすることに対して，Andriessenは間違いであると指摘する。帳簿価額と市場価値という異なる内容を差額として示すことを問題視している。しかし，このギャップをブランドの評価ではインタンジブルズと認識していることも事実である。

　次に，②の現時点での企業価値と将来業績の情報改善という問題は，環境・社会・ガバナンスといった情報（ESG情報）を無視して，間違った財務情報を巻き散らさないようにすることである。ステークホルダーは，ESG情報を含めた実際の企業価値を求めている。ステークホルダーができるだけ正確に企業を評価できるように，アニュアルレポートのような財務報告書を改善しなければならないという。同様の趣旨で，Edvinsson and Malone（1997, p.8）も，伝統的な財務データはもはや将来の財務業績の先行指標ではないと述べている。このような主張が統合報告へと結実していったと考えられる。

　また，③の情報の非対称性という問題は，情報経済学からの問題提起である。インタンジブルズへの投資と回収が，それを知っている人と知らない人では，非対称性がますます大きくなっていると言う。情報開示することで，この問題を緩和すべきである。統合報告は，インタンジブルズの投資と回収の一端を開示する点でも貢献できそうである。

　さらに，④の資金調達能力という問題は，インタンジブルズが透明度を欠くために，投資家や銀行からの資金集めが有形資産よりも困難であるということである。銀行の貸付担保として有形資産を要求するため，インタンジブルズが比較的多い知的資産型産業は工業型産業と比較すると，資金調達が不利になってしまう。

　上記の④とも絡むが，⑤として評判を高めて株価を上げるという問題もある。Andriessen によれば，外部の評判を高めて市場価値を高めるべきであると言う。具体的には，Skandia が，Skandia Navigator を導入していたという評判が功を奏して，外部調達コストが1％と低かったというケースを紹介して，評判の重要性を説いている。

　第3の法と取引におけるインタンジブルズ評価の課題については，問題となっている項目のみを明らかにする。これらには，インタンジブルズの売買に絡んだ取引価格の算定，銀行など資金調達のための担保価値の評価，海外へのインタンジブルズの移転に絡む移転価格の設定，組織再編に絡む第三者への知的財産権の販売価格の設定，知的財産権の訴訟，FASB意見書142号によるのれんの減損といった検討課題がある。

　Andriessen によれば，インタンジブルズを測定する目的は，内部経営管理，外部報告，法と取引という3つに区分できる。また，それぞれの目的のためには，インタンジブルズの測定に関わる課題が多数あることもわかった。

## 2.3　インタンジブルズ測定の狙い

　本節で検討してきたインタンジブルズの測定目的について，ここで改めて Marr et al. と Andriessen の主張を整理するとともに，本書における見解を明

図表2-6　インタンジブルズの測定目的

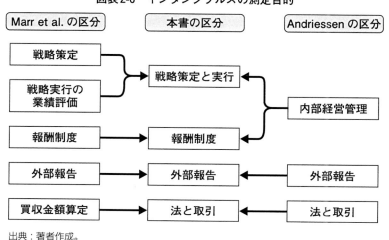

出典：著者作成。

らかにする。Marr et al. によれば，インタンジブルズの測定目的は，戦略策定，戦略実行の業績評価，買収金額算定，報酬制度，および外部報告という5つの目的があると言う。一方，Andriessenによれば，インタンジブルズを測定する目的は，内部経営管理，外部報告，法と取引という3つに区分できると言う。図表2-6に示すように，Marr et al. とAndriessenの先行研究に基づいて整理すれば，インタンジブルズ測定の目的は4つに区分できることがわかる。戦略の策定と実行，報酬制度，外部報告，法と取引である。

　第1の測定目的は，戦略の策定と実行の目的である。Andriessenが内部経営管理と区分したものと比較的似ている。これには，Marr et al. の戦略策定と戦略実行の業績評価が該当する。

　第2の測定目的は報酬制度である。Andriessenは報酬制度を内部経営管理に位置づけている。しかし，報酬制度が業績評価と連動していないことが多いわが国では，両者を別の課題と区分すべきである。

　第3の測定目的は外部報告である。これはMarr et al. と Andriessen も同じ分類である。外部報告としてインタンジブルズを報告することは，投資家に対して企業の業績に関する情報を包括的に提供できる（Ittner et al., 2003）。

　第4は法と取引という測定目的である。この目的は，買収金額算定（取引価格）や担保価値など法や取引を行うときの情報を提供するためである。

　以上，本書ではインタンジブルズ測定の目的を4つに区分した。次節では，これらの4つの目的を順に，さらに突っ込んで検討する。

## 3　インタンジブルズ測定の役割と課題

　インタンジブルズを測定する目的は，戦略の策定と実行のため，報酬算定のため，外部報告のため，法と取引のためである。それぞれの測定目的ごとに，インタンジブルズの測定に関わる役割と課題を検討する。

### 3.1　戦略の策定と実行目的のためのインタンジブルズの測定

　インタンジブルズは，戦略と結びつけることによってより多くの企業価値の創造に結びつく（櫻井，2011，p.25）。ここに，インタンジブルズを戦略のマネジメントと結びつける意義がある。戦略のマネジメントは，従来はばらばらであった戦略の策定と実行のマネジメント・システムやツールを統合し，循環型のマネジメント・システム（closed loop management system）として構築すべきであると提案されている（Kaplan and Norton, 2008）。戦略の策定から実行までを統合してはじめて，戦略実行のプレミアムが実現できるからである。この循環型のマネジメント・システムは，第1章で明らかにしたように，6つのステージからなる。

　ステージ1である戦略の構築の段階で，インタンジブルズをどのように考慮すべきかを検討する。第1章でも述べたように，戦略の構築はSWOT分析で行うことが一般的であり，内部環境としての強みと弱み，および外部環境としての機会と脅威を考慮する必要がある（Andrews, 1987）。戦略の構築として，これまでしばしば取り上げられてきたのは，Porterの5つの競争要因（Porter, 1980）やポジショニング（Porter, 1996）といったように外部環境が中心であ

った。外部環境だけでは十分でなく，内部のコンピタンスにも注目して戦略を構築しなければならない。また，インタンジブルズにとっては，ブランドやレピュテーションといった外部ステークホルダーを考慮に入れるとともに，人的資産，情報資産，組織資産といった資源ベースを考慮に入れた戦略策定も極めて重要である。そうすることで，これまで戦略策定として明示的に自社のユニークな資源を明らかにしてこなかったという批判（Collis and Montgomery, 1995, pp.92-93）に応えることができる。

　ステージ2の戦略の計画として，戦略マップやスコアカードでインタンジブルズをどのように扱うかを検討する。戦略マップの学習と成長の視点の戦略目標と内部プロセスの企業価値創造プロセスを連携するように，インタンジブルズを構築すべきである（Kaplan and Norton, 2004, pp.49-52）。インタンジブルズを構築するには，まず，内部プロセスの戦略目標を達成するのに必要な戦略的ジョブファミリー，情報資本ポートフォリオ，戦略的チェンジアジェンダを整理しておく必要がある。次に，整理した戦略的ジョブファミリー，情報資本ポートフォリオ，戦略的チェンジアジェンダからどのようなスキルを持った人材が必要か，どのようなデータベースやシステムが必要か，そしてまたリーダーシップの能力やチェンジアジェンダとしてどのような組織文化が求められるのかを特定しなければならない。これらについて現状を把握した上で，インタンジブルズの必要なレベルを設定する。この現状レベルと必要レベルのギャップは，内部プロセスの視点の戦略目標を達成するための準備度を表し，準備という意味でレディネスと呼称されている。このギャップを何段階かに区分して，成熟度を評価するのがレディネス評価である。

　ステージ3の組織連携については，インタンジブルズを特定の事業部だけでなく，支援部門や支援本部などと連携させて構築することになる。ステージ4の業務計画への落とし込みについては，現場担当者の日常業務のなかでインタンジブルズを創造できるようにしなければならない。ステージ5では，戦略の進捗管理として財務尺度と非財務尺度を測定する。また，インタンジブルズのレディネス評価を行うとともに，業務計画の達成度もモニターする。最後のステージ6では，業務計画と戦略を修正したり，戦略の新たな構築がなされる。

本書では，第3章の統合型マネジメント・システム，第4章の企業戦略，第5章の事業戦略，第6章の業務計画で，戦略の策定と実行について，さらに詳細に検討する。

## 3.2 報酬算定のためのインタンジブルズの測定

　報酬の算定として，Mobilでは使用資本利益率（return on capital employed：ROCE）やEPSの成長率で算定していた。これをBSCによる報酬制度に変更したというケースが，Mobil USM& R（A）（Kaplan, 1999）である。わが国でも，BSCを成果連動型報酬制度と連動させたリコー（伊藤（和），2007），BSCの戦略目標を個人目標にまで落とし込んで目標管理制度と連動させているシャープ（伊藤（和），2007）がある。これらの企業のように，BSCの尺度の一部を賞与算定に利用することができる。経営者の報酬算定として，財務尺度だけでなく非財務尺度や360度評価のように，多様な要因を取り込んで賞与や報酬，あるいは昇進などに利用する企業が多い。非財務尺度を報酬制度に含める理由は，将来の財務業績と非財務業績を向上させることにある（Banker et al., 2000, p.67）。言い換えれば，財務尺度だけで報酬を算定すると，経営者は短期的行動に走り，長期的観点での経営が阻害されるという心配がある。

　報酬制度に成果尺度とパフォーマンス・ドライバーを含めるにしても，成果をより重視する傾向がある（Ittner et al., 2003, p.731）。ここで，成果尺度は財務尺度，パフォーマンス・ドライバーは非財務尺度である。つまり，財務尺度をより重視するという指摘である。もちろん，財務尺度は全社共通指標として設定できるため，報酬算定に取り込みやすいという特徴がある。非財務尺度を事業部の独自指標として報酬に含めるべきかどうかには課題がある。事業部に独自指標を認めることで，事業部の事業戦略と関連のある業績尺度を取り込むことができるというメリットがある。逆に，事業部にとっては達成しやすい業績尺度を独自指標に設定しようとする心理的動機づけとなってしまう。これらの指標が経営者の報酬と結びつけられていれば，なおさらである。

　他方，事業部に独自指標を認めなければ，財務尺度だけで経営者の報酬を算

定することになってしまう。また，事業部の戦略を反映した尺度が設定できず，結果として短期的な行動を取ろうとしてしまうデメリットがある。したがって，戦略実行を行うためにBSCを導入しながらも，同じBSCを用いて報酬制度と結びつけることは慎重に準備すべきである（Kaplan and Norton, 2001, p.271）。また，非財務尺度が財務尺度よりも将来の財務業績を予測するのに適していたとしても，同じ尺度で経営者を評価したり，報酬算定に利用すべきではない（Ittner and Larcker, 1998, p.3）という指摘もある。これらのように，インタンジブルズの報酬算定への利用には，注意を要する必要がある。

　最後に，インタンジブルズの測定とは直接関係しないが，報酬算定に関わる課題を指摘しておく。伝統的な予算を利用した報酬算定について，財務尺度だけではゲーミングが行われるとして，Beyond Budgeting（脱予算経営）（Hope, 2000 ; Hope and Fraser, 2003a, 2003b）が提案された。Hope and Fraserによれば，予算編成にコストがかかりすぎるし，せっかく編成した予算も変化の激しい環境のためにすぐに陳腐化してしまう。また，非財務尺度を軽視して財務偏重となってしまう。そのような予算を用いて業績評価したとしても，有害ですらある。Hope and Fraserは，予算に代わって，市場を同じくする他支店との相対的順位で業績評価する銀行のケースを紹介している。金融業やコンビニなど支店間で業務が似通っている場合には相対的業績評価も可能である。しかし，異なる業務活動を行っている事業部の業績評価を扱う多くの企業では，相対的業績評価は必ずしも容易に導入できることではない。

　報酬は財務業績だけで決まるわけではない。プロセス指標である非財務指標，とりわけ，インタンジブルズを報酬算定に利用すると，従業員を長期志向に向かわせる。ところが，すでに指摘したように，インタンジブルズをどのように報酬算定に取り入れるべきかについては正解のない課題である。言い換えれば，インタンジブルズを用いた報酬算定は管理会計にとって大きな課題であり，これからも研究が進められる必要がある。第7章では，戦略策定と業績評価の問題を検討する。

## 3.3 外部報告のためのインタンジブルズの測定

BSCの役立ちとして，投資家への情報開示がある（櫻井，2008b, p.29）。多くの企業が環境報告書やCSR報告書などで自社のインタンジブルズを開示しようとしている。これは広報の一環ということもあるが，内部と外部のコミュニケーションギャップを埋めようとするためでもある（Marr et al., 2003）。たとえば，大株主は内部情報としてインタンジブルズを入手しやすいが，少数株主には情報の開示は限定的であり，このような報告書がコミュニケーションギャップを埋めることになる。また，企業の内部情報を開示することで投資家や金融機関へのリスクを軽減することができる。

他方で，ステークホルダーがインタンジブルズ情報の開示を望んだとしても，いまのところ，経営者側に情報開示の義務があるわけではない。経営者にとって，そのような情報の開示にどのような役立ちがあるのかもはっきりしていない。各社の自発的行動の結果でしかない，という意見もある。逆に，市場の論理を導入した経営ができるというメリットもある。情報開示が競合企業への競争要因の漏洩となることもある。加えて，開示コストが発生する。ステークホルダーにとっても，企業評価を誤らせてしまうという情報操作に導かれる可能性もある。インタンジブルズを開示すれば，それで終わりということではなく，開示情報の信頼性が問題視されなければならない。

要するに，外部報告との関係でインタンジブルズ情報の開示は，ステークホルダーにとって，メリットとデメリットがある。また，情報開示する企業にとっても，メリットとデメリットがある。インタンジブルズ情報は将来の財務業績のパフォーマンス・ドライバーであるとはいえ，インタンジブルズをステークホルダーへ情報開示するだけでなく，信頼性のある開示情報についての研究が進められなければならない。

投資家が中心ではあるが，ステークホルダーへの外部報告として2011年に統合報告のディスカッションペーパー（IIRC, 2011）が，2013年にはコンサルテーション草案（IIRC, 2013a）が，そして最終的にフレームワーク（IIRC, 2013b）が提出された。価値創造プロセスの開示，すなわち企業価値を創造す

る戦略を外部報告するという趣旨である。従来の財務情報だけでなく，環境，社会，ガバナンスに関わる非財務情報を開示することで，将来の財務業績を可視化するという主張である。統合報告は，ステークホルダーだけでなく，内部の経営者にもメリットがある。この統合報告の管理会計的意義について，本書では第 8 章で検討する。

## **3.4** 法と取引のためのインタンジブルズの測定

　国際税務などの法律上の問題や取引価格の設定では，インタンジブルズの測定を行う必要がある（Andriessen, 2004）。のれんや特許権などの知的財産権を取得したり，あるいはブランドを売買するとき，インタンジブルズの取引価格を設定しなければならない。

　また，資金調達のためにインタンジブルズを担保できる場合にも，抵当に入れるインタンジブルズを測定しなければならない。インタンジブルズをグローバルにグループ会社間で取引するとき，価格によって利益移転となるケースもある。このような問題が発生するのは，インタンジブルズに市場価格がないことが多いためである。国際税務という観点からも，インタンジブルズの測定が大きな問題となっている（伊藤（和），2004, pp.159-160）。

## 4　実証研究の意義と限界

　戦略の策定と実行という目的でインタンジブルズの測定を扱った文献を調査した結果，インタンジブルズの測定の意義を認識したり，測定ツールを理論構築する研究はたくさん存在した（Marr et al., 2003 ; Andriessen, 2004）。ところが，実証研究による仮説検証を扱った文献はそれほど多くはない（Marr et al., 2003）。Ittner and Larcker（2005）は，インタンジブルズの研究はすでに理論構築の段階が終わり，測定から分析へと研究を展開すべきであると言う。その後，インタンジブルズの測定に関わる実証研究の数は少しずつ増えてきている。

とりわけ，インタンジブルズと財務業績との関係の実証研究が行われている。本節では，このような内部管理目的からインタンジブルズを測定すると，財務業績にどのような影響が及ぼすかを検討する。これらの経験的研究には，サーベイ研究と言われる大量サンプル調査，実験室実験と言われる特定企業の実験研究，フィールド・スタディがある。

## 4.1　大量サンプル調査によるサーベイ研究

　大量サンプル調査では，戦略の策定と実行および報酬算定というインタンジブルズの測定のために非財務尺度を含めることで，企業業績や株価収益率が向上するかを研究対象としてきた。この研究は，リッカート・スケールによる財務業績意識を用いるケースと，実際の財務業績数値を用いるケースによって，課題や取り組み方がそれぞれ異なる。

　リッカート・スケールに基づく研究では，第1に非財務尺度をいかに評価するのか，第2にリッカート・スケールで業績評価できるのか，という課題がある。第1の非財務尺度をいかに評価するのかという課題に対しては，4つの取り組みが行われてきた（Ittner, 2008, p.262）。すなわち，①各社が使用している非財務尺度の多様性をいかに評価するか，②非財務尺度が財務尺度にどのような影響を及ぼすか，③競争優位の源泉と非財務尺度との間の一致度もしくは適合度の評価，④BSCのような測定ツールが業績の向上にどのような影響を及ぼすか，という取り組みであった。

　第2のリッカート・スケールに関わる課題については，研究が比較的多く報告されている。ところが，財務尺度と非財務尺度に有意な正の関係があるという研究があるかと思えば，部分的にしか支持されないという研究もある。このような矛盾した結論が出るのは，いくつか理由が考えられる。まず，調査票のすべての質問に対して同じ回答者が答えるため，1つの質問が他の質問に影響を与えてしまうからである。また，5点リッカートの場合，「やや」と「かなり」の区別は人によって回答者間で認識のずれがある。さらに，非財務尺度が向上したからといって財務業績が必ずしも向上するとは限らない。

　実際の財務数値を用いた研究でも，非財務尺度を使うと財務業績が向上するという関係にある実証研究の結果（Said et al., 2003）があるかと思えば，BSCの利用者はシステムには満足しているものの，財務業績は良くなく，統計的に有意な差がないという結果（Ittner et al., 2003）もあった。

　サーベイ研究のこのような矛盾した結果から，この種の研究には限界があるし，結果の解釈にも注意が必要であることが理解できる。したがって，サーベイ研究よりも特定企業の実験研究が推奨されている（Ittner, 2008, p.266）。

## 4.2　特定企業の実験研究

　特定企業を対象にしたインタンジブルズと財務業績との関係に関わる実験研究は，必ずしも数が多いわけではない。その中には，あるホテルチェーンを対象にして，インタンジブルズを含めた新たなインセンティブ・システムを採用すると，顧客満足度という非財務業績が向上したという事例がある（Banker et al., 2000）。また，銀行の支店を対象にして，BSCを導入した支店は導入しない支店よりも1カ月だけは財務業績が増加したが，その後は違いがなかったという事例もある（Davis and Albright, 2004）。これらのエビデンスは一般化できるわけではないが，インタンジブルズによる財務業績への影響は，財務業績が向上する研究もあれば，そうとは言えない研究もあり，一貫性のない結果となっている。

　Ittner（2008）による実証研究の文献レビューによれば，家電チェーンの事業部を対象にして，BSCを導入した事業部と導入しなかった事業部の財務業績への影響について研究したところ，統計的に有意な差が見られなかった。また，事業部を対象にした報酬制度として，既存の利益ベースのままとするか，それともBSCを導入するかによる違いを分析した。この結果，利益ベースの報酬制度とBSCによる報酬制度とで違いがあることもあるが，違いがないこともあった。特定企業の実験研究でも一貫性のない研究結果となり，実験研究の限界が見られた。

## 4.3　実証研究の限界とフィールド・スタディ

　これまでの大量サンプル調査によるサーベイ研究と特定企業の実験研究から
わかるように，財務尺度と非財務尺度に有意な正の関係がある研究があるかと
思えば，有意とは言えない研究もあった。その理由は，大量サンプル調査では
回答者が特定の個人であり，調査対象者に影響を受けてしまうという調査方法
上の問題である。実験研究は必ずしもはっきりしないが，業種特性に原因があ
るからかもしれない。また，インタンジブルズは比較的長期の財務業績に結び
つくために，短期の財務業績と有意な関係を導くことはない。実証研究のこの
ような限界から，フィールド・スタディのような別の研究が求められよう。

　フィールド・スタディからの知見として，Kaplan and Norton（2004）によ
れば，非財務尺度の測定を一律に扱うべきではなく，学習と成長の視点の非財
務尺度は成果尺度を設定し難いため，レディネス評価すべきであると言う。ま
た，因果関係を持った財務尺度と非財務尺度の関係を検証する条件が整備され
ていないこともある。たとえば，戦略目標を達成するには尺度の問題だけでな
く，効果的な戦略的実施項目を考えることも重要である。また，一方では戦略
を組織間で連携したり，他方では戦略を業務計画へと落とし込まなければなら
ない。

　以上より，やみくもに財務尺度と非財務尺度を統計的に調査しても，その発
見事項には限界がある。理論構築は終わったという主張があるにもかかわらず，
実証研究に矛盾した結果が出てきている。このことから，本書の研究課題であ
る戦略から業務までの統合型マネジメント・システムが正しいとすれば，これ
を構築する方が先決問題であろう。このことから，フィールド・スタディによ
ってブランドやレピュテーション，あるいはその他のインタンジブルズの理論
構築の研究がいまでも重要であると考えられる。

# まとめ

　本章は，インタンジブルズについて，その定義，測定目的，実証研究を行うときの課題の検討を行った。その結果，インタンジブルズを無形の価値創造の源泉と定義した。インタンジブルズが企業価値を創造するために戦略と結びつけるべきであることも明らかにした。そのようなインタンジブルズは知的財産権，オフバランスの無形資産，無形の資産からなることがわかった。

　次にインタンジブルズの測定目的ごとに検討を行った。その結果，経営管理目的としては，BSCと結びつけて研究すべきであると主張している先行研究がほとんどであった。本書は，主として戦略の策定と実行の目的に関わるインタンジブルズを検討する。これは，インタンジブルズの測定目的の第1である。この戦略の策定と実行に関するインタンジブルズのマネジメントを第3章から第6章で検討する。

　第2のインタンジブルズの測定目的である報酬算定との関係は，この目的に関してインタンジブルズを測定することは重要であるものの，解決すべき課題が多い。言い換えれば，報酬算定の対象としてインタンジブルズを含める意義は高いが，導入はそれ程簡単にはいかない。インタンジブルズのマネジメントとしては重要な課題であるため，本書では報酬制度と関わりのある業績評価を戦略と絡めて第7章で検討する。

　第3のインタンジブルズの測定目的である外部報告については，インタンジブルズを測定して情報開示することにメリットとデメリットがある。内部管理にとっても市場の論理を導入した情報開示が求められていることがわかった。外部報告することがマネジメントにも貢献すると考えられる。そこで，この点については統合報告との関係から第8章で検討する。

　第4のインタンジブルズ測定の目的である法と取引は，このためにインタンジブルズを測定することはこれまでも問題視されてきたし，制度との関係で今後も検討が加えられる必要がある。しかし，本書のBSCによる戦略の策定と実行という目的とは関係ない。そのため，これ以上の検討は行わない。

　最後に，管理会計目的との関係で進められているサーベイ研究や実験研究について検討した。そこには一貫性のない結果が発見されており，研究に限界があることがわかった。サーベイ研究や実証研究とは異なるアプローチからの研究として，フィールド・スタディや，継続的な理論構築も併せて行われなければならない。続く第3章では，インタンジブルズの統合型マネジメント・システムという理論構築の下で，キリンホールディングスの事例研究を行う。

## 参考文献

Aboody, D. and B. Lev, (2000) Information Asymmetry, R&D, and Insider Gains, *Journal of Finance*, Vol.6, pp.2747-2766.

Andrews, R. K. (1987) *The Concept of Corporate Strategy, third ed.*, Dow Jones-Irwin,Inc. (中村元一・黒田哲彦訳 (1991)『経営幹部の全社戦略』産能大学出版部).

Andriessen, D. (2004) IC Valuation and Measurement : Classifying the State of the Art, *Journal of Intellectual Capital*, Vol.5, No.2, pp.230-242.

Banker, R. D., G. Potter and D. Srivasan (2000) An Empirical Investigation of an Incentive Plan that Inclides Nonfinancial Performance Measures, *The Accounting Review*, Vol. 75, No.1, January, pp.65-92.

Blair, M. M. and S. M. H. Wallman (2001) *Unseen Wealth*, Brookings Institution Press, Washington, D. C. (広瀬義州他訳 (2002)『ブランド価値評価入門』中央経済社).

Bontis, N. (2002) Managing organizational Knowledge by Diagnosing Intellectual Capital : Framing and Advancing the State of the Field, in Bontis, N. (Ed.), *World Congress on Intellectual Capital Readings*, Butterworth Heinemann, Boston, MA, pp.621-642.

Bontis, N., N.C. Dragonetti, K. Jacobsen and G. Roos (1999) The Knowledge Toolbox : A Review of the Tools Available to Measure and Manage Intangible Resources, *European Management Journal*, Vol.17, No.4, pp.91-401.

Collis, D. J. and C. A. Montgomery (1995) Competing on Resources : How do You create and sustain a Profitable Strategy?, *Harvard Business Review*, July-August, pp.118-128.

Davis, S. and T. Albright (2004) An Investigation of the Effect of Balanced Scorecard Implementation on Financial Performance, *Management Accounting Research*, Vol.15, pp.135-153.

Danish Agency of Trade and Industry (DATI) (2000) *A Guideline for Intellectual Capital Statements? : A Key to Knowledge Management*, Ministry of Trade and Industry, Copenhagen.

Edvinsson, L. and M. S. Malone (1997) *Intellectual Capital*, HarperCollins Publishers, Inc.

（高橋透訳（1999）『インテレクチュアル・キャピタル』日本能率協会マネジメントセンター）.

Hall, R.（1992）The Strategic Analysis of Intangible Resources, *Strategic Management Journal*, Vol.13, pp.135-144.

Hope, J.（2000）Beyond Budgeting : Pathway to the Emerging Model, *Balanced Scorecard Report*, May-June, pp.5-7.

Hope, J. and R. Fraser（2003a）*Beyond Budgeting*, Harvard Business School Press（清水孝監訳（2005）『脱予算経営』生産性出版）.

Hope, J. and R. Fraser（2003b）Who Needs Budgets?, *Harvard Business Review*, vol.81, February, pp.108-115（スコフィールド素子訳（2003）「脱"予算管理"のマネジメント」『Diamondハーバード・ビジネス・レビュー』6月号, pp.24-33）.

IIRC（2011）*Towards Integrated Reporting : Communicating Value in the 21$^{st}$ Century*, International Integrated Reporting Committee.

IIRC（2013a）*Consultation Draft of the International <IR> Framework*, International Integrated Reporting Council.

IIRC（2013b）*The International <IR> Framework*, International Integrated Reporting Council.

Ittner, C. D.（2008）Does Measuring Intangibles for Management Purposes improve Performance? A Review of the Evidence, *Accounting and Business Research*, Vol.38, No.3, pp.261-272.

Ittner, C. D. and D. F. Larcker（1998）Are Nonfinancial Measures Leading Indicators of Financial Performance? : An Analysis of Customer Satisfaction, *Journal of Accounting Research*, Vol.36, Supplement, pp.1-35.

Ittner, C.D. and D.F. Larcker（2002）Determinants of Performance Measure Choices in Worker Incentive Plans, *Journal of Labor Economics*, Vol.20, No.2, pp.58-90.

Ittner, C. D. and D. F. Larcker（2005）Moving from Strategic Measurement to Strategic Data Analysis, In C. Chapman（ed.）, *Controlling Strategy*, Oxford, UK, Oxford University Press, pp.86-105.

Ittner, C. D. and D. F. Larcker, M. W. Meyer（2003）Subjectivity and the Weighting of Performance Measures : Evidence from a Balanced Scorecard, *The Accounting Review*, Vol.78, No.3, pp.725-758.

Ittner, C.D., D.F. Larcker and M. V. Rajan（1997）The Choice of Performance Measures in Annual Bonus Contracts, *The Accounting Review*, Vol.72, No.2, pp.231-255.

Kaplan, R. S.（1999）Mobil USM&R（A）: Linking the Balanced Scorecard, *Harvard Business School*, case #197-025.

Kaplan, R. S. and D. P. Norton（1992）The Balanced Scorecard : Measures that drive Performance, *Harvard Business Review*, January-Feburary, pp.71-79（本田桂子訳（1992）「新しい経営指標"バランスド・スコアカード"」『Diamondハーバード・ビジネス・レビュー』4-5月号, pp.81-90）.

Kaplan, R. S. and D. P. Norton（2001）*The Strategy-Focused Organization : How Balanced Scorecard Companies thrive in the New Business Environment*, Harvard Business School Press（櫻井通晴監訳（2001）『戦略バランス・スコアカード』東洋経済新報社）.

Kaplan, R. S. and D. P. Norton (2004) *Strategy Maps : Converting Intangible Assets into Tangible Outcomes*, Harvard Business School Press (櫻井通晴・伊藤和憲・長谷川惠一監訳 (2005)『戦略マップ』ランダムハウス講談社).

Kaplan, R. S. and D. P. Norton (2008) *The Execution Premium : Linking Strategy to Operations for Competitive Advantage*, Harvard Business School Press (櫻井通晴・伊藤和憲監訳 (2009)『戦略実行のプレミアム』東洋経済新報社).

Lev, B. (2001) *Intangibles : Management Measurement, and Reporting*, Brookings Institution Press, Washington, D. C. (広瀬義州・桜井久勝監訳 (2002)『ブランドの経営と会計』東洋経済新報社).

Luthy, D.H. (1998) Intellectual Capital and Its Measurement, *Proceedings of the Asian Pacific Interdisciplinary Research in Accounting Conference (APIRA)* Osaka, Japan, available at : www3.bus.osaka-cu.ac.jp/apira98/archives/htmls/25.htm と示されていたが，すでに削除されている。

Marr, B. and G. Schiuma (2001) Measuring and Managing Intellectual Capital and Knowledge Assets in New Economy Organisations, in Bourne, M. (Ed.), *Handbook of Performance Measurement*, Gee, London.

Marr, B., D. Gray and A. Neely (2003) Why do Firms Measure Their Intellectual Capital?, *Journal of Intellectual Capital*, Vol.4, No.4, pp.441-463.

MERITUM (2002) *Guidelines for Managing and Reporting on Intangibles*, Madrid.

Petty, R. and J. Guthrie (2000) "Intellectual Capital Literature Overview : Measurement, Reporting and Management", *Journal of Intellectual Capital*, Vol.1, No.2, pp.155-176.

Pike, S. and G. Roos (2004) Mathematics and Modern Business Management, Paper presented at *the 25th McMaster World Congress Managing Intellectual Capital*, Hamilton.

Porter, E. M. (1980) *Competitive Strategy*, The Free Press (土岐坤・中辻萬治・服部照夫訳 (1982)『競争の戦略』ダイヤモンド社).

Porter, E. M. (1996) What is Strategy?, *Harvard Business Review*, November-December, pp.61-78 (中辻萬治訳 (1997)「戦略の本質」『Diamond ハーバード・ビジネス』3月号, pp.6-31).

Prahalad, C. K. and G. Hamel (1990) The Core Competence of the Corporation, *Harvard Business Review*, Vol.68, pp.79-91.

Rucci, A.J., S. P. Kirn and R.T. Quinn (1998) The Employee-Customer Profit Chain at Sears, *Harvard Business Review*, Vol.76, pp.82-98.

Said, A. A., H. R. HassabElnaby and B. Wier (2003) An Empirical Investigation of the Performance Consequences of Nonfinancial Measures, *Journal of Management Accounting Research*, Vol.15, pp.193-223.

Stewart, T.A. (1997) *Intellectual Capital : The New Wealth of Organizations*, Doubleday/Currency, New York.

Stivers, B.P.,T. J. Covin, N. G. Hall and S. W. Smalt (1998) How Non-Financial Performance Measures are Used, *Management Accounting*, Vol.79, No.8, pp.44-49.

Sveiby, K.E. (2002) Methods for Measuring Intangible Assets, available at: www.sveiby.com/articles/IntangibleMethods.htm (2014年5月28日現在).

Ulrich, D. and N. Smallwood (2003) *Why the Bottom Line isn't ! : How to build Value*

*Through People and Organization*, John Wiley & Sons（伊藤邦雄監訳（2004）『インタンジブル経営』ランダムハウス講談社）.

伊藤和憲（2004）『グローバル管理会計』同文舘出版。

伊藤和憲（2007）『ケーススタディ　戦略の管理会計』中央経済社。

伊藤邦雄（2002）『企業事例に学ぶ　実践・コーポレートブランド経営』日本経済新聞社。

伊藤邦雄・加賀谷哲之（2008）「企業価値を創造するインタンジブル統合」『一橋ビジネスレビュー』win., pp.6-25。

櫻井通晴（2008a）『レピュテーション・マネジメント—内部統制・管理会計・監査による評判の管理—』中央経済社。

櫻井通晴（2008b）『バランスト・スコアカード（改訂版）—理論とケース・スタディ—』同文舘出版。

櫻井通晴（2011）『コーポレート・レピュテーションの測定と管理—「企業の評判管理」の理論とケース・スタディ—』同文舘出版。

# 第3章

# 企業価値創造の統合型マネジメント・システム
## ―キリンホールディングスの事例研究―

## はじめに

　顧客ニーズが複雑化・多様化するなかで，企業は多様な製品やサービスを提供することによって企業価値を高めようとしている。その企業価値を創造する源泉が大きく変化している。ものづくりが中心の工業社会では，材料，製品，あるいは設備といった貸借対照表に示される有形資産によって企業価値が構築されてきた。しかし今日，情報や知識といった目に見えないものの価値が重要視されるようになってきた。

　知識社会では，有形資産よりもインタンジブルズによって企業価値が創造されていることに気づかされる。同じような商品を作っている企業であっても，創造された企業価値は異なる。研究開発への投資によって新製品開発に余念がない企業，顧客からのイメージを高めようとしてブランド構築に努める企業，顧客だけでなく，従業員や株主，あるいはメディアやソーシャルネットワークなどからの評判を高めようとしてレピュテーション・マネジメントを考慮する企業など，いろいろである。こういった企業は，インタンジブルズをマネジメントすることで企業価値を創造することに気づいている企業である[8]。

　たとえば，企業価値を株価純資産倍率で測定するとしたとき，米国では，S&P500社の株価純資産倍率が1980年に1倍だったものが，2001年に6倍に達した（Lev, 2001, p.9）と言う。また日本では，電機産業に限定した調査ではあ

---

8）日本経済新聞（2013/11/29）にステークホルダー志向の企業ランキングであるNICESが掲載された。これによれば，キリンホールディングスは総合評価で6位に躍進した。これは社会貢献度，環境対策，雇用者数，また本章で取り上げるCSV本部の取り組みといった社会の指標で満点のトップとなったことが貢献したものと言えよう。

るが，企業価値（＝株式時価総額＋負債）に占める無形資産の割合の変化を測定した。この結果，価値創造企業では株式時価の増加によって，1991年と1999年で企業価値に占める無形資産の値が11％から62％に増加した（伊藤（邦）・加賀谷，2001）という。これらの株式時価に基づく企業価値の増加は，インタンジブルズをマネジメントした結果であると考えたとき，インタンジブルズのマネジメントは極めて重要であると言えよう。逆に言えば，インタンジブルズのマネジメントを戦略として意図して行動しなければ，企業価値を大きく創造することはできないとも言える。

　インタンジブルズが重要であるということは，企業価値創造を目的としてインタンジブルズを戦略的に構築すべきであるということでもある。とは言え，これまでインタンジブルズの構築は戦略と明示的に結びつけてこなかった（Collis and Montgomery, 1995, pp.92-93）という指摘もある。また，伝統的なマネジメント・システムがROIやEPSといったように財務偏重で短期志向になっており，イノベーションや学習への投資が軽視されているという批判もある。Kaplan and Norton（1992, p.71）は財務業績では，今日の競争環境で求められる改善や改革を行うシグナルにはならないとしてバランスト・スコアカード（Balanced Scorecard：BSC）を考案した。また，インタンジブルズの構築である学習と成長の視点を戦略へと方向づけるべきだとも主張した（Kaplan and Norton, 2004）。他方，Ulrich and Smallwood（2003）は，特定の戦略ではなく，インタンジブルズを継続的に構築するためにリーダーの研究をすべきであると指摘した。そのためには，まずビジョンを明確に設定し，戦略へと方向づけられたコンピテンシーを求め，その結果としてケイパビリティが構築できる。これらに一貫性を確保することで，インタンジブルズをマネジメントできると言うのである。

　本章では，インタンジブルズのマネジメントを中心とした企業価値創造のフレームワークである統合型マネジメント・システムを検討する。企業価値の創造として，櫻井（2008, 2011）はレピュテーション・マネジメントを提唱している。櫻井の主張は戦略と業務の統合型マネジメント・システムを指摘しているわけではないが，レピュテーション・マネジメントによる企業価値の創造に

は傾聴すべき点がある。本章では，この企業価値を起点とするマネジメント・システムとしてレピュテーションを取り上げ，事例を用いてレピュテーションの測定も試みる。第1節では，キリンホールディングスの長期ビジョンであるKV2015に基づいて，企業価値概念，企業戦略としてのシナジー創出，投資判断・撤退のためのEVA，それに事業戦略のマネジメント・システムと業績評価を概説する。第2節では，新たな長期ビジョンであるKV2021に基づいて，企業戦略としてのレピュテーションの測定とKV2021について検討する。第3節では，インタンジブルズのマネジメント・フレームワークに関して，価値観の変革とフレームワークのあるべき姿を提案する。最後に本章をまとめる。

## 1　KV2015に基づく経済価値の追求

　キリンホールディングスへの3回（それぞれ2時間ずつ）のインタビュー結果と公表資料に基づいて事例研究を行う。キリンビールは，2004年に荒蒔康一郎社長（当時）と他の3名でビジョンの構想をスタートした。その結果が，2006年5月に公表されたKV2015である。この長期ビジョンに基づいて，2007年7月にキリンホールディングスの下にグループが組織化された。本節ではKV2015，ビジョン実現に向けて積極的なM&Aを評価するEVAとその限界，企業戦略としてのシナジー創出，事業戦略を支援するBSCを明らかにする。

### 1.1　KV2015

　キリン・グループの長期ビジョンは，KV2015と呼称されている[9]。キリンビールがKV2015を構想した背景には，国内外の業界の動きとキリン・グループの環境変化，また経営環境の変化があった。業界の動きとしては，国内ビール市場の縮小，海外大手ビールメーカーの再編と統合，国内飲料事業の競争激化，

---

9）『キリン・グループ・ビジョン2015』は，以下のURLからダウンロードできる（2013/11/10現在）。
http://www.kirinholdings.co.jp/irinfo/event/plan/index.html.

酒類と飲料間のボーダレス化と消費者ニーズの多様化である。また，キリン・グループとしても，中核事業の国内酒類事業を再成長させたいとか，飲料・医薬などを成長させるビジネス・ポートフォリオへと展開させたいという意向があった。そのようななかでの経営環境の変化としては，少子高齢化の到来，消費者ニーズの多様化，業者間の競争激化，グローバル化，市場・流通の構造変化のため，現状のビジネスの延長線上では成長に限界が見えてきたことにある。ここに長期ビジョンとしてのKV2015を構想した。つまり，キリンビールでは国内のビール需要が飽和状態にあるという危機意識を持ち，企業価値創造に向けてKV2015というビジョンを打ち立てた。このKV2015を図表3-1に示す。

　KV2015によれば，2015年までにグループが目指す姿は，①キリンブランドの価値向上，②3つの成長シナリオ（収益基盤，成長基盤，新たな主力事業）の実現，③社会への貢献，④3C（Challenge, Commitment, Collaboration）による競争優位の構築である。経済価値としては，財務数値による連結ベースでの到達目標を，2006年度の売上高1.68兆円を2015年までに3兆円へ，営業利益率9％を10％以上へ，売上高の海外比率18％と営業利益率27％をともに30％へ

図表3-1　キリン・グループ・ビジョン2015（KV2015）

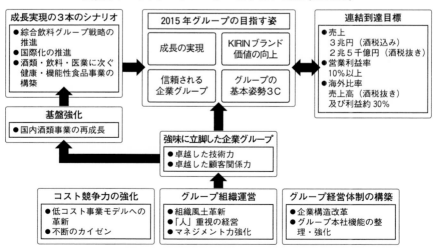

出典：『キリン・グループ・ビジョン2015』。

増加させることである。ほかにも，キリンブランドの価値向上を挙げている。

　ところで，企業価値は，経済価値，社会価値，組織価値からなる（櫻井，2008, pp.6-7）。どの企業もこのような企業価値観を考えているわけではない。キリン・グループにとっての企業価値とは，KV2015 の下では経済価値であると考えられる。ところが同時に，社会価値と組織価値も重視していることがわかる。たとえば社会価値については，社会貢献により社会から信頼される企業グループとなることを目指していることが挙げられる。また，組織価値については，組織風土の革新や「人」重視の経営，マネジメント力の強化を掲げている。経済価値で企業価値を測定しているが，社会価値や組織価値を無視しているわけではないことが理解できよう。ただし，社会価値と組織価値をどのように測定すべきかについて，具体的な指標や数値目標は示されていない[10]。ほかにも，卓越した技術力，卓越した顧客関係力といったインタンジブルズの構築を目指しているが，これらの測定も具体的には明示されていない。

　このビジョンを実現した結果，2007年から2009年までの 3 年間の中期経営計画とその実績を比較してみよう。1.7兆円の売上高目標に対して1.93兆円の実績，9 ％の営業利益率目標に対して6.5％の実績，22％の目標海外売上高比率に対して26％の実績であった。営業利益率の未達は， 7 千億円以上の売上があるにもかかわらず利益率が芳しくない飲料・食品セグメントが原因であるが，それ以外は目標を達成している。また，この結果を受けて，2010年から2012年までの 3 年間の中期経営計画の目標は，売上高を2.13兆円（酒税込），営業利益率を10.8％，海外売上高比率を29％としている。海外売上高比率が25％に落ち込ん

---

10) 企業価値の測定に関して，社会価値と組織価値は指標の特定も難しいが，特定した指標の測定も比較的難しい。たとえば，Sanchez et al.（2000）は，社会価値と組織価値を，一方では人的資本，構造資本，関係資本に区分するとともに，他方では資源と投資に区分したマトリックスとして捉え，経験，イノベーション，忠誠心，訓練，品質，顧客満足度といった指標を例示している。また，Cabrilo et al.（2009）は，人的資本として従業員の経験やイノベーション，構造資本として情報技術やR&D，関係資本として顧客関係や競争関係などを指標として例示している。経験，忠誠心，顧客関係あるいは競争関係は，指標が見つかったとしても，その測定は必ずしも容易なものとは言えない。
　社会価値は，社会貢献や環境配慮，あるいはガバナンスや企業倫理といったものである。また組織価値は，従業員のスキルやイノベーション，トップのリーダーシップや戦略への方向づけ，価値観の浸透等が挙げられよう。社会価値と組織価値については，指標の特定も測定方法についても見解の一致を見ているわけではない。

だが，2010年の売上高は2.17兆円となり，営業利益率も10.5％を実現した。売上高以外はKV2015に到達する勢いであり，2013年現在，KV2015は着実な実現に向かっている。

## 1.2　M&Aのための投資判断と撤退のためのEVA

　KV2015を実現するために，キリンホールディングスでは積極的なM&Aが展開されてきた。M&Aを推進しているキリンホールディングスでは，国内では2006年にメルシャンを連結子会社に，2008年に協和発酵工業（現，協和発酵キリン）を連結子会社とした。海外では2007年にナショナルフーズを100％子会社とした。2008年には，デアリーファーマーズ社を100％子会社にした。さらに，2009年はライオンネイサンを100％子会社にするとともに，サンミゲルビール社への投資を48％までに高めた。2010年には，事業ポートフォリオの選択と集中を進めるという目的で，アグリバイオ事業を売却した。このようにM&Aを積極的に行っている。

　M&A投資の事前評価についてインタビュー調査したところ，経営企画部に対して投資案ごとにベスト・エスティメート（最も可能性のありそうな予測）を1つ提出させていると言う。計画財務諸表は，10年間のP/L，B/S, C/Fを詳細に予測してExcelベースでMVAを算定させている。ここでのMVAとは，EVAを資本コスト率5％（＋カントリーリスクプレミアム）で割引き，株主資本の時価総額を差し引いた正味現在価値のことである。収益と費用の見積りは難しいが，経理部に投資する基準年のP/LとB/Sを提出させるとともに販売量の伸び率など見積りの前提条件を書かせ，経理部が審査している。ターミナルバリュー（11年度目以降の残存価値）は，計画対象期間翌年度のフリー・キャッシュフローを資本コスト率で割引くパーペチュアル法で算定する。

　他方，撤退基準も，投資決定基準と一貫性を保つために，EVAを判断基準の1つとしている。たとえば，事業会社のEVAが連続でマイナスであったり，前年より悪化するようなケースでは，定量基準としてEVAやキャッシュフローなどで対象会社を選定する。再建のシナリオが描けないときは撤退もあり得

るが，現在では，極力再建に向けて協議を行うようになってきていると言う。

　以上のように，M&A対象会社の10年間の見積財務諸表に基づいて10年間の EVAを算定する。毎期のEVAを資本コスト率で割り引いてMVAを求め，このMVAを投資と撤退の判断基準としている。このような実務がキリン・グループに浸透している。また後述するように，キリン・グループではKISMAP（Kirin Innovative & Strategic Management Action Program）と呼ばれる，いわゆるBSCを導入しており，その財務の視点でEVAを測定（藤野・挽，2004）している。キリン・グループにとってEVAは，成果の最も重要な尺度にしていることがわかる。このEVAは，ビジョンの経済価値の向上に貢献する。以上のようにKV2015ではEVAの向上が中心で，ビジョンに示された社会価値や組織価値とは必ずしも密接に連動していることは確認できなかった。

## 1.3　企業戦略としてのシナジー創出

　2010年からの中期経営計画には，3つの基本方針がある。第1は，事業会社の成長促進とシナジー創出によるグループ価値の向上である。第2は，グループ価値向上のための財務戦略として，質的拡大の実現により，キャッシュフローを増加させて，株主還元および財務健全性の確保を行う。第3は，社会と共生する企業グループとしてCSR[11]を実践する。

　第1の基本方針のためには，綜合飲料グループ戦略を推進するという戦略シナリオの下で，グループシナジーの創出，リーン経営の実現，卓越した技術力と顧客関係力の構築という4つの戦略テーマを追求していた。綜合飲料グループ戦略の推進というシナリオは，酒類と飲料という事業間で活動を共同化したり，経営技術を転用することで，専業メーカーにはできない価値を創造する。戦略テーマ1のグループシナジーの創出では，売上シナジーだけでなく，確実

---

11）CSRでは，環境価値，社会価値，経済価値のバランスをとるトリプルボトムラインと考えるのが一般的である。これら3つの価値はいずれも同時に達成すべきものという考え方がある（谷本，2006, p.62）。CSRは基本的に3つの価値の因果関係を問うものではない。他方，環境価値を社会価値に含めるとしても，経済価値と社会価値および組織価値を同列に見ることなく，経済価値を向上するパフォーマンス・ドライバーとして社会価値と組織価値があるとする見解がある。

図表3-2　キリン・グループのシナジー創出

| 営業・マーケティング | KBとメルシャン間，KBとKBC間の業務共同化やスキル移転 |
|---|---|
| 生産・物流 | KB，KBC，メルシャン３社の生産・物流拠点の最適化と機能の共同化やスキル移転 |
| 研究開発 | グループR&D拠点最適化 |
| 調達 | 共同購買，業務の集約，情報システムの標準化 |
| 資産圧縮・CFマネジメント | 資産の圧縮，投資予算管理ルールの見直し |
| 事業統合 | グループの中で重なりのある事業領域の統合 |
| 人事インフラ | ― |
| IT | グループ内業務アプリケーション・システムの統合，ITインフラ・サービスレベルの適正化 |

出典：『キリングループ2010年中期経営計画』。

　性の高いコストシナジーの創出に聖域なく取り組む。戦略テーマ２のリーン経営の実現では，お客様価値につながらないムリ・ムダ・ムラを排除して，PDCAを回して環境適応力を高める。戦略テーマ３の卓越した技術力と戦略テーマ４の顧客関係力の構築では，多様性，国際性，経営力のある組織作りに向けた経営資源の重点投資と人材育成・配置体系を構築する。

　グループシナジーの創出とグループ経営による価値創造のプラットフォームとして，クロス・カンパニー・チーム（cross companies teams : CCT）を創設した[12]。CCTは，事業拠点の最適化や事業統合など，事業会社単位では着手しにくいことにもグループ横断で取り組む必要がある場合に，その機能を発揮する。インタビューによれば，効果が計算できるコストシナジー（コスト削減のためのシナジー創出）が最優先課題になっていると言う。

　たとえば，図表3-2に明らかにするようなシナジー創出の取り組みを行っている。営業・マーケティングでは，キリンビールとメルシャンの間，キリンビール（KB）とキリンビバレッジ（KBC）との間の業務共同化やスキル移転を行っている。生産・物流では，キリンビール，キリンビバレッジ，メルシャン

---

12) CCTは『キリングループ2010年中期経営計画』に詳しい（2013/11/10現在）。
　　http://www.kirinholdings.co.jp/irinfo/policy/strategy/pdf/2010_2012medium-term.pdf.

3社の生産・物流拠点の最適化と機能の共同化やスキルの移転を図っている。

　研究開発では，グループR&D拠点最適化を実施している。調達では，共同購買，業務の集約，情報システムの標準化を実施している。また，資産を圧縮したり，投資予算管理ルールを見直してキャッシュフロー・マネジメントを検討している。グループの中で重なりのある事業領域を統合したり，グループ内業務アプリケーション・システムを統合したり，ITサービス・レベルの適正化を図っている。

　2010年から2012年の中期経営計画では，図表3-3のように，生産・物流で50億円，調達関係で110億円，IT等で40億円，要するにCCTによるシナジー創出として200億円以上の利益貢献を計画している。2010年実績として，図表3-3で明らかにしたCCTのコストシナジーを計画比２倍近くとなる198.6%を実現したと報告している。

　CCTについては，2010年の中期経営計画以降は公開情報が見つからない。この点は，KV2021のステークホルダー・エンゲージメントに引き継がれていると考えることができる。すなわち，CCTの効果を経済的効果として測定しようとしていたが，非財務指標で測定するインタンジブルズとしての効果もある。たとえば，キリン・グループの子会社間が協力して業務活動を行うことで，小売店での配送作業の一元化が図られたとしよう。従来の，ビール，ビバレッジ，ワインなどが別々に配送されてきたことと比較すると，小売店という顧客

**図表3-3　CCTのシナジー創出**

| CCT | 取り組み内容 | 中期経営計画貢献目標 |
|---|---|---|
| 生産・物流 | KB，KBC，メルシャン３社の生産・物流拠点の最適化と機能の共同化やスキル移転 | 50億円 |
| 調達 | 共同購買，業務の集約，情報システムの標準化 | 110億円 |
| IT ほか | グループ内業務アプリケーション・システムの統合，ITインフラ・サービスレベルの適正化　ほか | 40億円 |
| 合計 | | 200億円以上 |

出典：『キリングループ2010年中期経営計画』。

ニーズにも適合できることでレピュテーションが高まる。また，ブランド構築をキリンブランドとしてキリン・グループ内で一元化できることで，グループ全体のブランドを強化できる。業務をCCTとして行うことで，従業員のキリン・グループに対する忠誠心が高まる。このようなインタンジブルズを経済効果としてだけ測定するのは，問題であると考えられたのではないかと想像する。

## **1.4** 事業戦略のためのBSCと業績評価

　キリン・グループでは，戦略実行のためにBSCを用いて戦略の連鎖・連携および目標へのコミットメントを強化したり，内部プロセスの管理を重視している。また，環境変化が激しく悪化するなかで，戦略のPDCAを短縮して戦略修正を行っている。

　キリンホールディングスでは，事業ごとに横軸にブランド貢献度，縦軸に収益性（営業利益／投下資本）をとったポートフォリオを作成してグループを管理している。ブランド貢献度は，キリン・グループのブランド価値向上を目指すとビジョンに明示していることからも，キリンホールディングスではブランド貢献度を重視している尺度であることがわかる。このブランド貢献度は，消費者調査に基づいて算定されたものである。ブランド貢献度の算定にあたっては，事業の購入時あるいは運用時のブランドの効き具合と，ブランドの強さ，およびその安定性，ならびに「KIRIN」ブランドとの関連性の調査によって測

---

13) ブランドの評価はいくつかの測定の仕方が提案されているが，ここではインターブランド社のブランド価値を明らかにする。インターブランド社のブランド価値とは，「ブランドによって将来的に生み出される経済的利益の割引現在価値」である（田中，2005）。ここでの経済的利益とは，EVAのことであり，以下のように算定している。

経済的利益＝営業利益×（1－実効税率）－
　　　　　　　　　｛(売上債権＋棚卸資産―仕入債務)＋有形固定資産｝×加重平均資本コスト

　ブランド価値の評価にとって重要な要素である営業利益は，証券アナリストの予測によって将来5～10年間を推定すると言う。また，実効税率は便宜的に一律40％としている。このようにして計算された経済的利益は，機能的価値と情緒的価値から構成される。機能的価値とは，購買にあたって，利便性や効用といった価値を重視して購入する部分である。他方の情緒的価値は，商品から得られる良い感情，たとえば爽快感，快適性，信頼性や安心感によって購買する部分を言う。購買者へのアンケート調査結果から数値化して，ブランドの役割指数を設定する。経済的利益にこのブランドの役割指数を掛けて情緒的価値を推定する。

図表3-4　KISMAPによる業績評価の例示

| 視点 | HD部門 機能分担会社 | | | 事業会社 キリンブランド | | | 事業会社 ファミリーブランド | 海外・構成・ JV会社 |
|---|---|---|---|---|---|---|---|---|
| 財務 | 20 | 10 | グループ連結EVA | 40 | 20 | 事業EVA | 事業EVA | 事業EVA |
| | | 5 | グループ連結売上高 | | 20 | 任意 | 任意 | 任意 |
| | | 5 | グループ連結売上高営業利益率 | | | | | |
| お客様 | 10 | | KIRINブランドイメージ評価 | 20 | 10 | 事業ブランドイメージ評価 | | |
| | | | | | 10 | 任意 | | |
| プロセス 学習成長 | 70 | | 任意 | 40 | | 任意 | 50 任意 | 60 任意 |

出典：キリンホールディングス提供資料。

定されると言う。このブランド貢献度はインターブランド社のブランド評価[13]をキリン・グループ流にブランドの役割指数としてアレンジしたものである。また，内部プロセスと学習と成長の視点は，事業会社の戦略と結びつけて戦略目標を設定し，測定して管理している。

　キリンホールディングスの企業戦略と連携を図って各事業会社は事業戦略を立案し，戦略をKISMAPによって可視化している。KISMAPは戦略を可視化するツールであるとともに，戦略実行の進捗度を測定する機能を持っている。さらに，経営者の業績評価にも用いることができる。すでに現在は組織が大きく変化し，KISMAPも大きく異なっていると思われるが，2007年に作成した当時の業績評価は図表3-4である。

　図表3-4に示すように，事業会社の事後業績評価は，EVAを含むBSCのKPI

---

　毎期のEVAの割引現在価値を市場付加価値（market value added : MVA）と言うが，インターブランド社ではこれを無形資産と呼称している。このMVAを機能的価値と情緒的価値に区分し，情緒的価値の割引現在価値をブランド価値としている。なお，情緒的価値の割引率は，ブランドマネジャー，市場，顧客などの調査をベースとして，ブランド力によって算定している。ブランド力が高ければ割引率は低く，逆にブランド力が低ければ割引率を高く設定している。

　このブランド価値は，MVAの情緒的価値部分であり，財務尺度という特徴がある。また，情緒的価値を測定するブランドの役割指数は消費者によるアンケート調査を利用する。消費者だけがステークホルダーであるという，プロダクト・ブランドの価値測定と言えよう。

で評価されている。具体的には，KISMAPの指標10個程度で業績評価を行っ
て社長，部長，部門長までの報酬に反映させている。日常的には月次報告と四
半期モニタリングを行っている。4つの視点に区分して配点を定め，事業会社
は財務，顧客（消費者）のウェイトが高く，逆に機能分担会社やキリンビール
各部門は，プロセスのウェイトを高くしている。視点ごとに特定の指標を設定
し，5点もしくは10点を配点している。財務の視点に共通指標も設定されてい
るが，事業会社で個別指標も設定できる。たとえば，事業EVAは共通指標で
ある。顧客（消費者）の視点では，共通指標としては事業のブランド貢献度を
選択でき，ほかにも事業ごとに個別指標を任意に選択できる。プロセスの視点
は任意に選択できるが，戦略テーマから少なくとも1つ以上の指標は選択しな
ければならない。最後に学習と成長の視点では任意の指標を選択できるが，少
なくとも1つ以上の指標を設定させているという調査結果だった。

　以上のように，KISMAPによれば，戦略の可視化と戦略の進捗度を評価でき，
また，同じフレームワークの下で経営者の業績評価を実現することができる。
なお，キリン・グループには，これまではBSC以外に戦略と経営者の業績評
価を同時に測定し管理できるツールはなかった。

## 2　KV2021に基づく企業価値とインタンジブルズ

　キリンホールディングスのレピュテーションを明らかにする。まず，レピュ
テーション毀損とレピュテーション向上に区分して，企業戦略との関係でレピ
ュテーションというインタンジブルズの測定を検討する。また，長期ビジョン
であるKV2021を明らかにする。

### 2.1　レピュテーション測定の2つの要素

　キリンホールディングスはレピュテーションを明確に意図しているわけでは
ないが，ここではレピュテーション[14]について検討する。レピュテーション

図表3-5 レピュテーションの2つの測定

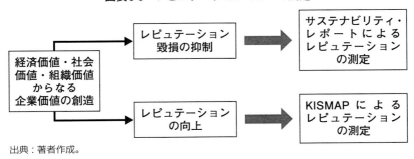

出典：著者作成。

の毀損を抑制するためのガバナンスについては，サステナビリティ・レポート
と関連づけていると解釈できる。このレピュテーション毀損の抑制に関わる測
定では，主として社会価値と組織価値を結びつけて測定することになる。他方，
レピュテーションの向上についてはBSCと関連づけていると考えられる。レ
ピュテーションの測定では，経済価値だけでなく，社会価値，組織価値が測定
される。以上，レピュテーションの測定は2つのアプローチで行うことができ
る。本項では，図表3-5で明らかにするように，これらのレピュテーション毀
損の抑制に関わる測定とレピュテーション向上に関わる測定を取り上げる。

　第1の企業価値創造であるレピュテーション毀損とレピュテーションの測定
について検討する。企業は株主や投資家から資本の提供を受けている。それに
応えて経営者は株主や投資家とのコミュニケーションをとる必要がある。その
ためには，ガバナンスのプロセスを強化する必要がある。このようなガバナン
スの強化のために，Kaplan and Norton（2006, p.200）は取締役会でBSCを作

---

14）インタンジブルズをレピュテーションやブランドといった企業戦略と関連づけることは重要である。
　　ここでレピュテーションとは「ライバルと比較したとき主要な構成員すべてを魅了する，企業がと
　　った過去の行動と将来の計画に関わる知覚的な表象（perceptual representation）」という考え方が
　　ある（Fombrun, 1996, p.72）。この定義によれば，レピュテーションは外部のステークホルダーへの
　　コミュニケーションをマネジメントすることだけを対象にしている。他方，櫻井（2008, p.23）は，
　　経営者と従業員がレピュテーションを構築する点を強調している。レピュテーションに関わる両者
　　のアプローチはまったく対立していたが，その後，櫻井（2011, pp.201-231）は，コミュニケーショ
　　ンについても研究の範囲を広げている。このように定義が流動的であるだけでなく，レピュテー
　　ションの測定もまた検討が始まったばかりである。

成することを提案している。企業が作成した全社のBSCを，業績を監視する取締役会との間で議論の材料にすることができる。

　キリンホールディングスは戦略マップを作成しているので，これを公表すれば戦略の透明性が高まる。また，BSCによって戦略目標の目標値まで報告すれば，ガバナンスは一層強化される。ところが，取締役会のBSCを作成しているわけではない。そこで，主として『キリングループサステナビリティレポート2013』[15]を利用して，社会価値と組織価値からなる非財務業績とガバナンスの取り組みを検討する。

　まず非財務業績の測定について考察しよう。マテリアルバランスの測定に関わらせて，インプットとしてはエネルギー，水，物質を，これに対してアウトプットとしては$CO_2$排出量，排水，廃棄物，$NOx$と$SOx$を測定し報告している。インプットの代表である水使用量の削減については，1990年度削減量比で2009年50％，2010年56％，2011年64％，2012年67％と継続して増加している。また，アウトプットの代表である$CO_2$排出量の削減については，1990年度削減量比で2009年42％，2010年46％，2011年49％，2012年53％と継続して削減している。これらは製造，物流，オフィスのバリュー・チェーン全体での取り組みの結果として報告している。

　また，サプライヤーとの共生としては，サプライヤーの満足度調査とサプライヤーへのCSR調達を調査している。満足度調査については，集計結果から評価の高い項目と改善が必要な項目を特定している。たとえば，「調達担当者がコンプライアンス，CSRを意識して行動していますか」，「キリンの支払業務は効率的ですか」，「調達担当者によらず受け入れ検査は同じ基準，同じ手順で実施されていますか」という質問項目は，評価の高い項目であった。他方，「年間発注量の決定プロセスは納得できますか」，「新商品・コスト抑制策等の提案に対して，相応の見返りが見込めましたか」という質問項目は，評価の低い項目であった。

　他方，CSR調達のためのサプライヤー調査は，すべての新規サプライヤー

---

15）以下のURLからダウンロードできる（2013/11/10現在）。
　　http://www.kirinholdings.co.jp/csr/report/pdf/report2013/csr_report2013.pdf.

とこれまで監査を受けていないサプライヤーに対して包括的な実施に向けて進めている。このような活動の結果として，キリン・グループの調達基本方針に基づいて，2011年にキリングループ・サプライヤーCSRガイドラインを作成した。そのなかで，サプライヤーCSR行動規範の6大項目を，次のように明示している。

① 体制・コンプライアンス・リスクマネジメント
② 人間性の尊重
③ 環境への配慮
④ 安全・安心
⑤ アルコール関連問題への取り組み
⑥ 社会貢献

　以上のように，社会価値について業績目標値と実績値を定量的に報告したり，課題の特定を行っている。

　次に組織価値の点からガバナンスを検討する。ガバナンスに関しては，コーポレート・ガバナンス体制を明示し，リスクマネジメントとして危機管理と情報セキュリティ体制を確立し，その強化を行っている。危機管理だけでなく，東日本大震災のようなクライシスの発生に備えて，事業継続計画の策定を行っている。コンプライアンスについても，ガイドラインを『The RULE』にまとめ，従業員に配布している。また，コンプライアンス研修も行っており，相談窓口（ホットライン）を設置して，通報制度を設けている。連結子会社のメルシャンの水産飼料事業で不適切な取引が露呈したために，2010年6月に第三者委員会を設立した。その結果，不祥事の再発防止への取り組みも行われている。さらに，地域社会との共生も行っている。しかし，ガバナンスに関わる企業倫理の測定は必ずしも明らかではない。

　以上で述べたように，サステナビリティ・レポートでガバナンス体制を構築しているが，すべての指標に対して目標と実績を定量的に報告しているわけではない。Kaplan and Norton（2004）が提案しているレディネス評価はこれらの困難な項目の測定に適している。つまり，今後はガバナンス体制もしくはコ

ンプライアンス体制の成熟度を測定することも検討すべきである。また，戦略と結びつけて財務と非財務の業績を管理するには，戦略のマネジメント・システムとして構築された BSC と結びつけるのが有効である。そこで項を改めて，レピュテーション向上の測定を BSC と連結して検討しよう。

## 2.2　レピュテーションの向上とレピュテーションの測定

　　第 2 の企業価値創造はレピュテーションの向上であり，ここでは，そのレピュテーションの測定について検討する。レピュテーションの向上はバランスト・スコアカードと結びつけることで実現できる。キリンホールディングスでは戦略実行のマネジメント・システムである BSC を KISMAP として作成している。この KISMAP をレピュテーションの向上という観点から検討する。

　　同社への著者らが行ったインタビューによれば，キリンホールディングスで策定した戦略マップとの連携を図って，各事業会社では KISMAP として構築している。この KISMAP は戦略の可視化であるが，戦略目標と尺度を設定し，これを測定して管理する戦略の業績評価としても機能している。

　　また，顧客の視点ではブランド貢献度を測定している。ブランド貢献度とは，pp.82-83 の脚注13で詳述したように，インターブランド社では商品やサービスを選考する情緒を計量化したものである。つまり，購入してくれた顧客へのアンケート調査により，利便性や効用といった価値を重視して購入したか，あるいは商品から得られる良い感情，たとえば爽快感，快適性，信頼性や安心感によって購買したかを数値化し，後者の情緒的部分がブランド貢献度となる。

　　キリン・グループでは，ブランド貢献度を向上させるために，内部プロセスの視点と組織価値としての学習と成長の視点の戦略目標を設定している。『2007-2009年 キリングループ中期経営計画―KV2015ステージⅠ―』[16] によれば，プロセスの視点の戦略テーマとして「本社発信の充実」，「地域でのコミュニケーション」，「楽しさの提供」，「次世代育成と生態系保全」，「お客様の声

---

16)　以下の URL からダウンロードできる（2013/11/10現在）。
　　http://www.kirinholdings.co.jp/irinfo/event/plan/index.html.

の反映」を設定している。これらの戦略テーマは，まず事業を創造し，これを
グループ内はもちろんのこと，地域や顧客とのコミュニケーションを行ってい
くような戦略目標のグルーピングである。どの事業会社も，1つ以上の戦略テ
ーマと関わるプロセスの戦略目標を設定する必要がある。最後に学習と成長の
視点は，内部プロセスの視点の戦略目標を実現するインフラを構築する部分で
ある。この学習と成長の視点の戦略目標設定では任意の戦略目標を選択できる
が，何を設定すべきかで現場は苦労しているとのことであった。

　以上のように，BSCの戦略目標と尺度を向上させることによってレピュテー
ションの3つの価値が向上し，企業価値を創造できると考えられる。つまり，
レピュテーションの向上を意図して，BSCの下で測定と管理を行う必要がある。
また，サステナビリティ・レポートを通じて報告されている社会価値や組織価
値もBSCと結びつけて戦略との関係で測定し管理する必要があろう。インタ
ビューによれば，学習と成長の視点の戦略目標を設定するのに各事業会社が苦
慮しているということであった。そうであればなおさら，組織価値の測定を検
討する必要があろう。

　レピュテーション毀損の抑制とレピュテーションの向上を同じ戦略として議
論することは困難である。それぞれを戦略テーマに区分してレピュテーション
を測定するとともに，企業価値創造に寄与するように努めることが肝要である。
また，学習と成長の視点は，内部プロセスの視点の戦略目標を支援する準備度
合いの評価として，レディネスを測定し管理することができる（Kaplan and
Norton, 2004）。レディネス評価は，レピュテーションの組織価値を測定する
効果的な手段と言えよう。

## 2.3　KV2021

　キリンホールディングスは，2013年1月，社長直轄の下にCSV（Creating
Shared Value）本部を設置した[17]。このCSV本部は，キリンホールディング

---

17）キリンホールディングスのCSVについては，以下のURLを参照のこと（2013/11/11現在）。
　　http://www.kirinholdings.co.jp/irinfo/policy/strategy/pdf/kv2021_2013_2015medium-term.pdf.

スが共有価値[18]という，Porter and Kramer（2011）の企業価値観を採用したことを意味する。

　CSV本部の下に，コーポレートコミュニケーション部，ブランド戦略部，CSV推進部を組織化した。ブランド戦略部の下で一貫したコンセプトを持ったブランド戦略を策定する。そのようなブランド戦略は，事業会社間で横断的に横串を通して商品ブランド価値の向上を図り，企業ブランド価値の向上につなげ，ブランドを基軸とした経営を行うものであるとしている。成長戦略の策定に関しては，経営企画部の新市場創造室，CSV本部のブランド戦略部，R&D本部が協力する。複数の本部が連携することで全体最適な資源配分を図ることを計画している。

　1990年代後半から2007年まで，事業部制，EVAの導入，BSCによる業績評価制度との連動，純粋持ち株会社制度というように，いろいろな管理会計システムを取り入れながら，常に新たなマネジメントにチャレンジしてきた。ここで，さらに共有価値を取り入れることになったのはなぜなのかを明らかにするために，キリンホールディングスの企業価値創造について検討する。

　2012年10月，キリンホールディングスはKV2021という長期ビジョンを立案した[19]。それによれば，「お客様本位・品質本位に基づく価値作りで，人と人との絆を深める」，「多様な人々が生き生きと働き，地域社会と共に発展し，自然環境を守り育てる企業グループとなる」，「食と健康の分野でグローバルな事業展開を行い，それぞれの地域に根差した自律的な成長を遂げる」というものである。KV2015のときは，株主価値という企業価値観の下で顧客や従業員，社会貢献を取り上げていた。他方，KV2021では，明確に顧客，従業員，地域社会というステークホルダー志向を明らかにした。さらに，ステークホルダーとして環境を取り上げている。環境とは，将来の人類までを含めた範ちゅうを指すと考えられる。このようなステークホルダー志向のビジョンが求める経営

---

18）Porter and Kramerのshared valueは「共通価値」と訳されることがある。キリンホールディングスでは「共有価値」と呼んでおり，本書でもステークホルダーと共有すべき価値という意味で「共有価値」と表現した。

19）キリンホールディングスの2021年ビジョンは，以下のURLを参照のこと（2013/11/4現在）。
http://www.kirinholdings.co.jp/irinfo/policy/strategy/pdf/kv2021_2013_2015medium-term.pdf.

成果として「オーガニック成長と世界レベルの経営品質の実現による持続的な企業価値の向上」を明示している。グループ企業が有機的な関連性を持って成長していくことで，グループ全体の企業価値を向上することである。

　この経営成果の測定尺度としては，平準化EBITDA（earnings before interest, taxes, depreciation, and amortization：利子引前・税引前・償却前利益）成長率と平準化EPS（earnings per share：一株利益）成長率という財務指標によるKPIを特定している。これだけを見ると，KV2015と同様にEVAという財務指標を中心とした経済価値を追求しているかのような印象を受ける。ところが，KV2021として共有価値を導入することで，経済価値と社会価値がビジョンを形成する上位概念と位置づけられるようになった。そのため，EVAからEBITDAとEPSに指標も変更された。また，EBITDAとEPSの成長率を成果尺度にすることで，株式価値でありながら長期的志向を取り入れたのではないかと考えられる。いずれにしても，この共有価値から，経済価値と社会価値の連動を図ろうとする意図が見える。ただし，キリンホールディングスにとっては，組織価値と社会価値をどのように測定するのかは今後の課題である。

　キリンホールディングスでは，これまで通りブランドを基軸とした経営を行いながらも，ステークホルダーとのエンゲージメント（絆）を取り上げている点は興味深い。つまり，ブランド価値をステークホルダーとのエンゲージメント作りと捉えており，顧客や社会とのエンゲージメント，グループ各社間でのエンゲージメント，従業員と組織とのエンゲージメントを展開している。経済価値だけでなく組織価値や社会価値を取り入れて，ステークホルダーとの共創を共有価値として標榜していると考えられる。

　ステークホルダー・エンゲージメントを重視していることから，顧客・社会，グループ企業間，従業員と組織といった絆を強化しようとしていることがわかる。これを企業価値として表したのが共有価値であり，経済価値と社会価値の向上が求められている。キリンホールディングスにとって共有価値とは，従来のCSRが進化したものであると捉えている。具体的に言えば，共有価値を実現するためには4つのポイントを追求することであると言う。この4つのポイ

ントとは，「企業の社会的責任を果たす姿勢から一歩進め，お客様や社会と共に価値を創出する」，「CSRを特別な活動と位置づけず，バリュー・チェーン上のあらゆるステークホルダー接点において，共有価値の創造に取り組む」，「ステークホルダーを整理し，グループ共通の6つを設定する[20]」，「グループ共通のテーマを設定する」である。

　Porter and Kramer（2011）の共有価値には，経済価値と結びつかない社会貢献は含まれない。他方，キリンホールディングスでは，顧客や社会と価値を創出すると指摘しているように，必ずしも経済価値と結びつくものだけではない。またキリンホールディングスでは，ステークホルダーとして，株主・投資家，顧客，ビジネスパートナー，コミュニティー，従業員のほかに地球環境を含めてエンゲージメントを図ろうとしている。地球環境を含めるエンゲージメントとは，環境負荷をいかに引き下げるかということを意図しており，必ずしも経済価値を向上させないものも含むことになる。要するに，キリンホールディングスの共有価値観は，Porter and Kramer（2011）の指摘する経済価値と社会価値の部分集合を示すものではなく，経済価値と社会価値の全体集合であると考えられる。

　このような共有価値の下では，組織価値も軽視しているわけではない。キリンホールディングスは「人間性の尊重」を標榜しており，「自ら成長し，発展し続けようとする従業員1人ひとりの努力と個性（人間性）を尊重し，完全燃焼できる場を提供する」と明示している。企業と従業員は仕事を介してつながっている「イコール・パートナー」の関係にあるとも指摘している。つまり，従業員は，自律的なキャリア形成，主体的なジョブデザイン，社会人としての自律についてコミットメントすることになる。他方の企業は，プロの仕事人への育成，個人のミッションの明確化，公正な処遇についてコミットメントする。このような関係を構築することを，キリン・グループでは重視している。このように組織価値については，「人間性の尊重」という極めて重要な考えを明らかにしているが，戦略との結びつきは不明である。従業員のスキルや組織文化，

---

20) ここでの6つとは，ステークホルダーの構成要素であり，具体的には株主・投資家，顧客，ビジネスパートナー，コミュニティー，従業員，地球環境である。

リーダーシップ，チームワークなどを戦略と結びつけて，可能な限り定量化して報告すべきである。

　キリンホールディングスのKISMAPでは，経済価値として財務の視点でEVAの向上という戦略目標を設定して測定していた。共有価値を標榜するキリンホールディングスと同様に，キリン・グループ子会社では経済価値がEBITDAとEPS の測定に変更された。顧客の視点ははっきりしないが，キリンブランド貢献度のままであろう。内部プロセスの視点と学習と成長の視点は，キリン・グループ子会社ごとに創意工夫している。この内部プロセスの視点と学習と成長の視点によって，インタンジブルズを測定し管理するものと考えられる。しかし，そのようなインタンジブルズを測定し管理することは，なかなか難しく，キリン・グループにとっては今後の課題である。

## 3　インタンジブルズ・マネジメントの検討

　キリンホールディングスでは，企業価値向上の源泉として，多様なインタンジブルズをマネジメントしている。本節では，キリンホールディングスの事例に基づいて，インタンジブルズのマネジメントを検討する。ここでは，インタンジブルズとして極めて重要な価値観の変革とインタンジブルズのマネジメントを取り上げる。

### 3.1　価値観の変革

　キリン・グループの2001年や2004年の中期経営計画では，国内の酒類を中核とする計画だった。そのため，売上高も2001年から2006年までは1.6兆円前後，自己資本比率も50%前後を推移していた。自己資本比率の高さからも保守的な経営体質であったと判断できる。そのキリン・グループが2006年にKV2015という長期ビジョンを策定して，価値観を変革させている。KV2015によって，キリン・グループのチェンジアジェンダは，経営体質を保守的なものから積極

的な経営へと大きく舵を切ろうとしたことがわかる。

　第一次の中期経営計画においては，2008年度末実績で，営業利益率以外の海外売上高比率と売上高は目標を達成している。その間に純資産は1.1倍となったが，自己資本比率は50％から35％に低下した。これは営業利益率を変えずに，2015年度までに海外比率を高めて売上高を倍増させるという，KV2015を実現するためにM&Aが行われた結果である。保守的なキリン・グループが積極的なM&Aを実行するというように，価値観が大きく変化した。

　価値観の変革を行いながらM&Aを活発に行うために，事前・事後の投資評価基準をEVAに一致させた。このEVAは，キリン・グループでは，2001年1月に事業再編とともに事業会社の業績評価指標として導入したものである。自己資本比率が低下した現在でも，EVAは業績評価指標として利用されている。株主価値を満足させるためには，EVAは重要な指標である。株主満足だけでなく，顧客満足のために，インターブランド社のブランド価値をアレンジしたブランド貢献度を導入している。BSCの財務の視点とお客様の視点を，EVAとブランド貢献度という成果尺度で密接に関連づけたことは非常に興味深い。

　そして，2012年10月にKV2021を策定した。この長期ビジョンを樹立することで，経済価値と社会価値を両取りする共有価値という企業価値観を明示した。これは，さらなる価値観の変革である。つまり，グローバルな視点に立ってグループ企業とのエンゲージメントをより強化しようとしている。とりわけ，国連グローバル・コンパクト[21]に基づいて，環境，品質，人権・労働，腐敗防止といったグループ共通テーマを課題として取り組んでいこうとしている。グローバルな展開が進展していくことによって，グローバルな課題を考慮しなければならなくなってきた。そのために，積極経営からステークホルダー・エンゲージメント経営へと舵を切った。これが，KV2021の価値観の変革と言えよう。

---

21）グローバル・コンパクト・ジャパン・ネットワークのホームページによれば，国連グローバル・コンパクト（United Nations Global Compact : UNGC）は，「1999年の世界経済フォーラム（ダボス会議）の席上でコフィー・アナン国連事務総長（当時）が提唱し，潘基文現国連事務総長も明確な支持を表明しているイニシアチブです。企業を中心とした様々な団体が，責任ある創造的なリーダーシップを発揮することによって社会の良き一員として行動し，持続可能な成長を実現するための世界的な枠組み作りに自発的に参加することが期待されています」と概要をまとめている。

## 3.2　キリンホールディングスのインタンジブルズのマネジメント

　すでに述べたように，Kaplan and Nortonは，インタンジブルズである学習
と成長の視点の戦略目標を内部プロセスの視点の戦略目標と連動させることを
提案している。Kaplan and Nortonは，事業会社でのインタンジブルズの構築
を前提としていた。これに対して，キリン・グループでは，キリンホールディ
ングスによる企業戦略としてのビジョンからキリン・グループの事業会社によ
る事業戦略の実行までを連動させて統合型マネジメントを行っている。インタ
ンジブルズを取り込んで，キリン・グループ全体の関係を構築するインタンジ
ブルズ・マネジメントを考えていると想定できる。キリンホールディングスの
事例に基づくと，KV2015の下でのインタンジブルズ・マネジメントのフレー
ムワークは図表3-6のように示すことができる。

図表3-6　キリン・グループの統合型マネジメント・システム

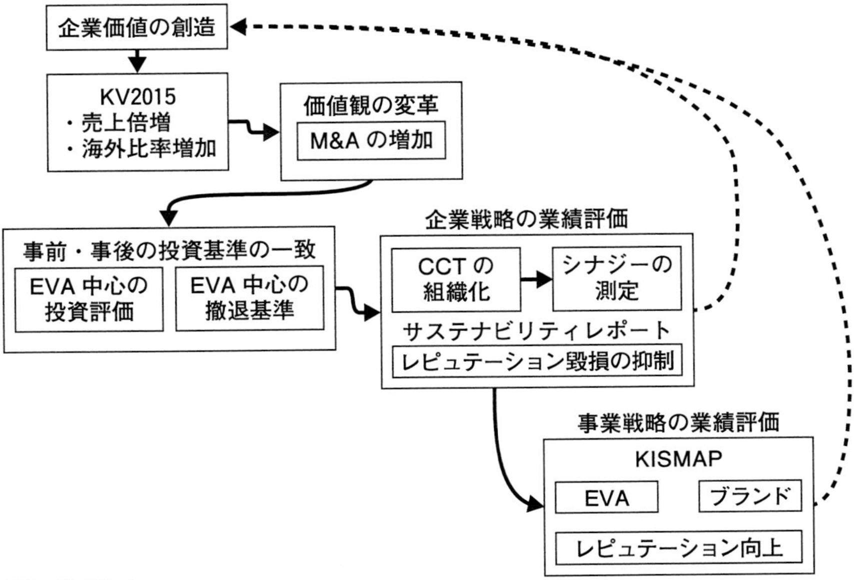

出典：著者作成。

　この図表3-6の下で構築した統合型マネジメント・システムの意義を，次のようにまとめる。

　キリン・グループは，国内のビール需要が飽和状態にあるという危機意識を持ってKV2015を構想した。このビジョンを実現するために，積極的にM&Aを展開するという価値観の変革が起こった。価値観の変革によって投資が促進されたが，計画と実績との評価基準を統一することで合理的な投資判断ができるようになった。また，M&Aを成功させるノウハウやシナジー創出のためのCCTの組織化といったインタンジブルズも創造されたと考えられる。

　現在，キリン・グループはKV2021を展開し始めている。KV2015のときの経済価値の追求から，KV2021のいう共有価値の追求へと変更した。共有価値という企業価値概念によって，EBITDAとEPSおよびブランド価値だけでなく，社会価値と組織価値までカバーできる概念構築ができた。このことは，キリン・グループにとって価値観変革というパラダイム・シフトが起こっていると言えよう。

　これに基づいて，価値観としてもM&A重視から，顧客・グループ企業・従業員との対話によるステークホルダー・エンゲージメントへと変換しようとしている。言い換えれば，オーガニックな成長と世界レベルの経営品質の実現を目指している。さらに企業戦略と事業戦略まで展開されてくると，インタンジブルズの測定と管理が行われ，統合型マネジメント・システムへと向かう。

　KV2021は，まだ始まったばかりである。言い換えれば，KV2021という長期ビジョンの下で，経済価値と社会価値の両取りである共有価値観を追求するという価値観の変革が起こったばかりである。これに基づいて組織としてもCSV本部を設置するに至った。このCSV本部が，新たな統合型マネジメント・システムにとって大きな役割を果たすことは間違いない。重要なことは，企業価値創造に向けてインタンジブルズ・マネジメントを，一貫性を持って実行することである。この共有価値の下での統合型マネジメント・システムは，今後のキリンホールディングスの大きな課題である。

# まとめ

　本章は，キリンホールディングスの2006年から2013年までの資料とインタビューに基づく研究成果である。研究の狙いは，キリンホールディングスにおける統合型マネジメント・システムの構築と変革を明らかにすることであった。

　まず，キリンホールディングスの長期ビジョンKV2015を明らかにして，価値観変革の重要性を示した。この価値観変革によってM&Aが推進されている。また，M&Aには投資判断と撤退のための統一基準としてEVAが大きな意味を持ってくる。さらに，新たな投資案件と既存の事業とのシナジーという課題が発生するために，企業戦略としてのシナジー創出を取り上げた。最後に，事業戦略との関わりで，KISMAPによる業績評価を明らかにした。

　以上，KV2015に基づいて，シナジー，経済価値という企業価値の視点に立って，企業戦略，事業戦略，それらを実行した後の業績評価によるモニタリングを行っていることを明らかにした。キリンホールディングスを調査対象としたために，必ずしも業務へのカスケードは明らかではないが，キリンホールディングスでは統合型マネジメント・システムを実践していると言えよう。インタンジブルズをマネジメントするには，インタンジブルズをほかと無関係に取り上げるのではなく，ビジョンや価値観，投資評価基準，企業戦略とシナジー創造，さらに事業戦略と業績評価制度といった要素を密接に関連づける必要がある。

　次に，KV2021に基づいて，レピュテーション毀損とレピュテーション向上を測定することで，インタンジブルズを管理できると考えた。まず，レピュテーション毀損の抑制を測定するよう提案した。続いて，KISMAPによってレピュテーションの向上を測定すべきであることを提案した。また，KV2021についても共有価値という企業価値を明らかにし，その結果，株主価値から共有価値への変革が行われていることがわかった。キリンホールディングスでは，以前においてもCSRを実践していたが，CSRと経済価値を統合した共有価値という考え方に修正して，2013年から組織としてCSV本部を設置している。

　現在，KV2021に基づいて共有価値という企業価値の視点に立ってマネジメントが展開され始めたところであり，上記のCSV本部が主導して，新たな統合型マネジメント・システムの構築が模索されている。

**参考文献**

Cabrilo, S., Z. Uzelac and I. Cosic（2009）Researching Indicators of Organizational Intellectual Capital in Serbia, *Journal of Intellectual Capital*, Vol.10, No.4, pp.573-587.

Collis, D. J. and C. A. Montgomery（1995）Competing on Resources : How do You create and sustain a Profitable Strategy?, *Harvard Business Review*, July-August, pp.118-128.

Fombrun, C. J.（1996）*Reputation : Realizing Value from the Corporate Image*, Harvard Business School Press.

Kaplan, R. S. and D. P. Norton（1992）The Balanced Scorecard : Measures that drive Performance, *Harvard Business Review*, January-February, pp.71-79（本田桂子訳（1992）「新しい経営指標"バランスド・スコアカード"」『Diamondハーバード・ビジネス・レビュー』4-5月号, pp.81-90）.

Kaplan, R. S. and D. P. Norton（2004）*Strategy Maps : Converting Intangible Assets into Tangible Outcomes*, Harvard Business School Press（櫻井通晴・伊藤和憲・長谷川惠一監訳（2005）『戦略マップ』ランダムハウス講談社）.

Kaplan, R. S. and D. P. Norton（2006）*Alignment : Using the Balanced Scorecard to create Corporate Synergies*, Harvard Business School Press（櫻井通晴・伊藤和憲監訳（2007）『BSCによるシナジー戦略』ランダムハウス講談社）.

Lev, B.（2001）*Intangibles : Management Measurement, and Reporting*, Brookings Institution Press, Washington, D. C.（広瀬義州・桜井久勝監訳（2002）『ブランドの経営と会計』東洋経済新報社）.

Porter, M. E. and M. R. Kramer（2011）Created Shared Value, *Harvard Business Review*, January-February, pp.62-77（編集部訳（2011）「共通価値の戦略」『Diamond Harvard Business Review』6月号, pp.8-31）.

Sanchez, P., C. Chaminade and M. Olea（2000）Management of Intangibles : An Attempt to build a Theory, *Journal of Intellectual Capital*, Vol.1, No.4, pp.312-327.

Ulrich, D. and N. Smallwood（2003）*Why the Bottom Line isn't! : How to build Value Through People and Organization*, John Wiley & Sons（伊藤邦雄監訳（2004）『インタンジブル経営』ランダムハウス講談社）.

伊藤邦雄・加賀谷哲之（2001）「企業価値と無形資産経営」『一橋ビジネスレビュー』Vol.49, No.3, pp.44-62。

櫻井通晴（2008）『レピュテーション・マネジメント—内部統制・管理会計・監査による評判の管理—』中央経済社。

櫻井通晴（2011）『コーポレート・レピュテーションの測定と管理―「企業の評判管理」の理論とケース・スタディ―』同文舘出版。

田中英富（2005）「ブランドバリュー・マネジメント」『Aoyama Management Review』No. 9, pp.49-60。

谷本寛治（2006）『CSR―企業と社会を考える―』NTT出版。

藤野雅史・挽文子（2004）「キリンビールにおけるカンパニー制のもとでのEVAとバランスト・スコアカード」『企業会計』Vol.56, No.5, pp.57-64。

# 第4章

# 企業戦略のマネジメント
## ―リコー，シャープ，三菱東京UFJの事例研究―

## はじめに

　戦略の策定と実行を対象とする戦略的管理会計は，必ずしも統一した見解があるわけではない。バランスト・スコアカード（Balanced Scorecard : BSC）とABC（activity-based costing）は戦略的管理会計として定着したように思えるが，これらに対してもその役立ちには疑問視する見解がある。たとえば，ABCや経済的付加価値（economic value added : EVA）には戦略的コントロール・システム[22]としての潜在性がどの程度あるかという議論が続いている（Chapman, 2005, p.3）と言う。また，BSCについても，使い勝手はいいが定義がなされておらず，戦略とマネジメントコントロール・システムの関係を再検討（re-analysis）するための概念的基礎としては問題がある（Chapman, 2005, p.4）と言う。そのような見解があることは事実であるが，Kaplan and Norton（1996）が提唱したBSCは，事業戦略の策定と実行のマネジメントコントロール・システムとして極めて大きな貢献をしていることには異論がないであろう。さらに，Kaplan and Norton（2006）が企業戦略の策定と実行のためのマネジメントコントロール・システムとして提唱しているアラインメントが注目されている。本章では，今日の管理会計の研究課題の1つである企業戦略に焦点を当てて，企業戦略と事業戦略との連携について検討する。

　工業社会に基づく経済では，有形資産を統合して効率化したり，規模の経済を活用して企業価値を創造してきた。しかし，今日の知識社会に基づく経済では，インタンジブルズの統合のために，新たな企業統合へとパラダイム・シフ

---

[22] Chapmanは戦略的コントロール・システムと呼んでいるが，管理会計ではマネジメント・コントロールと呼んできた用語と同義と解釈できる。

トを図る必要がある（伊藤（邦）・本田, 2001）。伊藤（邦）・本田によれば，そのようなインタンジブルズの統合には，2 つのタイプがあると言う。タイプ 1 は，事業部間やグループ内でのシナジーを図るようにインタンジブルズを統合することである。タイプ 2 は，資本関係のない企業間でのインタンジブルズの統合である。たとえば，パートナー企業同士によるインタンジブルズの活用によって，お互いの企業価値が向上していくことが挙げられる。企業間でのインタンジブルズの統合は今後重要視される課題ではあるが，本章は企業戦略を研究対象としているため，このテーマは扱わない。本章では，主に，タイプ 1 の事業部間もしくはグループ内企業間のインタンジブルズの統合を考察する。

　企業戦略はこれまで，組織間のシナジーと製品ポートフォリオ・マネジメントという機能があるとして研究されてきた。たとえば，Ansoff（1965, chapter 5）は企業戦略としてシナジーの創造を主張した。また，Hofer and Schendel（1978）は，製品ポートフォリオ・マネジメントを利用した企業戦略の策定を提唱した。関連事業を統一するにはシナジーの創造が有効であるが，非関連事業間を統合するにはポートフォリオ・マネジメントが優れている。

　この関連多角化か非関連多角化かという課題に対して，Chandler（1990）は非関連多角化に警鐘を与えている。また，非関連多角化というポートフォリオ・マネジメントは投資家がとる立場であって，本社の経営者が扱うべきではない（Kaplan and Norton, 2006, p.34）という主張もある。そのため，本章ではポートフォリオ・マネジメントについては検討しない。一方，企業戦略はシナジーの創造だけでなく，企業価値を毀損させないように全社レベルでマネジメントするアネルギーの抑制という機能も重要である（伊藤（和）, 2007, p.59）。したがって，本章では，企業戦略の関連多角化研究をシナジーの創造とアネルギーの抑制というアプローチで検討する。シナジーの創造とアネルギーの抑制は，インタンジブルズを統合するアイディアを提供してくれると考えるためである。

　本章では，企業戦略と事業戦略との連携について検討する。ここでの企業戦略の目的とは，本社と事業部のアラインメント，すなわち組織間連携の確保を効果的に構築することである。本社と事業部のアラインメントでは，シナジー

の創造だけでなくアネルギーの抑制，すなわち企業価値を毀損する可能性のある要因についても検討する。第1節では，シナジーの創造に関する先行研究を整理する。第2節では，企業価値の創造と戦略の関係，ならびにアラインメントの3つのタイプを明らかにする。第3節では，アラインメントの3つのタイプに対してわが国企業をフィールド・リサーチした結果を紹介する。第4節では，シナジー創造とアネルギー抑制についてのアラインメントを検討する。最後に本章の研究成果をまとめる。

## 1　シナジーの創造

　経営戦略には，企業グループ全体の企業価値に影響を及ぼす企業戦略，事業によって企業価値を創造する事業戦略，および特定機能を戦略的に扱う機能戦略がある。企業戦略はグループ全体の資源配分を対象にするのに対して，事業戦略は事業に関わる競争優位の構築を対象にする。機能戦略においては，支援組織であれば事業戦略と企業戦略の支援を行う。本章で研究対象とするのは，企業戦略と事業戦略との連携である。

　企業戦略のためのマネジメントとしては，組織間におけるシナジーの創造が検討されてきた。シナジーとは，Ansoff（1965, p.82）によれば，「しばしば2＋2＝5と言われるように，部分の合計よりも多く生み出される結合利益の効果のこと」である。そのシナジーには，販売シナジー，生産シナジー，投資シナジー，マネジメント・シナジーがある。

　販売シナジーとは，複数の製品を共通の流通経路や販売部門，あるいは共通の広告や販売促進などでもたらされる。生産シナジーは，労働者や管理者の共通利用，集中購買によってもたらされる。投資シナジーは，機械や設備，工場などの共同利用，研究開発の残存効果などによってもたらされる。マネジメント・シナジーは，戦略や業務などマネジメントの問題が過去にも経験していれば，応用ができるといったことである。このようにシナジーの効果は，財務尺度で測定できる場合だけでなく，多くの場合は測定することが困難だったり，

非財務尺度としてしか測定できない。このようなシナジーの創造も企業価値の創造であり，インタンジブルズの1つとして扱う必要がある。

　シナジーを創造しようとする企業は多いが，実際にはなかなかシナジーを創造できない。だからこそ，シナジーの創造を追求すべきであるという主張がある（Goold and Campbell, 1998, p.131）。シナジーの創造を扱うには，現状の本社と事業部に新たな横断的組織を設定すべきだという提案と，現状の本社と事業部の関係を前提として本社と事業部の関係を検討する場合とがある。第1のアプローチは，現状の組織間でコラボレーションをとることでシナジーの創造を図るとともに，そのシナジーを促進するために横断的な組織を構築するべきであるという。第2のアプローチは，現状の本社と事業部の力関係を前提として，どのような力関係がシナジーを創造するかという研究である。

　第1のアプローチは，Eisenhardt and Galunic（2000）が提唱する共進化（coevolving）という概念を実践することである。共進化とは，生物学用語では，いくつもの種が互いに影響し合いながら進化を遂げることである。彼女らによれば，共進化とは，「コラボレーション相手を変えながら，しかるべき成果が期待できなくなったら関係を解消し，新たな関係に力を入れることを繰り返していくこと」である。

　共進化は，コラボレーションとは異なる。コラボレーションは，有形資産とインタンジブルズ（ブランドや製品開発力など）を共有するが，いったんコラボレーションをとるパターンが確立されると再び検討されることがない。これに対して共進化は，コラボレーションをたびたび見直すことになる。このように，コラボレーションをとるという点ではいずれも同じであるが，その後見直しがあるかどうかが両者を区別する決定的な違いである。

　共進化の事例として，Eisenhardt and Galunic（2000）は，グループ企業間で行う場合と事業部間で行う場合を紹介している。グループ企業間の共進化としては，GEキャピタル社の事例を取り上げている。GEキャピタル社は，もともとB to C事業の支援として設立されたが，GE（ゼネラル・エレクトリック）社のB to B事業向けの金融サービスを提供するようになった。このような変化は，製品と金融ツールを組み合わせた結果である。GEキャピタル社の内部

でも，多様な関連し合うサービス事業が顧客の獲得・維持のプロセスを統一している。GE社は，このようにコラボレーションの内容や相手を変えながらシナジーを創造していった。

　事業部間でのシナジー創造としては，仮名のオフィス・システムズ社を紹介している。同社は，コピー事業とファックス事業が中心であり，両事業部間で，多様なコラボレーションが起こったと言う。たとえば，部品の共同生産，エンジニアの人材交流，ソフトウェア・プロトコルの標準化やブランド構築，工場の共有などである。この会社では，研究開発から販売に至るまで，バリュー・チェーン全体にわたってコラボレーションが展開されていることがわかる。

　共進化を推進するには，シナジーを図る組織を構築することも必要である。たとえば，事業部横断的なメンバーによって共通の戦略課題を検討し，解決していく組織やプロジェクト・チームを作ることが考えられる。事業部横断的なチームは，部門間をまたいだチームとは異なる。部門横断的チームの例として，日産のCFT（cross functional team：クロスファンクショナル・チーム）やトヨタのチーフエンジニア制度がある。CFTやチーフエンジニアは，複数の機能をコンカレントに進めていくことによってリードタイムを短縮したり，そのことが顧客ニーズにマッチした開発を行うことができたり，部門間で知識共有が行われたり，あるいは設計変更を大幅に削減する役割を担う。このCFTやチーフエンジニア制度導入の効果は，コンカレント・エンジニアリングによる効果でもある。CFTやチーフエンジニアの役割は重要ではあるが，製品開発という特定事業部のなかでの情報共有に留まる。そのため，企業戦略である事業部間のシナジーを創造することはできない。

　Eisenhardt and Galunicは，事業部を横断するマルチ・ビジネス・チームの創設を提案している。複数の事業部長がしばしば集まることで，コラボレーションのチャンスに巡り合える可能性がある。また，コラボレーションの促進に役立つ人脈と信頼を築ける可能性もある。あるいは，ミーティングを通してお互いの役割分担が決まっていくこともある。さらに，業界のダイナミズムに共通の勘を身につけることもできる。つまり，事業を超えて情報交換や資源を共有したり，複数事業にまたがる戦略を展開するために，事業部間でミーティン

グを頻繁に行う必要があると言う。

　共進化は，通常は特定の企業内でコラボレーションをとる。また，第 3 章で明らかにしたように，キリンホールディングスが行った CCT は，企業グループ内のコラボレーションであった。このように，企業内や企業グループ内での共進化に限定されることなく，別々の企業間でも可能である。たとえば，業務提携して互いの企業の従業員がたびたび集まることで，互いの技術や能力などを共有したり，製品開発や事業開発を行う可能性がある。もちろん，他方が一方的に情報を提供することは避けなければならない。

　ところで，コラボレーションはシナジーの創造以外にも機能する。多くの企業はいま，ステークホルダーとの対話を通して絆作りをしている。いわゆるステークホルダー・エンゲージメントである。たとえば，投資家との絆作りが，投資家の信頼を築く。顧客との絆作りが，顧客ブランドを構築したり，顧客のニーズを捉えた製品やサービスの開発へと向かう。従業員との絆作りが，戦略を理解してモチベーションの向上につながる。さらに，一般の人との絆作りが，レピュテーションを高める。このようなステークホルダー・エンゲージメントによるインタンジブルズの構築は，企業戦略と結びつけて行うことが重要である。

　以上より，第 1 のアプローチは，Eisenhardt and Galunic（2000）のコラボレーションの場をできるだけ増やすということであり，多くの企業がすぐにでも実践できる。しかし，事業部横断的な組織を構築するとなると，そのような事業部横断的な組織として本社があるのではないかという疑問が持ち上がる。たとえば，キリンホールディングスは，共進化を狙ったわけではないが，グループ企業にシナジーを創出するために CCT を組織化した。この CCT のような組織を共進化に向かわせることは大きな意味がある。他方，本社とは別に事業部横断的な組織を作ることは，本社の権威を失墜させる可能性があるために，困難な作業のように思える。本章では第 2 の研究アプローチの下で検討する。この研究アプローチは，本社と事業部の力関係をアラインメントとして扱うものである。次節では，このアラインメントについて検討する。

## 2　アラインメント

　アラインメントとは，複数の組織が同じベクトルを持つことである。たとえ
ば，自社と取締役会，社外のサプライヤーと自社，自社とユーザー・カンパニ
ー，本社と事業部，本社（本社トップ）と本社スタッフ，事業部（事業部長）
と事業スタッフ，本社スタッフと事業スタッフなどが同じ方向を向いて仕事を
することをアラインメントと言う（Kaplan and Norton, 2006, p.16）。このよう
なアラインメントに関わって2つの課題を検討する。まず，企業価値創造とア
ラインメントをとらなければならない戦略との関係を明らかにする。次に，本
社と事業部の力関係であるアラインメントの3つのタイプを明らかにする。

## 2.1　企業価値創造と戦略

　Kaplan and Norton（2006）は，アラインメントという概念を用いてシナジ
ーの創造を明らかにしている。Kaplan and Nortonは，アラインメントとは，
本社がまずシナジーを創造できるように企業戦略と事業戦略との整合性を図り，

**図表4-1　企業価値創造における企業戦略と事業戦略の役割**

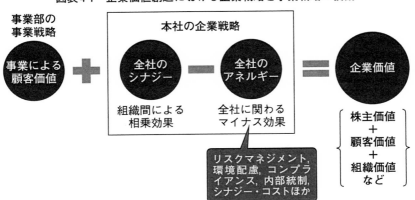

出典：著者作成。

次に事業部が個々の競争状況に対応しながらも全社レベルの戦略目標に貢献するように戦略を構築すること（Kaplan and Norton, 2006, p.104）であると指摘した。このようなアラインメントを構築することと，その構築度合いを評価するアラインメント評価を提案している。さらに，アラインメントがとれている企業の財務業績は高かったという調査結果による保証もつけている。

　Kaplan and Nortonが狙った企業価値の創造は，事業部の事業戦略による顧客価値と，全社（本社）の企業戦略による価値の創造からなる。これだけでなく，本章では全社（本社）に関わって企業価値を毀損する可能性があるようなアネルギー要因を抑制することも，全社（本社）の企業戦略の役割と考えている。これらの関係を図表4-1に示す。

　図表4-1のように，企業戦略は組織間の相乗効果を狙った全社のシナジー創造だけでなく，本社と事業部あるいは機能部門でのアネルギーの抑制についても対処しなければならない。Simons（2000, p.255）は，事業戦略を実行するときに経営者の能力を大幅に低減させてしまうような予測不能な事象や状況を戦略リスクと呼んで，これを管理すべきだと言う。同様の趣旨で，企業価値を大幅に毀損する可能性のある企業全体に関わるマイナス効果，すなわち，アネルギーをいかに抑制すべきかをマネジメントすべきである（伊藤（和），2007, p.59）。このアネルギーには，コンプライアンス，内部統制，シナジー・コスト，環境負荷，本社レベルのリスクといった側面がある。従来，企業価値の創造のみに目を向けすぎたために，企業価値の毀損に目を向けることができなかった。

　Kaplan and Norton（2006, chapter 6）は，企業戦略としてシナジー戦略を提案し，企業戦略のカスケードをトップダウン，ボトムアップ，ミドルアップトップダウンの3つがあると紹介している。彼らは企業戦略のアネルギーについて，財務とリスクのポートフォリオ・マネジメントを取り上げている。ただし，ポートフォリオをマネジメントしてもシナジーは創造できないと指摘している（Kaplan and Norton, 2008, p.54）。一方，事業戦略のなかでアネルギーを抑制するマネジメントとして，内部プロセスの視点の「規制と社会」を戦略テーマとして設定することを提案している（Kaplan and Norton, 2004, pp.170-192）。このことから，Kaplan and Nortonは，アネルギーの抑制を事業戦略で

マネジメントすべきものと考えていることがわかる。本章では，企業戦略のマ
ネジメントとしてアラインメントを検討するとともに，さらにそのアラインメ
ントに関わるテーマとしてシナジー創出とアネルギー抑制を検討する。

## 2.2　アラインメントの3つのタイプ

　企業戦略のインタンジブルズには，企業価値の創造に関わるシナジー創出と
アネルギー抑制[23]がある。シナジー創出には，BSCの4つの視点で，全社で
共通した戦略目標を設定して，事業部や事業会社のベクトルを合わせる必要が
ある。BSCを用いると，シナジー創出に関わる尺度を設定することができ，
シナジー創出をマネジメントすることができる。またアネルギーの抑制のため
には，全社的な戦略テーマを設定し，事業部や事業会社で一貫性あるアネルギ
ーの抑制を推進する必要がある。アネルギーについても，BSCによってアネ
ルギー抑制の尺度を設定すれば，マネジメントすることができる。企業戦略の
インタンジブルズ・マネジメントとして，とりわけ重要な課題は，シナジー創
出とアネルギー抑制をマネジメントすることである。これらは，企業戦略を事
業戦略と連携させることによって，マネジメントすることができる。ここに，
企業戦略のインタンジブルズ・マネジメントとして，企業戦略と事業戦略のア
ラインメントを検討する意義がある。

　Goold and Campbell（1987）は，イギリスの多角化した大企業16社を調査
して，企業戦略と事業戦略に関わる興味深い提案をしている。多角化した企業
の経営とは，本社の経営者と事業部の経営者の関係を管理することである。こ
のような企業の企業戦略と事業戦略は，本社が事業部に及ぼす計画とコントロ
ールへの影響度から3つに分類できると言う。それぞれ財務的コントロール
（financial control），戦略的計画（strategic planning），戦略的コントロール
（strategic control）と名づけた。これらを簡単に解説し，それぞれのタイプの

---

23) 第2章で定義したように，インタンジブルズとは無形の価値創造の源泉である。このとき，アネ
ルギー抑制は価値創造なのかという疑問が出てこよう。図表4-1で明らかにしたように，広義で価値
創造と言うとき，価値を創造するだけでなく，価値毀損の抑制も含むと考えている。

図表4-2　本社と事業部のマネジメント・タイプ

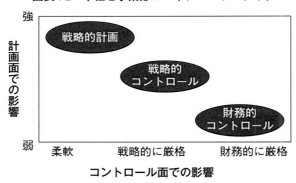

出典：Goold and Campbell（1987, p.74）.

コミュニケーションの特徴を明らかにする。この3つのタイプを図示すると，図表4-2となる。

　第1の財務的コントロールは，事業戦略の主体が事業部にある。事業部が公式的に策定した事業戦略を本社はそのまま受け入れるというタイプである。この財務的コントロールでは，本社は予算によるコントロールによって事業部を管理することになる。事業部が主体となった戦略を策定し，これを本社が承認する。事業部から本社へというコミュニケーションの流れから，Kaplan and Nortonの言うボトムアップ・タイプと言うことができよう。

　ボトムアップ・タイプのメリットは，事業部長が財務業績を向上しようというモチベーションが高くなることである。また事業部長は，本社による効果の上がらない戦略に見切りをつけることができる。権限委譲することで，人材育成の機会を与えてくれることになる。

　他方，ボトムアップ・タイプのデメリットは，事業部長が積極投資する可能性が高くなり，投資回収までの期間が長期化する。また，事業部間でのシナジーを創造することが難しくなる。さらに，予算を重視した厳しいコントロールを行うため，事業部の柔軟性を阻害することもある。

　第2の戦略的計画は，本社が事業部の戦略策定に深く関わり，事業部間のシナジーを考慮して戦略策定を行う。事業部の意向を反映したものではなく，本

社の野心的な事業戦略を策定することになる。本社が事業戦略にまで口出しをするというタイプである。これは，本社から事業部へ戦略のコミュニケーションが行われるという意味で，Kaplan and Nortonの言うトップダウン・タイプと言うことができよう。

このトップダウン・タイプのメリットは，事業戦略の策定プロセスに本社の意向を入れ込むことができる点である。たとえば，企業戦略で事業部間のシナジーを創造するように，事業戦略のベクトル合わせをすることである。また，事業部間で共通のパイを争うようなカニバリズムを起こしている場合，本社が事業戦略を十分調整することができるというメリットもある。さらに，野心的な事業戦略の策定を促進するというメリットもある。

トップダウン・タイプのデメリットは，事業部長の戦略を本社が受け入れないといったことで事業部長のモチベーションが下がる可能性がある。また，事業部長の自主性を阻害することにもなる。さらに，市場ニーズや環境変化への対応が迅速に行えないというデメリットもある。

第3の戦略的コントロールは，戦略的計画と財務的コントロールの「良いとこ取り」をするものである。事業戦略の策定では事業部の自由裁量を認めつつも，本社の企業戦略は全社的なシナジーの創造を図るというタイプである。事業戦略と企業戦略の役割を明確に区分して，事業部の事業戦略を本社に上申させ，上申された事業戦略を企業戦略として調整する。本社では事業戦略を企業戦略とも調整した上で，事業部に落とし込む。事業部から本社へ事業戦略が持ち上がって，本社によって調整された後に，本社から事業部へコミュニケーションが図られるため，Kaplan and Nortonの言うミドルアップトップダウン・タイプと言うことができよう。

このミドルアップトップダウン・タイプのメリットは，事業部長に自由裁量権が与えられるため，モチベーションが高くなることである。また，事業部に事業戦略の策定を任せると同時に本社の企業戦略の意向も入れることができるため，多角化しながらもシナジーを創造できる。

ミドルアップトップダウン・タイプのデメリットは，「戦略目標と財務目標，長期目標と短期目標の責任を不明確にさせ，あいまいにさせる」ことである。

財務目標は明確であるが，戦略目標の設定が難しいために，このようにあいまいになってしまう。

　上記のように，Goold and Campbell（1987）が分類した3つのタイプは，計画とコントロールの強調点の違いによる分類であった。Goold and Campbellの分類の中で，組織間でのアラインメントの違いという特徴と，それぞれのメリットとデメリットを明らかにしたが，最後に，このアラインメントの違いを整理する。第1はボトムアップ・タイプであり，事業部が事業戦略の策定を自ら行い，この事業戦略を本社へコミュニケートするというアラインメントである。第2はトップダウン・タイプであり，本社が事業戦略を策定して事業部へコミュニケートするというアラインメントである。第3はミドルアップトップダウン・タイプであり，第1と第2の折衷案である。このタイプでは，事業部が策定した事業戦略を本社に上申し，トップはこれを調整した上で事業部へとコミュニケートするというアラインメントである。

## 3　BSCによるアラインメントの事例

　前節で検討したように，Goold and Campbell（1987）にしたがえば，本社と事業部のアラインメントには3つのタイプがある。本節では，この3つのアラインメント・タイプである，ボトムアップ，トップダウン，ミドルアップトップダウン，それぞれに関するBSCの事例を，フィールド・リサーチに基づいて紹介する。

### 3.1　調査対象企業の概要

　わが国では，製品メーカーか部品メーカーかにかかわらず，多様な製造業がBSCを実践している。それだけでなく，金融業や非営利組織としての病院など多方面でBSCの導入が報告されている。そのようななかで，わが国で最も早くBSCに取り組んだ企業の1つとして取り上げられるのは，1999年にBSC

を導入したリコーである。また，BSCを日本に紹介するために，Kaplanを招聘して2000年にセミナーを開催したのはシャープである。さらに，COSOフレームワークやCSRとの関係で，BSCを導入してきた企業として，三菱東京UFJがある。

　リコー，シャープ，三菱東京UFJは，BSCの導入事例としてたびたび紹介されてきた（伊藤（嘉），2001，pp.76-100；伊藤（和），2007，pp.39-46；櫻井，2008，pp.53-67；林，2006，pp.55-64；Nagumo and Donlon, 2002；Kaplan and Norton, 2004, pp.44-53）。これらの事例で紹介されてきたのは，事業戦略としてのBSCの導入であり，企業戦略としてシナジーの創造とアネルギーの抑制を統一的に調査した研究はこれまでなかった。Kaplan and Norton（2006）が三菱東京UFJをシナジーの創造として扱ってはいるが，アネルギーの抑制は議論していない。また，リコーやシャープは事業戦略や成果連動型の業績評価システムとしてのBSCを研究対象としたものであった。本章で行った調査は，企業戦略としての３つのアラインメント・タイプの事例研究である。

　本章で取り上げる３社について，簡単に企業概要を明らかにする。企業概要としては，企業理念や経営信条，経営ビジョンを取り上げて紹介する。また，最近５年間の連結業績を明らかにする。

　株式会社リコー[24]は，「人を愛し，国を愛し，勤めを愛す」という三愛精神が有名である。事業や仕事を通じて，自分，家族，顧客，関係者，社会といったすべてを豊かにすることを目指した考えである。リコーグループの全社員の原点となっている。2013年９月の『次期中計に向けた事業戦略の方向性』によれば，2008年度の売上高が20,916億円だったが2012年度は19,244億円へと減少している。売上高営業利益率は2008年の3.6%，東日本大震災のあった2011年度はマイナスであったが，2012年度は3.9%である。オフィス事業を基盤として，インダストリー事業，コンシューマー事業，プロダクションプリンティング事業が主要な事業領域である。

　シャープ株式会社[25]は経営信条として，誠意と創意の下に，独創的な製品

---

24) http://www.ricoh.co.jp/（2013/11/11）.
25) http://www.sharp.co.jp/corporate/ir/（2013/11/11）.

の創出で社会貢献してきた。売上高は2008年度28,472億円あったが，2012年度は24,786億円に減少している。この5年間に3度も営業利益が赤字となっており，厳しい現実という状況である。2013年度上期は，久しぶりの黒字となり，2.5%の売上高営業利益率となっている。経営再建中のシャープの2013年度業績は3年ぶりに黒字転換し，1,000億円の営業利益（2012年度は1,462億円の営業損失）になりそうだと言う[26]。

株式会社三菱東京UFJ銀行[27]は，MUFGグループの傘下として経営を行っている。MUFGの中長期的に目指す姿は「世界に選ばれる，信頼のグローバル金融グループ」である。同行は，2008年度の経常収益が42,400億円から2012年度の34,193億円へと減少している。経常利益率は，2008年はマイナスであるが，その後は16%，26%，28%，31%と高収益率で推移している。

次節以降では，3つのアラインメントの事例を紹介する。ボトムアップ・タイプの事例としてリコーを，トップダウン・タイプの事例としてシャープを，ミドルアップトップダウン・タイプの事例として三菱東京UFJを紹介する。

## 3.2 ボトムアップのアラインメント

ボトムアップのアラインメントとは，事業部がBSCによって事業戦略を構築し，本社は財務目標によって事業部とのアラインメントを図ることである。このタイプを採用する企業に株式会社リコー[28]（以下，リコーと呼ぶ）がある。リコーは，1999年より戦略的目標管理制度を導入している。

リコーグループのマネジメント・システムは，経営理念の下で策定された中期経営計画と連動している。2008年から2010年の第16次中期経営計画では，①第15次中期経営計画の確実な刈り取り，②効率化の推進，③さらなる成長を，基本方針として掲げている。図表4-3のように，中期経営計画に基づいて中期

---

26）http://www.jiji.com/jc/c?g=eco_30&k=2014013100168（2014/2/1）.

27）http://www.mufg.jp/（2013/11/11）.

28）リコーには，2008年3月19日の13:00～15:00に総合経営企画室を訪問した。ここでの事例は，その際のフィールド・リサーチに基づいている。

図表4-3 リコーの企業戦略と事業戦略

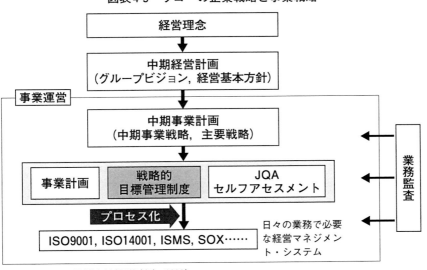

出典：リコーの提供資料（伊藤（和），2011）。

事業計画が立案される。中期事業計画の業績目標は，グループ連結売上高2兆5,000億円，営業利益2,500億円，営業利益率10%，ROE12.5%，配当性向30%とすべて財務数値である。

　中期事業計画は，年度の事業計画，戦略的目標管理制度，JQAセルフアセスメントといった，3つのマネジメント・システムに落とし込まれる。事業計画は中期経営計画の財務目標を達成するために，短期事業計画に展開され，四半期ごとに機能組織で管理される。戦略的目標管理制度とは，事業部の主要戦略と機能方針を実現するために，具体的な重点施策を設定し達成度を評価する制度であり，戦略的目標管理制度という名称でBSC[29]を導入している部分である。最後のJQAセルフアセスメントは，主要戦略と機能方針を実現するために顧客の視点の課題抽出に利用されている。

　機能別に立案した事業計画の下で，SBU（strategic business unit：戦略事

---

29) リコーでは戦略的目標管理制度を採用しているが，BSCを導入しているわけではないと指摘している。

**図表4-4　SBUと機能組織のマトリックス**

戦略的目標管理制度

| 機能組織＼SBU | SBU-A | SBU-B | SBU-C | 営業利益 |
|---|---|---|---|---|
| 開　　発 | | | | |
| 生　　産 | | | | |
| 販　　売 | | | | |
| 営業利益 | | | | |

（左側に「事業計画」の縦書き）

出典：リコー提供資料を著者修正（伊藤（和），2011）。

業単位）ごとの戦略目標が達成されているかどうかを確認するのが戦略的目標管理制度（BSC）である。また，SBUの戦略が達成されているかどうかをチェックするのがJQA（日本経営品質賞）である。JQAセルフアセスメントの結果から戦略的目標管理制度の重点施策や指標・目標値を設定し，最終的に戦略目標が達成したかどうかを事業計画と比較して財務数値で管理される。このように，3つのマネジメント・システムが，中期経営計画を達成するために緊密に関連して，PDCAサイクルが回っている。

　事業計画による年度業績目標の設定にあたっては，まず，開発，生産，販売といった機能組織ごとに財務目標が設定される。次に，事業戦略を実現するには図表4-4のSBU（ここではA, B, C）と機能組織のマトリックスに示すように，機能組織の財務目標が各SBUにそれぞれ配分される。縦の機能組織の目標が横のSBUの財務目標へと展開される。各SBUは，この財務目標を達成するために，図表4-5のように5つの視点で戦略的目標管理制度に展開される。繰り返しになるが，図表4-5は，機能組織の年度財務目標を達成するためにSBUの財務目標を配分したものであり，この財務目標を達成するために非財務目標へとカスケードされている。

　本社が計画した財務目標を実現するために，各SBUが図表4-5のような事業戦略を立案し，戦略的目標管理制度で戦略目標を管理する。その戦略目標は，戦略展開を経て尺度や目標値へと落とし込まれる。たとえば，ある商品事業を拡大するという戦略目標を実現するために，事業価値の増大，資産効率の向上，

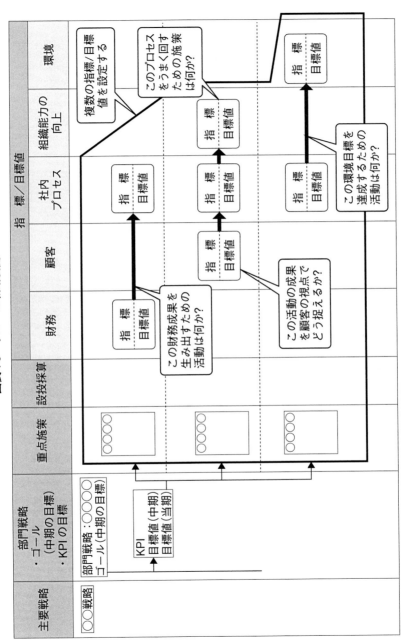

図表4-5　リコーの戦略展開

出典：リコーの提供資料(伊藤(和), 2011)。

トップシェアの獲得，環境負荷の低減という重点施策へ戦略展開して，これを
さらに指標や目標値に落とし込む。ここで，環境負荷の低減については，内部
プロセスの視点のエネルギー効率という尺度，環境の視点の$CO_2$排出量という
尺度で管理される。環境負荷の低減を含めて戦略展開したすべての尺度が実現
されると，事業拡大という戦略目標が達成できる。このように，リコーでは環
境の視点で考慮されるアネルギーの抑制は事業戦略と結びついている。

　リコーの戦略的目標管理制度では，しばしば指摘されるように，5つ目の視
点である環境の視点が，事業戦略のなかで達成されるという特徴がある。言い
換えれば，事業部では事業と関係のないアネルギー抑制の目標値を戦略的目標
管理制度のなかで管理することはできない。たとえば，全社的な観点からコン
プライアンスに対処するといった課題は，戦略的目標管理制度とは別にCSR
室で業務プロセスに落とし込まれている。このようなアネルギーの抑制は，事
業戦略として扱うことはできず，業務レベルで行われている。

## 3.3　トップダウンのアラインメント

　トップダウンのアラインメントとは，上述したように，事業戦略の策定に本
社が深く関わることによって，事業部とのアラインメントを図ることである。
このタイプを採用する企業にシャープ株式会社[30]（以下，シャープと呼ぶ）が
ある。シャープは，「いたずらに規模のみを追わず……」からはじまるミッショ
ンの下で，「誠意と創意」というコアバリューと，「2010年　地球温暖化負荷
ゼロ企業の実現」というビジョンを掲げている。2003年にBSCを導入したシ
ャープでは，全社レベルの経営基本方針および中期計画にしたがって，第1階
層として，本部レベルのBSCを構築した。本部には，機能本部，営業本部，
事業本部がある。機能本部には，経理，人事など，13の本社スタッフ組織，そ
れに研究開発に関係した7つの組織がある。営業本部は5つの組織があり，ま
た事業本部は10の組織がある。これを第2階層の事業部レベルや国内外の関係

---

30）シャープには，2008年2月12日の16：00〜18：00に経営企画部に訪問した。ここでの事例は，そ
　の際のフィールド・リサーチに基づいている。

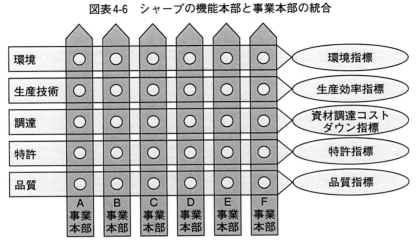

図表4-6 シャープの機能本部と事業本部の統合

出典：シャープの提供資料（伊藤(和)，2011）。

会社の戦略に落とし込んでいる。

　シャープのアラインメントは機能本部が担当している。本社に戦略マップは存在せず，機能本部がそれぞれの立場から４つの視点の戦略マップを構築している。機能本部の戦略目標を事業本部に落とし込むというトップダウンのアラインメントをとった理由を著者が質問した。同社によれば，BSCを導入した当初は，事業本部は戦略目標として品質，特許，リードタイムといった全社的に極めて重要な戦略目標をほとんど設定しなかったと言う。これらの戦略目標は，短期的にはコストアップや売上減となる戦略目標であり，事業に関わる戦略目標との間でトレードオフになってしまう。事業本部にこれらの戦略目標の設定を任せると，グループ全体を考える企業戦略と離齬をきたす可能性があるため，機能本部が全社に関わる戦略目標を設定することになったと言う。

　機能本部と事業本部は，図表4-6のマトリックスで示すようなアラインメントを図っている。たとえば，環境本部で，全社的な立場から$CO_2$の低減という排出規制の戦略目標と目標値を設定したとする。この目標値を実現するのは，事業本部やその下位組織である事業部である。機能本部は，自ら設定した目標値を確実に達成できるように，すべての事業本部に対して目標値の割り当てを

行う。事業本部としてはトレードオフ関係にある戦略目標が割り当てられる。これがシャープのアラインメントである。

　シャープのアラインメントの特徴は，機能本部が設定した戦略目標を事業本部に落とし込む点にある。アネルギーの抑制は機能本部が管理し，事業戦略に関わる戦略目標は事業本部が企画する。この事業戦略のなかに機能本部の戦略目標，尺度，目標値が割り当てられる。

## 3.4　ミドルアップトップダウンのアラインメント

　ミドルアップトップダウンのアラインメントとは，本社と事業部が積極的に

図表4-7　CSRと戦略の統合

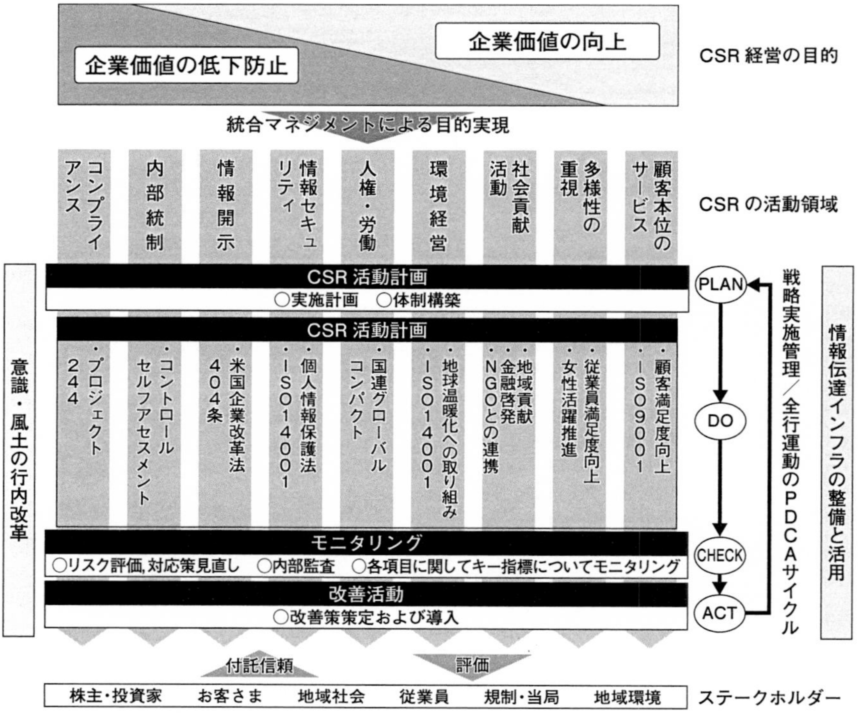

出典：三菱東京UFJ提供資料（伊藤（和），2011）。

コミュニケーションをとりながら，事業戦略と企業戦略を策定することである。このタイプを採用する企業に株式会社三菱東京UFJ銀行[31]（以下，三菱東京UFJと呼ぶ）を傘下に置く三菱UFJフィナンシャル・グループ（MUFG）がある。三菱東京UFJは，2006年1月に東京三菱銀行とUFJ銀行が合併してできた銀行であり，MUFG全体で，現在BSCを展開している。MUFGのBSCの特徴は，戦略マップのなかでCSRを扱っている点である。同グループのBSCとCSRの統合を図示すると図表4-7となる。

　図表4-7より，同グループのCSRはトリプルボトムラインを意味するわけではなく，企業価値の向上と低下防止，言い換えれば価値創造と価値毀損の抑制であり，企業価値と同義と考えられる。CSRの活動内容には，コンプライアンスや内部統制，情報セキュリティといったアネルギーの抑制活動がある。また，環境経営や社会貢献活動，顧客本位のサービスという事業に密着した活動をCSRのなかに位置づけている点も興味深い。施策の展開ではCSRの具体的な施策を取り上げている。施策はBSCで言えば，戦略的実施項目である。戦略を実行するための戦略的実施項目にCSRの活動を設定して，CSRとBSCの両者を統合している。このように企業戦略として，CSRとBSCの統合が実現されている。

　同グループの企業戦略の戦略マップは，図表4-8である。世界屈指の総合金融グループを実現するためにQuality for Youとしてサービス，信頼度，国際性の面でNo.1になるといったグローバルトップ5の達成を掲げている。グローバルトップ5を実現するためには，一方ではBSCによる経営理念の浸透，戦略管理，業績評価を実現するとともに，CSR経営によってさまざまなステークホルダーとの共存共栄を図ろうとしている。

　戦略マップの顧客の視点は，【お客さま】という戦略テーマと【社会・環境】という戦略テーマに区分されている。【お客さま】の戦略テーマは企業価値の向上を直接扱うため，内部プロセスでは価値創造のプロセスに関わる戦略目標が設定される。また，社会・環境の戦略テーマは企業価値の低下防止を扱うた

---

31）三菱東京UFJには，2008年4月30日の16：00〜18：00に企画部を訪問した。ここでの事例は，その際のフィールド・リサーチに基づいている。

**図表4-8　MUFGの戦略マップ**

| グローバルトップ5 | | | |
|---|---|---|---|
| ・トップラインの成長<br>・経費効率の改善 | | ・B/S構造の高度化<br>・資本効率の改善 | |
| サービスNo.1・信頼度No.1・国際性No.1 | | | |
| 【お客さま】 | | | 【社会・環境】 |
| ・顧客満足度<br>（リテール・法人・海外） | ・内部顧客満足度<br>（経営・部門・関係会社） | | 地域社会<br>地球環境 |
| 価値創造プロセス | | | 価値毀損回避プロセス |
| **RM**<br>・対顧客提案力<br>・チャネル<br>・内外連携<br>・ビジネスモデル<br>　等 | **PO**<br>・投資銀行商品<br>・市場関連商品<br>・決済性商品<br>・IT商品　等 | オペレーション<br>・事務業務品質<br>・生産性・効率性 | ・ガバナンス<br>・コンプライアンス<br>・内部統制<br>・情報セキュリティ<br>・信用・市場・オペ<br>・危機管理 |
| 人材・組織文化 | | 経営インフラ・IT | |
| ・従業員満足度<br>・スキル・人間力<br>・職場環境 | ・コミュニケーション<br>・評価・処遇<br>・キャリア形成　等 | ・新BIS対応<br>・戦略的ALM<br>・人事システム | ・割当資本制度<br>・ITガバナンス<br>・CRMシステム　等 |

出典：三菱東京UFJ提供資料（伊藤（和），2011）。

め，内部プロセスには価値毀損回避プロセスの戦略目標が設定される。これらの内部プロセスを下支えするために学習と成長の視点として，人材，組織文化，経営情報インフラとITの戦略目標が設定されている。

　企業戦略の戦略マップを構築する前に，東京三菱UFJなどの部門の戦略マップが構築される。リテール部門，法人部門，国際部門，市場部門，事務・システム部門，コーポレートセンターからなる部門の戦略マップが構築され，これを統合して本部の観点から全行の戦略マップが構築される。これを落とし込んで部門の戦略マップが確定する。本部と部門のコミュニケーションが戦略マップを通じて行われている点が，MUFGの大きな特徴である。つまり，本部による事業戦略の統合と企業戦略の落とし込みは，戦略策定を担当する企画グループが調整役となり，共通のKPI，目標値，ウェイト配分を設定している。事後には企画グループが戦略の達成度をモニターし，評価を行っている。

## 4　アラインメントと企業戦略の実行

　第3節では企業戦略のアラインメント，すなわち企業戦略と事業戦略の連携に関わる3社の事例を紹介した。本節では，これらの3社の事例をシナジーの創造とアネルギーの抑制に区分して，3社がいかにアラインメントをとっているかについて検討する。

### 4.1　シナジーによるアラインメント

　ボトムアップのアラインメントを実践するリコーでは，本社が立案する中期経営計画を実現できるように財務目標をベースにシナジーを図り，その財務目標を事業部に配分していた。事業部間への目標配分は，SBUと機能組織の間で調整して決める。これをマトリックスで実現している。中期事業計画から事業計画，事業戦略が財務目標で一貫性を図るという特徴がある。リコーが実現しているシナジーは財務シナジーである。財務シナジーとは，低価格で購入した事業を高く売ったり，多角化した事業部に全社的に効果的な資源配分をすることである。このボトムアップによる企業戦略と事業戦略の連携は財務にのみ焦点を当てているために，財務以外のシナジーを図りにくいという限界がある。言い換えれば，財務によるシナジーがすべてを制する，結果は財務シナジーに帰着するという考え方の企業にとっては一考する価値がある。環境変化が激しいために，事業部に戦略策定を任せている企業に適している。あるいは，本社が事業戦略をほとんど知らない場合において，事業戦略を任せながら任せっぱなしにしないマネジメント・コントロールをとろうとする企業には適しているアラインメントである。

　トップダウンのアラインメントをとっているシャープでは，全社の中期計画を機能本部の戦略マップとスコアカードに展開している。この機能と本部の戦略マップおよびスコアカードを，事業本部の戦略マップおよびスコアカードとの間で調整を図っている。機能本部は，環境，生産技術，調達，特許，品質と

いった内部プロセスに注目してシナジーの創造を図っている。またブランド戦略推進部では，顧客の視点のシナジーを創造し，人事本部は学習と成長の視点のシナジーを創造する。しかし機能本部を統括する企業戦略としての戦略マップもスコアカードもないため，機能本部の戦略目標に優先順位をつけることはできない。機能本部の戦略目標をすべて実現するのであれば問題ないが，優先順位をつけようとすると事業本部や事業部は部分最適になる可能性がある。トップダウンのアラインメントをとっている事例として，第3章で紹介したキリンホールディングスは企業戦略を持っている。このような企業であれば，本社の全体最適を考えることもできるし，その枠組みの中で事業戦略に落とし込むことができる。このようなトップダウンのアラインメントをとるには，本社の経営者が事業の中身をよく知っている場合に機能すると言えよう。本社が事業をよく知らずに本社権限を振りかざそうとして，トップダウンのアラインメントをとるのは危険である。

　ミドルアップトップダウンのアラインメントをとっているMUFGでは，部門が策定した戦略マップを本部が統合し，全社的なシナジーの創造を図った結果を各部門へ落とし込んでいた。特に重視しているのは本部と部門のコミュニケーションであり，KPI設定とウェイト配分について時間をかけて調整していた。この本部と各部門のコミュニケーションによって，4つの視点ですべてのシナジーを図ることができるという特徴があった。このミドルアップトップダウンは，各部門が事業戦略の中心であり，それを本部が調整して，調整後の企業戦略を部門へ落とし込むことができる企業に適している。現場が環境を熟知しているため，事業や戦略を自ら策定できる能力があり，トップは各部門の調整を行うという企業のアラインメントである。

　以上より，リコーは本社による財務シナジーを重視するのに対して，シャープでは機能本部が顧客，内部，学習と成長の視点のシナジーを創造するアラインメントをとっていた。MUFGでは本部と部門が4つの視点でシナジーを創造するアラインメントをとっていた。シナジーの創造は特定の視点ではなく，4つの視点と結びつける方が効果的である。また，シナジーは機能本部が創造すると部分最適となる可能性があるため，本社もしくは本社と事業部のコミュ

ニケーションによって創造すべきである。

　ここで，シナジーを創造する企業戦略と事業戦略の連携は，どのタイプのアラインメントがより優れているかというものではない。むしろ，本社が事業をどの程度理解しているか，事業部や事業会社が本社からどの程度自由度を与えられているかによって適するアラインメント・タイプを選択すべきである。

## 4.2 アネルギーの抑制と事業戦略の整合性

　ボトムアップのアラインメントをとるリコーは，環境の視点を含む5つの視点に立って戦略が展開され，事業戦略のなかで環境の目標が扱われていた。アネルギーの抑制を環境の視点で扱うという特徴がある。しかし，因果関係を通じて環境の目標を事業戦略と結びつけているため，財務の成果と結びつかないアネルギーの抑制を扱うことはできない。たとえば，コンプライアンスや内部統制などを事業戦略として扱うことができず，業務プロセスに落とし込んでいる。

　トップダウンのアラインメントをとるシャープでは，アネルギーの抑制と結びつく戦略目標は環境安全本部とCSR推進室などで設定される。環境安全本部は機能本部であり，事業本部の戦略に絡めることができる。CSR推進室は本部ではないが，CSR推進室で策定した戦略マップの目標や尺度，目標値が事業本部に配分される。事業本部の事業戦略のなかにBSCを通じてアネルギーの抑制が組み込まれている。企業戦略のなかでアネルギーの抑制を考えずに機能本部が担当すると，部分最適な戦略へと導かれてしまう可能性がある。

　ミドルアップトップダウンのアラインメントをとるMUFGでは，企業価値毀損を回避する内部プロセスを構築することで，社会・環境という顧客価値提案を下支えしている。また，価値が毀損しないように，学習と成長の視点で経営インフラやITを整備している。さらに，コンプライアンスなどのアネルギーの抑制は全社的に統一した管理が求められる。そのため，本部企画部の中に戦略策定を担当する企画グループを組織していた。

　要するに，リコーは事業戦略のなかにアネルギーの抑制を取り込んでいた。シャープでは本部で企業戦略を策定しているわけではなく，機能本部もしくはCSR推進室がアネルギーの抑制を計画して，この目標や尺度，目標値を事業戦略に落とし込んでいた。三菱東京UFJは【お客さま】の戦略テーマとは別に，【社会・環境】という戦略テーマの因果関係を設定して，戦略マップを作成していた。これを本部に上申して本部が全体を調整して承認した後，事業戦略を下位組織に落とし込んでいた。

　環境への配慮は事業戦略と密接に絡むが，コンプライアンスや情報セキュリティは必ずしも事業戦略と直接的に絡まない部分がある。そこで，アネルギーの抑制を戦略として扱うには，まず環境ビジネスのような事業戦略との結びつきを考えるべきである。他方，事業戦略と結びつき難いアネルギーの抑制は，本社と事業部の間で戦略テーマを共有することによって，実行しやすくなるのではないかと考えられる。

## まとめ

　本章では，Ansoffによるシナジーの定義を明らかにした。いわゆる1＋1が2以上となることである。この定義によれば，シナジーを創出するには，シナジー創出の金額評価だけが重要ではない。シナジーというインタンジブルズを非財務指標で測定し管理すべきである。シナジーについては，共進化として積極的に動的な変化をさせながらコラボレーションをとるべきであると，Eisenhardt and Galunic（2000）が提案した。また，事業部横断的な組織を設定すべきであるとも提案している。しかし，わが国企業への共進化の導入を考えたとき，本社の役割がまさに共進化を進める機能であり，その本社の機能と事業部横断的な組織の機能との役割分担に問題が出てくると考えられる。そこで，企業戦略の課題を扱うのに，Goold and Campbell（1987）による本社と事業部の力関係による研究を選択した。

　Goold and Campbell（1987）は，本社の統合と事業部の自主性のどちらを

優先するかで3つのタイプに分類した。本章では，Goold and Campbellのタイプに基づいて，事例を使って企業戦略のあり方を検討してきた。シナジーの創造とアネルギーの抑制という点から，BSCを用いるわが国の事例に基づいて企業戦略のあり方を検討した結果，以下の3点が明らかとなった。

　第1に，ボトムアップで事業戦略を策定するリコーでは，財務シナジーのみに焦点を当てるという特徴が見つかった。財務シナジーのみ共有できれば，事業部の自主性に任せて事業戦略を策定し実行した方がよいという企業には，このようなボトムアップ・タイプが有効である。ボトムアップ・タイプでは，ブランド，内部プロセス，スキルや情報技術を共有するシナジーの創造を図ることが難しい可能性があることもわかった。

　第2に，トップダウンで事業戦略を策定するシャープでは，機能本部がアラインメントを担当している。トップダウン・タイプでは，機能本部の意向を目標，尺度，目標値という形で事業部に落とし込むことができることがわかった。つまり，統合という軸を重視する企業には，このようなトップダウン・タイプが有効である。ところが，本部が企業戦略を策定していない場合には，機能本部間で戦略目標の順位づけができず，部分最適となる可能性があるという課題が見つかった。トップダウンといっても，全体最適な戦略策定に導くとは限らないということも興味深い発見事項である。シャープが本格的な経営再建を成し遂げるには，これまで無視してきた企業戦略を持つことも必要ではないだろうか。

　第3に，ミドルアップトップダウンを採用するMUFGは，自主的に事業戦略を策定しながらも本部が全体最適を考慮に入れて企業戦略を策定している。ミドルアップトップダウンでは，事業戦略を本部に持ち上げて，本部が企業戦略として事業戦略を調整して承認し，承認された事業戦略を部門へ落とし込む。このようにミドルアップトップダウン・タイプで戦略を策定し実行している企業は，部門の自主性を尊重しながらも本部による統合を行いやすいことがわかった。ミドルアップトップダウンによれば，全体最適となるようなシナジーの創造を図ることができるとともに，企業戦略と事業戦略でアネルギーの抑制を扱うことができると考えられる。

## 参考文献

Ansoff, I.（1965）*Corporate Strategy*, McGraw-Hill, Inc.（広田寿亮訳（1969）『企業戦略論』産業能率大学出版部）.

Chandler, A. D.（1990）The Enduring Logic of Industrial Success, *Harvard Business Review*, Vol.68, No.2, pp.130-140（編集部訳（2007）「スケール・アンド・スコープ：産業成長の論理」『Diamond ハーバード・ビジネス・レビュー』2 月号, pp.118-134）.

Chapman, C. S.（2005）Controlling Strategy, in C. Chapman（ed.）, *Controlling Strategy : Management Accounting and Performance*, Oxford, Oxford University Press（澤邉紀生・堀井悟志監訳（2008）『戦略をコントロールする―管理会計の可能性―』中央経済社）.

Eisenhardt, K. M. and D. C. Galunic（2000）Coevolving : At Last, a Way to make Synergies Work, *Harvard Business Review*, Vol.78, No.1, pp.91-101（有賀裕子訳（2001）「共進化のシナジー創造経営」『Diamond ハーバード・ビジネス・レビュー』8 月号, pp.44-59）.

Goold, M. and A. Campbell（1987）Many Best Ways to make Strategy, *Harvard Business Review*, Vol.65, No.11, pp.70-76（中辻萬治訳（1988）「多角化企業の戦略決定 3 方式の強みと弱み」『Diamond ハーバード・ビジネス』2-3 月号, pp.4-11）.

Goold, M. and A. Campbell（1998）Desperately Seeking Synergy, *Harvard Business Review*, Vol.76, No.5, pp.131-143（西尚久訳（2002）「シナジー幻想の罠」『Diamond ハーバード・ビジネス・レビュー』8 月号, pp.96-109）.

Hofer, C. W. and D. Schendel（1978）*Strategy Formulation : Analytical Concepts*, West Publishing（奥村昭博・榊原清則・野中郁次郎共訳（1981）『戦略策定』千倉書房）.

Kaplan, R. S. and D. P. Norton（1996）*The Balanced Scorecard : Translating Strategy into Action*, Harvard Business School Press（吉川武男訳（1997）『バランス・スコアカード』生産性出版）.

Kaplan, R.S. and D.P. Norton（2004）*Strategy Maps*, Harvard Business School Press（櫻井通晴・伊藤和憲・長谷川惠一訳（2005）『戦略マップ―バランスト・スコアカードの新・戦略実行フレームワーク―』ランダムハウス講談社）.

Kaplan, R.S. and D.P. Norton（2006）*Alignment, Using the Balanced Scorecard to create Corporate Synergies*, Harvard Business School Publishing Corporation（櫻井通晴・伊藤和憲監訳（2007）『BSC によるシナジー戦略』ランダムハウス講談社）.

Kaplan, R.S. and D.P. Norton（2008）*The Execution Premium, Linking Strategy to Operations for Corporate Advantage*, Harvard Business Press（櫻井通晴・伊藤和憲監訳（2009）『戦略実行のプレミアム』東洋経済新報社）.

Nagumo, T. and B. Donlon（2002）Building a Strategy-Based Culture at Bank of Tokyo Mitsubishi, *Balanced Scorecard Report*, pp.10-12.

Simons, R.（2000）*Performance Measurement and Control Systems for Implementing Strategy*, Prentice-Hall, Inc.（伊藤邦雄監訳（2003）『戦略評価の経営学―戦略の実行を支える業績評価と会計システム―』ダイヤモンド社）.

伊藤和憲（2007）『戦略の管理会計』中央経済社。

伊藤和憲（2011）「企業戦略における BSC の有効性―シナジーの創造とアネルギーの抑制―」『会計学研究』第37号, pp.1-20。

伊藤邦雄・本田桂子（2001）「インタンジブルズ統合戦略：無形資産のアドバンテージ」,『Diamond ハーバード・ビジネス・レビュー』2 月号, pp.44-54。

伊藤嘉博（2001）「戦略的目標管理—リコーの事例」伊藤嘉博・清水孝・長谷川惠一『バランスト・スコアカード：理論と導入』ダイヤモンド社。

櫻井通晴（2008）『バランスト・スコアカード（改訂版）—理論とケース・スタディ—』同文舘出版。

林昌芳（2006）「シャープグループの戦略実行と戦略目標のカスケード」『管理会計学』Vol.14, No.2, pp.55-64。

# 事例で見る インタンジブルズのマネジメント
―日米企業の事例研究―

## はじめに

　第2章の第3節で明らかにしたように，インタンジブルズを戦略の策定と実行の目的で測定し管理するには，バランスト・スコアカード（Balanced Scorecard : BSC）の活用が効果的である。このBSCは，米国やヨーロッパだけでなく，日本を含む国々の多くの組織で導入されている。*Bain & Company Management Tools & Trends 2013*によれば，トップ10の経営ツールの中でBSCは2008年から6位に入り，2012年には5位に繰り上がった[32]。また，10年以上前から継続して回答者の4割を超える企業で利用されており，その満足度も5点リッカート・スケールではほぼずっと4点をマークしている。

　このような傾向からわかるように，BSCはすでに導入を推進する段階から，戦略をいかに実行するかが問題となっている（Kaplan and Norton, 2008, p.3）という段階となった。戦略が成功するには，かつては戦略の策定の検討が中心であったが，今日では戦略の策定だけでなく，戦略をいかに実行するかに問題が移ってきた。戦略の策定と実行に関わる課題は工場や製品といった有形資産と結びつくケースが多かった。ところが昨今は，卓越した業務や顧客関係性重視，あるいは製品リーダーシップといった戦略テーマを実現しようとすると，有形資産だけでなく，人的資産，情報資産，組織資産といったインタンジブルズと関連して企業価値を創造することの意義が認識されるようになった。本章

---

32) *Bain & Company Management Tools & Trends 2013*の調査結果によれば，1位戦略的計画，2位CRM，3位従業員エンゲージメント調査，4位ベンチマーキングに続いて，BSCは5位に入った。これについては，以下のURLで確認できる（2013/05/20現在）。
　http://www.bain.com/management_tools/BainTopTenTools/default.asp.

では，戦略の策定と実行をインタンジブルズのマネジメントと関連づけて検討する。

　人的資産，情報資産，組織資産のマネジメントに関わって，本章では3つの検討課題を取り上げる。第1はインタンジブルズの測定と管理のあり方，第2はインタンジブルズ間の関係をどう考えるか，第3は戦略策定のためのインタンジブルズはマネジメントできるかである。

　第1に，インタンジブルズの測定と管理として人的資産構築プログラムがすでに提案されており，そのなかでレディネス評価を行うことでインタンジブルズが効果的に管理できるという事例が紹介されている（Kaplan and Norton, 2004, p.238）。人的資産以外のインタンジブルズにも，レディネス評価は提案されている。しかし，インタンジブルズの優れたマネジメントとはどうあるべきか，という検討は行われてきていない。

　第2に，人的資産，情報資産，組織資産に関わるインタンジブルズは，戦略マップに描かれるすべての戦略目標間で因果関係を持ってマネジメントすべきである（Kaplan and Norton, 2004, p.13）。ところが，人的資産の構築の事例は，内部プロセスの視点を支えるインフラとして限定的に取り上げられている（Kaplan and Norton, 2004, p.199）。この事例では，戦略課題[33]が内部プロセスの視点の戦略目標にあり，その戦略目標の実行を支援するために特定のインタンジブルズを個別に対応できるケースであった。しかし，戦略課題が戦略マップ全体に関わるとき，人的資産など特定のインタンジブルズを構築するだけでは不十分であると著者は考える。

　第3としては，新たに戦略を策定するためのインタンジブルズについてである。この戦略策定のためのインタンジブルズをいかにマネジメントすべきかについては，従来問題視されてこなかった。とりわけ，新たな市場を創造するという戦略策定のインタンジブルズをいかにマネジメントすべきかについては，これまでほとんど検討が行われてきていない。

　本章の目的は，事業戦略を前提として，BSCの学習と成長の視点に焦点を

---

33）課題には，業務に関わる課題と，戦略に関わる課題がある。本章では，戦略に関わる課題として，戦略目標に関わる課題，戦略実行に関わる課題，戦略策定に関わる課題のすべてを対象にしている。

当てて，インタンジブルズをどのようにマネジメントすべきかを検討すること
にある。第1節では，インタンジブルズのマネジメントに関わって，インタン
ジブルズ研究の意義，学習と成長の視点の課題を明らかにする。また第2節で
は，課題解決の糸口として人的資産のマネジメントのタイプを紹介する。第3
節では，戦略課題のタイプごとにインタンジブルズのマネジメント事例を明ら
かにする。第4節では，インタンジブルズのマネジメントのためのレディネス
評価と，インタンジブルズの構築プログラムを検討する。また，インタンジブ
ルズのマネジメントを，戦略目標の支援か，戦略実行の支援か，戦略策定の支
援かによってマネジメントの仕方が異なることを検討する。最後に，本章で明
らかになった点をまとめる。

## 1　インタンジブルズのマネジメント

　インタンジブルズは，第2章で定義したように，無形の価値創造の源泉であ
る。このようなインタンジブルズをどのようにマネジメントすべきかという課
題がある。インタンジブルズのマネジメントは，ハードを対象とした有形資産
中心のマネジメントから，ハードだけではなく，ソフトも含む，すべてを対象
としたインタンジブルズ中心のマネジメントに移行したことに伴って，浮かび
上がってきた新たな課題である。このインタンジブルズのマネジメントに関わ
って，インタンジブルズ研究におけるBSCの意義，インタンジブルズのマネ
ジメントを展開している学習と成長の視点の課題，問題解決の糸口と考えられ
る人的資産のアプローチという3点を明らかにする。

### 1.1　インタンジブルズ研究におけるBSCの意義

　インタンジブルズがいま重要視されているのは，企業価値の多くの部分がイ
ンタンジブルズで創造されるからである。たとえば，伊藤（邦）・加賀谷（2001,
pp.6-22）によれば，オフバランスではあるが，株主にとって看過できない重

要な資産がインタンジブルズであると言う。また，Kaplan and Norton（2004）は，戦略実行のために学習と成長の視点のインタンジブルズのマネジメントを研究している。同様の研究として，Omila et al.（2011）は，スペインの企業を対象として，インタンジブルズをマネジメントすると，企業は高収益になるという仮説を検証している。Omila et al.によれば，2001年と2003年の人的要因に投資する企業，構造要因として革新的な活動へ投資している企業，顧客やパートナーと緊密な関係を持つように投資している企業は，そうでない企業よりも高収益になったという実証研究を明らかにしている。Omila et al.は，すべてのインタンジブルズではないとしても，インタンジブルズをマネジメントすることによって，企業は高収益企業になることを実証した。

　インタンジブルズの重要性に関わって，Kaplan and Norton（1992）がBSCを考案した理由として，伝統的なマネジメント・システムがROIやEPSといったように財務偏重のため短期志向になってしまったことと，また，それに伴いイノベーションや学習への投資が軽視されていることを挙げている。イノベーションと学習は，その後，学習と成長の視点と名称を変更するが，BSCを提案した当初からインタンジブルズの構築は大きな問題であった。さらに，櫻井（2008, p.11）も，BSCの最大の潜在的な利点は，企業価値の最大の要因となるインタンジブルズによる価値創造のプロセスを従来よりも優れた方法で戦略的に表現し，さらに検証できることにあると指摘している。以上より，インタンジブルズは企業価値創造の重要な部分であり，これを構築するのにBSCが貢献できる部分があるということがわかる。

## 1.2　学習と成長の視点の課題とその先行研究

　BSCでは，インタンジブルズを学習と成長の視点で構築する。他の視点と比較すると，学習と成長の視点においては，戦略目標と成果尺度の設定が難題である（伊藤（和），2011）。なお，学習と成長の視点の戦略目標を設定しようとするとき，戦略的実施項目しか設定できないとか，成果尺度を設定しようとしてもプロセス指標しかないという指摘を実務家から受けることがある。本章

では，このような質問にも答える。

　無形の価値創造の源泉であるインタンジブルズに対して，Kaplan and Norton（2004, p.49）は，人的資産，情報資産，組織資産という３つのカテゴリーで示している。人的資産とは，戦略を支援するのに必要なスキル，能力，ノウハウの利用可能性を指す。情報資産とは，戦略を支援するのに必要な情報システム，ネットワークおよびインフラの利用可能性を指す。組織資産とは，戦略を実行するのに必要な変化のプロセスを活用し維持する企業の能力を指す。Kaplan and Nortonは，これらのインタンジブルズは個別独立に測定して価値を持つものではないとして，人的資産，情報資産，組織資産の間に因果関係を図るべきだと指摘している（Kaplan and Norton, 2004, p.13）。

　ところが，BSCによるインタンジブルズのマネジメントに関わる研究は，人的資産に関わる研究（Chris et al., 2001 ; Koch, 2009），情報資産に関わる研究（Russell, 2008），組織資産については組織文化に関する研究（Deem et al., 2010），リーダーシップに関する研究（Pitt, 2009），動機づけに関する研究（Tayler, 2010）など，いずれも個別の資産を対象にした研究であった。研究テーマによっては，人的資産，情報資産，組織資産を個別に扱うべき課題もある。しかし，戦略を策定したり実行するには，人的資産，情報資産，組織資産が互いに密接に関連し合う場合が少なくない。

　本章では，インタンジブルズを個別に扱う場合だけでなく，多様なインタンジブルズに因果関係を持たせる場合についても取り上げる。また，インタンジブルズの戦略課題によって，インタンジブルズのマネジメントの仕方が異なることを，事例を用いて検討する。


## 2　インタンジブルズのマネジメント・アプローチ

　本節では，インタンジブルズのマネジメントを検討する前に，まず，人材マネジメントに基づいたタイプを明らかにする。その人材マネジメントのタイプを参考にして，インタンジブルズのマネジメントに関するBSCのアプローチ

を検討する。

## 2.1　人材マネジメントとしてのマネジメント・タイプ

　人材マネジメントでは，人材が知識を創造し活用する方法を考え出すことで企業価値を創造すると考えている。そして，こうして作り出された知識や活用方法がインタンジブルズであると考えられる。このようなインタンジブルズを構築すべき内容には，課題処理，不確実性への対応，知識創造という3つのタイプがある（守島，2011）。

　第1の課題処理のために考えるプロセスは，すでにある知識を応用して，どのような選択肢を適用すれば与えられた目標が達成できるかについて考えることである。選択肢の中から意思決定をして業務活動を行うのに，いまある知識を応用するというものである。長期的な利益が最大となるような意思決定をするように人材マネジメントをすることになる。ここでの前提は，従業員が情報処理や課題処理のために存在するということである。課題がすでに存在しており，その課題解決の方法もいくつか存在するという前提である。

　第2の不確実性への対応は，過去の状況と少し違ったり，変化が起こったりした状況下で，過去の経験と現実のデータをもとに選択肢を作り上げ，不確実

**図表5-1　人材マネジメントのマネジメント・タイプ**

| 課題（タスク）処理型貢献 | 問題解決型貢献 | 知識創造型貢献 |
|---|---|---|
| ・**内容**：あらかじめ予想された業務・課題の処理<br>・**既存研究**：これまで多くの人材マネジメント研究の対象 | ・**内容**：中程度の変化や異常への対応・問題解決<br>・**既存研究**：小池・猪木などによる問題解決型人材の育成に関する研究 | ・**内容**：知識創造が主な貢献<br>・**既存研究**：ほとんど人材マネジメント研究がない |

知識創造型貢献を支援する人材マネジメント研究のニーズの高まり　➡

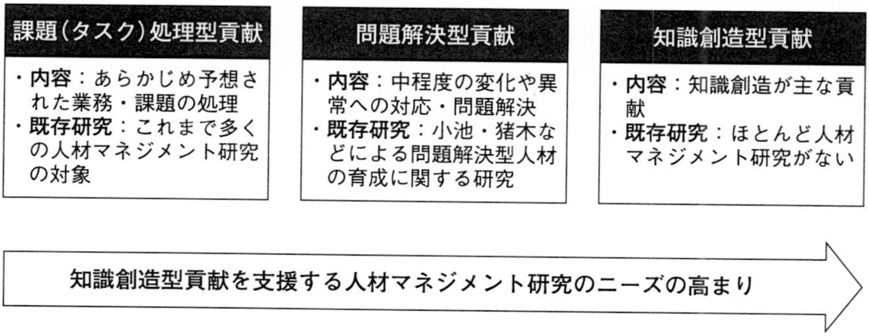

出典：守島（2011, p.27）。

性を減少させるように思考することである。変化への対応や非定型的な仕事に関する判断の能力が企業価値創造に対して大きく影響を及ぼす。このタイプでは，課題処理の要素だけでなく，知識創造の要素も同時に持たなければならない。つまり，目標を自ら考え出し，それを達成する選択肢も自ら考え出さなければならない。

　第3の知識創造では，課題そのものを発見したり，目標を自ら設定する。過去の経験や組織に存在する知識や情報をベースとしてこれらの組み合わせを変更する。それによって，知識や情報が新たな関係のなかで新たな意味を持つようになり，組織や企業に新たなイノベーションが生まれる。すなわち，知識創造性が組織のイノベーションを生み出していく。

　以上より，人材マネジメントでは，3つのタイプのマネジメントがあることがわかる。これを図示すると図表5-1のようになる。

　このように3つのタイプに区分した上で，守島（2011）は，これまでの人材マネジメントでは第1の課題処理型の研究が中心に行われてきたことを問題視している。と言うのも，第2の変化や不確実性への対応を考えることの方が組織では問題視されることが多い。また，問題解決型の方が組織への影響度も高いにもかかわらず，ほとんど研究がない。さらに，第3の人間の知識創造的な活動を効果的に行える人材を提供することで，競争優位のインタンジブルズを構築できる。しかし，この知識創造は，人材マネジメントとしては，ほとんど研究されてこなかったと守島は指摘している。著者もこの見解に同意する。

## 2.2　BSCによるマネジメント・アプローチ

　特定の個人のスキルやコンピタンスといった人材のマネジメントは，組織にとっても大きな課題である。戦略のマネジメントにとっては人的資産だけでなく，組織としてのリーダーシップや組織文化，チームワークといった組織資産も重要である。さらに，基幹システムや分析システム，これらのデータベース・マネジメント，さらには情報利用教育といった情報資産の構築も対象領域に含める必要があろう。要するに，戦略の策定と実行に関わるマネジメントのため

には，インタンジブルズを増加させるスキルやツール，文化などのすべてをマネジメントの対象とする必要がある。

　しかし，このような人的資産，情報資産，組織資産のインタンジブルズはすべて同列に測定・管理できるとは限らない。なぜなら，インタンジブルズの構築目的によってインタンジブルズをマネジメントする方法が異なると考えられるからである。その検討の糸口として，以下において，インタンジブルズのマネジメント・アプローチを明らかにする。

　人材マネジメントの３つのタイプを参考にして，インタンジブルズ・マネジメントの構築目的を３つのアプローチに区分する。３つのアプローチとは，戦略目標を支援する戦略目標アプローチ，戦略実行を支援する戦略実行アプローチ，戦略策定を支援する戦略策定アプローチである。これらを図示すると，図表5-2となる。

　図表5-2のうち，第１の戦略目標アプローチとは，課題はすでにはっきりしていて，その課題を解決する戦略目標もすでに判明している場合である。課題となっている戦略目標を達成するには，すでに明らかとなっているインタンジブルズを利用するアプローチである。

### 図表5-2　インタンジブルズの３つのマネジメント・アプローチの比較

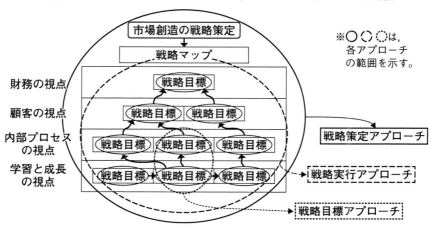

出典：著者作成。

　第2の戦略実行アプローチとは，戦略としての課題がある程度明らかな場合である。このアプローチには，その戦略の課題を解決するための戦略目標がはっきりしていない場合から，戦略の課題をある程度は仮定できるが，戦略目標や戦略目標との因果関係が不明な場合まで，不確実性にいろいろな範囲がある。したがって，どのようなインタンジブルズのマネジメントが効果的か不明であり，仮説を持ってインタンジブルズの構築を行う必要がある。

　第3の戦略策定アプローチは，戦略課題そのものが不明な場合である。課題が不明ということは，課題解決のための戦略目標やそれらの因果関係も不明であり，どんなインタンジブルズを構築すべきかも不明な場合である。

　わが国で行われてきた改善活動の多くは，もぐら叩きと言われるように，発生した課題をつぶしていくことに専心してきたと考えられる。このことは，戦略として課題を解決しようというアプローチではないために，日本には戦略がないと揶揄された（Porter, 1996）。インタンジブルズのマネジメントについても，必要に応じて検討されることはあっても，戦略課題を解決することは問題視されなかった。これに対してKaplan and Norton（2004）は，戦略課題を因果関係として捉えて，問題となっている戦略目標のパフォーマンス・ドライバーであるインタンジブルズをマネジメントするという第1のアプローチのインタンジブルズのマネジメントを提案した。しかし，わが国の実務では，危機意識は持っているが，この危機を脱却する戦略そのものが不明確である場合が多い。そうであるならば，第1のアプローチではなく，第2や第3のアプローチとしてインタンジブルズをマネジメントしていかなければならない。本章では，これら3つのインタンジブルズのマネジメントを事例に基づいて検討する。

## 3　事例で見るインタンジブルズのマネジメント

　前節では，インタンジブルズ・マネジメントのアプローチを3つに分類した。本節においては，この3つのアプローチ，つまり戦略目標アプローチ，戦略実行アプローチ，戦略策定アプローチについてインタンジブルズ・マネジメント

の事例を紹介する。戦略目標アプローチの事例は，Kaplan and Norton（2004, chapter 8）による。また，戦略実行アプローチについては著者の調査した事例に基づいたものであり，戦略策定アプローチについては，Kim and Mauborgne（2005）の事例と著者の調査した事例に基づいたものである。

<h2>3.1 戦略目標アプローチのインタンジブルズ・マネジメント</h2>

　戦略目標アプローチで人的資産をマネジメントしている事例は，Gray Syracuse社である（Kaplan and Norton, 2004, p.237）。冶金会社のGray Syracuse社では，戦略的ジョブファミリーに基づく人的資産開発プログラムを構築している。同社の人的資産の構築を図表5-3に示す。

　Gray Syracuse社のケースでは，人的資産マネジメントとして，4つのステ

**図表5-3　Gray Syracuse社の人的資産の構築**

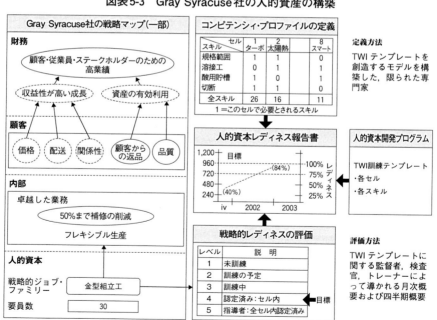

出典：Kaplan and Norton（2004, p.238）.

ップからなる人的資産開発プログラムが提案された。第1ステップでは，戦略課題となっている戦略的ジョブファミリー[34]を特定する。第2ステップでは，戦略的ジョブファミリーのコンピテンシー・プロファイル[35]を定義する。第3ステップでは，戦略的レディネスの実績評価と目標値を設定する。第4ステップでは，戦略的レディネスの目標値を達成するために，人的資産開発プログラムを実施する。以上の4つのステップを，人的資産レディネス報告書にまとめて管理する。以上のステップを順に明らかにする。

　第1ステップでは，戦略課題と戦略的ジョブファミリーを特定する。図表5-3の左にある戦略マップ上で，Gray Syracuse 社の戦略課題は，顧客の視点に「顧客からの返品」と書いてある。このことから，Gray Syracuse 社には顧客から不良品のクレームがきていたことがわかる。そこで，補修作業を50％下げることが急務であるという戦略課題が特定された。補修の増加原因を探るために，人的資産の戦略的ジョブファミリーという職務一覧表を調査したところ，金型組立工に失敗の原因があることが判明した。その原因は，30人いる初級レベルの従業員を教育訓練しないまま，組立業務につかせていた。

　第2ステップでは，戦略的ジョブファミリーのコンピテンシー・プロファイルを定義する。業務を行うためのコンピテンシー・プロファイルを明らかにするために，金型組立工に必要なスキル，それ以外のセルに必要なスキルといったように，それぞれのセルごとにスキルと人数のマトリックス表を作成した。

　第3ステップは，レディネスの定義および実績評価と目標値の設定である。それぞれのセルで必要なスキルと人数について，5段階で評価した。1段階のまだ訓練していない段階から5段階の指導者レベルまでをランク付ける。それぞれの人の現在のレベルと不良品が半減できるレベルを数値で設定する。その結果，現在のレディネス・レベル40％（400点）を，3年後に不良品が半減できるレディネス・レベル84％（810点）まで持ち上げるというレディネス（準

---

34) Gray Syracuse 社では，「補修の削減」という戦略にとって重要な内部ビジネス・プロセスにおいて，初級レベルの金型組立工に問題があることがわかった。このように，戦略実行にとって重要なプロセスを「戦略的ジョブファミリー」と呼んだ。

35) Gray Syracuse ではまた，戦略的ジョブファミリーに関わるすべての部署にとって必要なスキルを整理することを「コンピテンシー・プロファイル」と呼んだ。

備度）の目標値設定を行う。

　第 4 ステップでは，戦略的レディネスの目標値を達成するために人的資産開発プログラムを実施する。セルごとに TWI（training within industries：職場内訓練）という職業訓練のテンプレートにしたがって，スキルを磨くプログラムを実施することになった。

　Gray Syracuse 社の事例は，人的資産開発プログラムによって補修削減という戦略目標を達成する戦略課題を取り上げて，この戦略目標を支援するために金型組立工のスキルをレディネス評価したケースである。インタンジブルズの測定としてレディネス評価を行った点，また，人的資産開発プログラムによるインタンジブルズの管理を行っている点は高く評価できる。しかし，戦略目標アプローチは業務改善のように現場レベルの戦略課題には適用できるが，戦略課題が戦略マップ全体に関わる戦略実行であるとき，必ずしも効果的なアプローチとは言えない。そこで次項で，戦略実行アプローチを検討する。

## 3.2　戦略実行アプローチのインタンジブルズ・マネジメント

　戦略実行アプローチのインタンジブルズをマネジメントしている例として，自動車部品メーカーの A 社を取り上げる。A 社によると，同社を取り巻く自動車市場は，2007 年をピークに右肩上がりが終焉を迎え，先進国市場では需要が低迷した。リーマンショックの影響も 2009 年には市場の底を打ったと言う。そして今日，グローバルな自動車市場は二極化している。

　先進国市場では，ハイブリッドや電気自動車というように電動化が進んでおり，また低燃費の小型車や部品の小型化というように小型化の方向に向かっている。同様に，システム間連携による低燃費化といったようにシステム化も進展している。他方，インドや中国を中心とする新興国市場では，「新興国のコンパクトカー市場を獲得できなければ成長なし」と言われるほど需要が拡大している。すでに自動車市場の半分を超えている新興国市場対応の戦略テーマを検討することは極めて重要である。2 つの市場で異なる戦略が必要ではあるが，本項では先進国向け市場の問題解決を戦略テーマ[36]と捉えて，新製品開発に

よる原価企画活動の強化を検討する。

A社は，新製品開発を効果的に実現するために原価企画活動を徹底的に実施して，内部プロセスを再構築している。源流からのVE強化，節目管理の強化，およびこれを支援する原価企画力の向上である。これらの関係を図表5-4に示して，以下で順に明らかにする。

1）**源流からのVE強化**　大胆な原価引き下げを行うために，源流段階からの戦略的コスト・マネジメントである原価企画の強化を図った。原価企画を徹底するためのVE（value engineering：バリューエンジニアリング）強化を支援するために，VE活動を推進できる人材の確保，VEリーダーの育成，開発購買や仕入先を巻き込んだVE検討の活用が求められている。その具体策として，社内でリーダー育成を行っており，認定した社内リーダーには，VE情報を提供するとともに，情報交換会を開催して，VEの

図表5-4　原価企画活動の強化

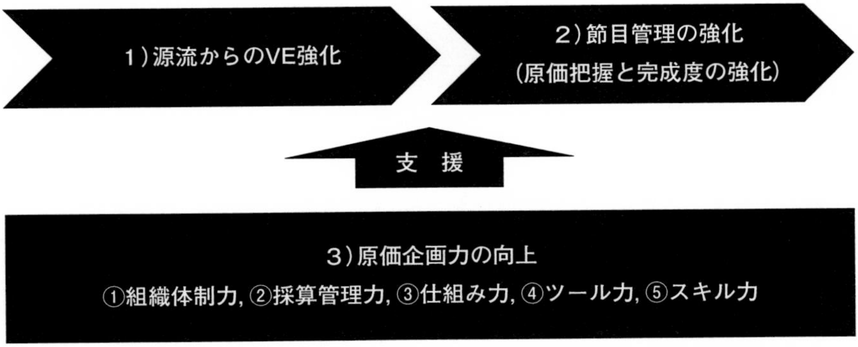

| 1）源流からのVE強化 | 2）節目管理の強化（原価把握と完成度の強化） |
|---|---|

支　援

3）原価企画力の向上
①組織体制力，②採算管理力，③仕組み力，④ツール力，⑤スキル力

出典：著者作成。

---

36）戦略テーマとは，「戦略をいくつかの一般的なカテゴリーにセグメント化するための方法」（Kaplan and Norton, 2001, p.78）であり，4つの視点にまたがる戦略の柱になる。また「限られた数の戦略的に重要なプロセスとして体系づけられたもの」（Kaplan and Norton, 2004, p.49）でもある。A社では，少なくとも先進国向けの新製品開発と新興国向けの低コスト技術開発の2つの戦略テーマを持っている。これら2つの戦略テーマは，グローバルな競争優位を確保しようという戦略を細分化したものである。

横展開を行っている。その結果，VEリーダーが2008年と比較して2011年現在は4倍に増加した。

2）**節目管理の強化**　節目管理ではDR/CR（デザイン・レビューとコスト・レビュー）が行われる。コスト・レビューで見積原価の精度が高くなかったために，VE提案の達成度もあまり良くなかった。そこで，節目管理の強化を支援するように，目標原価が未達になるリスクを把握できるようにした。VE提案の実現確率として，確実に実現可能というA，ある程度実現可能というB，努力すれば実現できるというC，相当努力しないと達成困難であるDの4ランクに分け，層別管理を確実にするリスク評価を行った。その結果，次のステップに移行するかどうかを決めるガイドラインが構築できた。また，完成度が高まることで節目管理も強化した。

3）**原価企画力の向上**　源流からのVE強化と節目管理の強化という原価企画活動を支援する原価企画力の向上を図った。A社では原価企画力を，組織体制力，採算管理力，仕組み力，ツール力，スキル力に分類して測定・管理している。

① **組織体制力**　製品企画，構想設計，試作設計，生産準備，量産流動という開発プロセスで，関連部署をどの程度巻き込んでいるか，国内外のグループ会社をはじめ，仕入先まで役割分担できているかを表す。これらを対象に組織体制の完成度を測定・管理している。

② **採算管理力**　原価範囲としてどこまでを対象として原価企画が行われているか，事業部を超えた原価管理ができているか，予実管理ができているかを表す。これらを対象として採算管理力の有効度を測定・管理している。

③ **仕組み力**　内部プロセスの再構築として明らかにした源流段階からの原価企画の強化，節目管理の準備度を表す。これらが，どの程度準備できているかを測定・管理する。

④ **ツール力**　原価企画プロセスを支援するツールやコストテーブルなど

の見積ツール，改善の進め方のマニュアル，改善のノウハウ，改善事例の整備率を表す。これらの改善ツールがどの程度準備できているかを測定・管理する。

⑤ **スキル力**　原価企画に必要な人のスキルとして，見積力，改善力，推進力がどの程度まで備わっているかを表す。これらの原価企画のスキル力を測定・管理する。

原価企画力を高めることで原価企画活動が強化され，コスト競争力のある新製品開発が推進される。その結果，先進国向けの製品開発によって顧客ニーズに応えることができ，最終的に財務成果が期待できる。このことから，学習と成長の視点のインタンジブルズは内部プロセスの視点だけでなく，戦略テーマ全体を支援していることが理解できる。また，4.2項で述べるように，A社で原価企画力と捉えている5つのインタンジブルズの間に因果関係を想定することができる。

以上のように，A社では先進国向け新製品開発という戦略テーマの下で戦略を実行していた。グローバルな戦略で成功するには，市場創造する戦略を策定しなければならないケースもある。そこで次項では，戦略策定アプローチのインタンジブルズ・マネジメントを検討する。

## 3.3　戦略策定アプローチのインタンジブルズ・マネジメント

戦略策定アプローチは，市場創造する戦略そのものを構想するアプローチである。戦略の策定には市場創造の戦略策定と競争戦略の戦略策定があるが，本項の主たる考察対象は前者である。たとえば，新たな市場を創造するブルーオーシャン戦略では，戦略キャンバスによって新たな市場創造を策定する（Kim and Mauborgne, 2005）ことを提案している。図表5-5に，Southwest Airlines の戦略キャンバスを示した。

多くの航空会社が，価格低減や機内食の充実，あるいはラウンジの提供といった，いろいろなサービスをそつなくこなすのに対して，Southwest Airlines

図表5-5　市場創造する戦略を策定する戦略キャンバス

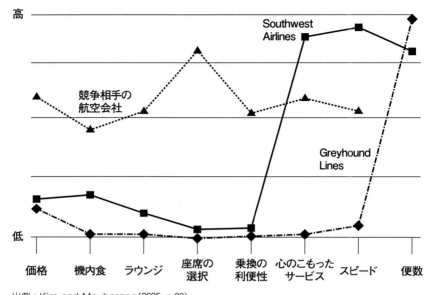

出典：Kim and Mauborgne（2005, p.38）.

では価格と便数に特化することが競争優位をもたらすと考えている。Greyhound Linesのバスが価格や便数を競争優位と考えているのと類似している。つまり，Southwest Airlinesでは競争相手を航空会社ではなく，Greyhound Linesのバスと競合する新たな航空市場を創造する戦略策定であることがわかる。同様に，市場を創造する戦略の策定には，その戦略を知らなければ，なぜその活動を行うのか理解できないようなキラーパスとなるクリティカル・コアを持つ戦略ストーリーを描く（楠木，2009）ことも提案されている。

　いったん戦略が策定された後であれば，戦略マップの学習と成長の視点で戦略に適合するインタンジブルズをマネジメントすることは可能である。しかし，市場を創造するには，そのような人材や組織文化といったインタンジブルズが必要である。市場創造するような戦略の策定を支援してくれるインタンジブルズの構築を行わなければならない。これをどのように管理すべきかと言えば，既存の戦略の策定と実行のマネジメント・システムである戦略マップとスコア

カードを用いるのが有効である。言い換えれば，戦略策定アプローチのインタンジブルズをマネジメントするには，いま実践している既存の戦略の下で行わなければならない。

　以上がSouthwest Airlinesの事例であるが，次に，いま１つ戦略策定アプローチのインタンジブルズ・マネジメントを行っているB社の事例を取り上げる。伊藤（和）（2007）の事例では，戦略目標アプローチや戦略実行アプローチの研修だけでなく，戦略策定アプローチの研修プログラムを持っていた。B社の研修対象は，30代から40代前半の海外派遣する担当職や管理職である。管理職などに，過去の失敗事例を通じて同社の事業投資のあり方やコンプライアンスのあり方を検討させている。つまり，変革リーダーの育成として，同社が失敗した実際の経営課題を疑似体験させている。事業投資の失敗は，企業の存亡に関わる経営課題となる場合がしばしばある。疑似体験によって，失敗から学ぶことはたくさんある。

　このように，リーダーの育成というインタンジブルズをマネジメントする手段として経営課題の疑似体験を行っている。もちろん，リーダーの育成だけで，戦略策定アプローチのインタンジブルズが構築できるわけではない。ほかにも，変革を推進する組織文化や価値観を共有させる必要もある。戦略策定アプローチのインタンジブルズを構築するには，疑似体験，新たな戦略を生みやすい組織文化，市場創造を重視する価値観の共有などが求められよう。これらを戦略マップとスコアカードでマネジメントしていかなければならない。

# 4　レディネス評価とインタンジブルズの構築

　戦略目標アプローチで考えられたレディネス評価は，戦略実行アプローチにも戦略策定アプローチにとっても必要である。そこで，4.1項では，戦略目標アプローチとレディネス評価の意義を検討する。また，4.2項では，戦略実行アプローチのインタンジブルズ・マネジメントを検討する。そして，4.3項では，戦略策定アプローチのインタンジブルズのマネジメントを検討する。

# 4.1 戦略目標アプローチとレディネス評価

　戦略目標アプローチでは，課題が戦略全体ではなく，特定の戦略目標の中にある。Gray Syracuse社で言えば，「顧客からの返品」を減少させるというのが戦略目標の課題である。この課題を解決するために内部調査したところ，新入社員が未熟なまま業務を行っていることがわかった。そのため，「補修の削減」という内部プロセスの戦略目標に落とし込んで，この戦略目標を支援する人的資産開発プログラムが構築された。人的資産開発プログラムを構築するには，まず，工場のすべての部署と各部署で必要となるスキルの一覧表を作成する。次に，現状のスキル・レベルと「補修を半減する」のに必要とされる目標値とするスキル・レベルを設定する。最後に，現状と目標値のスキル・レベルのギャップを埋めるように，人的資産開発プログラムが構築される。この人的資産開発プログラムのために用いられたのが，スキル・レベルを測定するレディネス評価である。

　Gray Syracuse社のレディネス評価とは，補修を半減するという内部プロセスの視点の戦略目標を達成する準備として，学習と成長の視点のスキル・レベルが整っているかどうかの準備度を測定することである。具体的な測定にあたっては，まずスキルの棚卸を行って，スキルごとに未着手，研修申請中，研修中，資格取得，指導可能といった成熟度によって，スキル・レベルを測定している。

　多くの企業の人材育成では，社内で研修プログラムを組んだり，外部の研修プログラムへの資金助成を行うケースが多い。ところが，人材育成の機会を与えるだけでは，人材が育成されたかどうかわからない。人材育成がうまくいっていなければ，インタンジブルズが役立つ内部プロセスの視点の戦略目標を支援することはできない。言い換えれば，レディネス評価という成果尺度を用いてスキルアップ度を測定することでしか，人材育成を測定することはできない。このことを教えてくれたのが，Gray Syracuse社の人的資産開発プログラムによるレディネス評価である。つまり，従来の学習と成長の視点の尺度は，研修への参加人数とか，情報システムの装備率といったプロセス指標を測定してい

た。これをGray Syracuse社では，レディネス評価を行うことによって，戦略目標の達成度である成果尺度の測定が可能になったということである。

##  4.2　戦略テーマ実現のための戦略実行アプローチ

　戦略実行アプローチでは，戦略全体に関わってインタンジブルズ・マネジメントが行われている点が特徴である。前節の3.2で取り上げたA社では，先進国市場が頭打ちとなり，電動化，小型化，システム化することで，先進国向け新製品開発を行うという戦略テーマを実行することになった。この戦略テーマは，内部プロセスの原価企画活動を再構築することで顧客ニーズにマッチさせて，原価低減と売上高増大を図り，結果として利益を増加できるという戦略仮説に基づいて策定されている。この原価企画活動を支援するために，インタンジブルズのマネジメントを行っている。

　このように，A社のインタンジブルズは，戦略テーマの戦略課題を解決するために，原価企画活動支援としてマネジメントされたものである。源流からのVE強化という戦略目標を支援するだけであれば，VEリーダーのスキルの向上という人的資産のマネジメントにより，その役割は達成できることもある。しかし，戦略テーマに関わるすべての戦略目標を支援するには，人的資産の開発だけでなく，組織資産と情報資産も含めてインタンジブルズ間の因果関係をすべてマネジメントしなければならない。このようなA社の戦略マップを示すと，図表5-6のようになる。

　レディネス評価については，A社のインタンジブルズの測定としても適用可能である。A社のインタンジブルズは，前節の3.2で明らかにしたように，組織体制力，採算管理力，仕組み力，ツール力，スキル力であった。Gray Syracuse社の前述した4つのステップからなる人的資産開発プログラムにしたがって，上述したA社のインタンジブルズのなかでも測定し難い組織体制力の構築を次に検討する。

　第1ステップでは，先進国向けの新製品開発という戦略課題を明示して，これを支援するインタンジブルズを特定する。第2ステップでは，新製品開発プ

図表5-6 A社の先進国向け新製品開発の戦略マップ

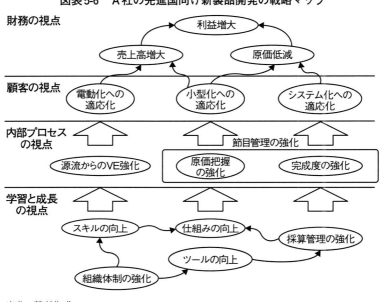

出典：著者作成。

ロセスごとに関連組織の役割を棚卸した上で，原価企画力として必要なプロファイルを定義する。第3ステップでは，組織体制力のレディネスを定義する。自部門だけで開発を行っているという第1段階から，グローバルに仕入先まで巻き込んで役割分担できているという第5段階までの成熟度を設定する。また，組織体制力の調査を行い，レディネスの実績値を測定するとともに，目標値を設定する。最後の第4ステップでは，レディネスの目標値と実績値のギャップを埋めるために戦略的実施項目を立案し，それを実施する。このようなステップを踏むことで組織体制力の成果が測定できるとともに，組織体制力の強化に効果的な実施項目を計画できる。

　A社のインタンジブルズは，組織資産として組織体制だけでなく，仕組み力と採算管理力もある。また，情報資産としてのツール力，人的資産としてのスキル力があり，これらの原価企画力を棚卸して，プロファイルを定義し，レディネス評価することができる。レディネス評価することができれば，実績値と

郵 便 は が き

101-8796

511

（受取人）

東京都千代田区
　神田神保町1−41

# 同文舘出版株式会社
### 愛 読 者 係 行

|||||||||||||||||||||||||||||||||

毎度ご愛読をいただき厚く御礼申し上げます。お客様より収集させていただいた個人情報
は、出版企画の参考にさせていただきます。厳重に管理し、お客様の承諾を得た範囲を超
えて使用いたしません。メールにて新刊案内ご希望の方は、Eメールをご記入のうえ、
「メール配信希望」の「有」に○印を付けて下さい。

| 図書目録希望 | 有 | 無 | メール配信希望 | 有 | 無 |
|---|---|---|---|---|---|

| フリガナ | | | 性　別 | 年　齢 |
|---|---|---|---|---|
| お名前 | | | 男・女 | 才 |

| ご住所 | 〒 |
|---|---|
| | TEL　（　　　）　　　　　　Eメール |

| ご職業 | 1.会社員　　2.団体職員　　3.公務員　　4.自営　　5.自由業　　6.教師　　7.学生<br>8.主婦　　9.その他（　　　　　　　　　　　　　　） |
|---|---|
| 勤務先<br>分　類 | 1.建設　2.製造　3.小売　4.銀行・各種金融　5.証券　6.保険　7.不動産　8.運輸・倉庫<br>9.情報・通信　10.サービス　11.官公庁　12.農林水産　13.その他（　　　　　　　　） |
| 職　種 | 1.労務　　2.人事　　3.庶務　　4.秘書　　5.経理　　6.調査　　7.企画　　8.技術<br>9.生産管理　10.製造　11.宣伝　12.営業販売　13.その他（　　　　　　　　　） |

目標値のギャップを埋める有効な戦略的実施項目を立案・実施することもできよう。このように，A社の事例から，人的資産開発プログラムによるマネジメントが，その他のインタンジブルズ構築プログラムにも利用できることがわかった。すなわち，学習と成長の視点で構築される人的資産，情報資産，組織資産というインタンジブルズは，インタンジブルズ構築プログラムを用いてレディネス評価することで測定・管理できることがわかる。

　A社の原価企画力の構成要素は，図表5-6の戦略マップの学習と成長の視点に示したように，組織体制力，採算管理力，仕組み力，ツール力，スキル力からなる。これらの構成要素の因果関係を以下で検討する。A社の人的資産，情報資産，組織資産からなる，この原価企画力は，A社の先進国向け新製品開発という戦略テーマを実現するために，学習と成長の視点で下支えするものである。

　製品開発に関連する設計，生産技術，購買，製造などの組織が，新製品開発に向けて組織体制が強化される。これによって，一方では，新製品開発への価値観が高まり，設計担当者のスキルアップが促される。また他方では，コストテーブルやアイディア集，あるいは改善事例などのデータベース・ツールのニーズが高まり，ツールの強化が行われる。ツールが強化できると，原価企画の対象となる製品範囲や原価項目が増えて採算管理が強化される。スキルアップが達成され，採算管理が強化でき，ツールも強化されれば，原価把握の精度が高まり，完成度評価が高まることで節目管理が強化できる。以上より，人的資産，情報資産，組織資産が，互いに密接に絡み合って，内部プロセスの視点の戦略目標を支援していることがわかる。

## 4.3　戦略策定アプローチのインタンジブルズの構築

　戦略策定アプローチにおけるインタンジブルズの構築は，どのように考えるべきであろうか。戦略策定アプローチは，市場創造と競争戦略のための戦略策定を支援するインタンジブルズを対象にしている。言い換えれば，事業戦略全体に関わる戦略課題が何も明らかとなっていないなかで，戦略策定のインタン

ジブルズを構築しなければならない。内山（2011, p.60）も，「策定された戦略を前提に，それと整合した人的資産の獲得・開発だけでは不十分であり，人的資産とそのマネジメントからする戦略の創発を包含したフレームワークの構築が求められる」と指摘している。外部環境としての戦略課題がない状況で，トップ自ら戦略課題を創造するタイプのインタンジブルズを構築するためには，過去の失敗や成功を模擬体験するしかないのではないかと考えられる。

　また，創発戦略を誘発する組織文化や価値観の共有といったことも重要になる。このように，戦略策定アプローチのインタンジブルズのマネジメントは重要であるには違いないが，マネジメントできるほどインタンジブルズが定型化していない。このような市場創造するインタンジブルズをどのように取り扱うべきかについては大きな課題である。この関係を図示したものが，図表5-7である。

　戦略策定アプローチは，ブルーオーシャン戦略の戦略キャンバスもしくは戦略ストーリーのキラーパスで市場創造する戦略の策定であり，そのようなツールを利用したり，あるいはそのような戦略策定を促進させる組織文化を醸成す

**図表5-7　インタンジブルズのタイプとそのマネジメント**

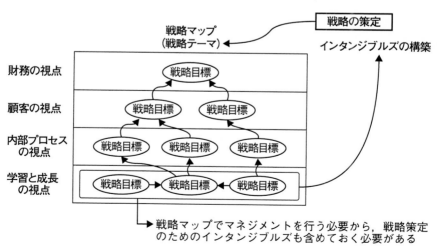

出典：著者作成。

る必要がある。戦略策定のインタンジブルズを構築するとき，いま実行中の戦略マップとスコアカードとは異なるマネジメント・システムを構築すべきだろうか。将来の混沌としたインタンジブルズの構築だけのためにマネジメント・システムを作成することはコスト・ベネフィットを考えると意味がない。そのため，市場創造する戦略策定のインタンジブルズを構築する場合であっても，既存の戦略マップとスコアカードを用いる以外に手はない。既存の戦略もしくは既存事業の延長線上にある戦略策定だけでなく，市場創造する戦略の策定であっても，既存の戦略マップとスコアカードのフレームワークにしたがって，インタンジブルズの構築を行わなければならない。実行中のスコアカードにそのような糊代を残してインタンジブルズの測定と管理をすることになろう。

　ここで，「糊代を残す」ことの意義を明らかにしておく必要があろう。「糊代を残す」とは，予測のつかないことには備えが必要だということである。たとえば，ソニーがベータマックスやミニディスクで失敗したのは，「誤った戦略の結果ではなく，優れた戦略と不運とが相俟って招いた結果だった」（Raynor, 2007, p.2）という指摘がある。つまり，現在の環境にフィットした戦略に固執していると，環境変化が起こって，異なる戦略を選択した競争相手が有利になることがある。このような戦略のパラドックスによって，優れた戦略は失敗する可能性がある。戦略のパラドックスを起こさないように不確実性に対処する案件への投資を行うことで，戦略的柔軟性を持つようにすべきだというのがRaynorの提案である。このように戦略のパラドックスを起こさないような能力をつけることが重要である。つまり，現在実行中のBSCに完全にフィットさせるのではなく，糊代を残してインタンジブルズの測定と管理をする必要がある。

　以上，戦略策定アプローチには，2つのタイプのインタンジブルズ・マネジメントがあることがわかる。一方は，戦略目標アプローチや戦略実行アプローチのように，既存戦略をベースにした学習と成長の視点で，レディネス評価によってマネジメントするタイプのアプローチである。他方は，従来対象とされてこなかったインタンジブルズであり，市場創造する戦略策定のためのインタンジブルズを構築するタイプのアプローチである。この戦略策定のインタンジ

ブルズを構築するには，戦略キャンバスや戦略ストーリーのキラーパスといったツールを用いる能力や，過去の自社と他社の失敗事例をデータベース化しておき，いつでも参照できるような情報技術の構築，あるいは戦略策定や創発戦略を促す組織文化，リーダーシップ，価値観共有といったインタンジブルズが求められよう。このようなインタンジブルズは偶発的に構築される可能性はあるが，既存の戦略マップの学習と成長の視点に，まだ明らかではない将来への投資として，前述のようなインタンジブルズへ投資する余地を残しておく必要がある。

## まとめ

　本章では，事業戦略のマネジメントと題して，インタンジブルズのマネジメントについて考察した。まずは人的資産のマネジメント・ツールとして提案されている人的資産開発プログラムによるレディネス評価の適応可能性を検討した。また，インタンジブルズの3つのマネジメント・アプローチを事例研究した。さらに，市場創造の戦略策定を支援するインタンジブルズ・マネジメントの取り扱いを検討した。その結果，次に示す3つのことが明らかとなった。

　第1は，戦略目標アプローチで実践されている人的資産開発プログラムを応用し，インタンジブルズ構築プログラムのステップとして一般化すれば，人的資産だけでなく，情報資産と組織資産にも利用できることである。つまり，インタンジブルズ構築プログラムを用いたレディネス評価は，インタンジブルズのマネジメントに有効に機能するということである。また，このインタンジブルズ構築プログラムによるレディネス評価は，インタンジブルズを成果指標により測定できるというメリットがある。

　第2に，戦略目標アプローチでは，内部プロセスの戦略目標を支援する人的資産を開発するだけでも戦略課題を解決できるケースがある。戦略実行アプローチでは，戦略マップに描かれるすべての戦略目標を支援するように構築しなければならない。また，戦略実行アプローチでは人的資産だけでなく，情報資

産，組織資産のすべてのインタンジブルズの因果関係を保ちながら，測定・管理する必要があることを明らかにした。

第3に，戦略策定アプローチのインタンジブルズは，市場創造する戦略を策定と実行を支援するように構築しなければならない。戦略策定を支援するインタンジブルズの構築として，情報技術の利用スキルや疑似体験による人的資産の構築，市場創造を生みやすい組織文化やリーダーシップ，価値観共有が重要である。同時に，このようなインタンジブルズへの投資を促す余地を残して戦略マップとスコアカードが構築されなければならない。また，将来のインタンジブルズへ投資の余地を残すことで，戦略のパラドックスへ対処できる可能性も生まれる。

## 参考文献

Chris M., B. J. Rowe and S. K. Widener (2001) HCS : Designing a Balanced Scorecard in a Knowledge-Based Firm, *Issues in Accounting Education*, Vol.16, No.4, pp.569-601.

Deem, J.W., B. Barnes, S. Segal and R. Prezionsi (2010) The Relationship of Organizational Culture to Balanced Scorecard Effectiveness, *SAM Advanced Management Journal*, Autumn, pp.31-39.

Kaplan, R. S. and D. P. Norton (1992) The Balanced Scorecard : Measures that drive Performance, *Harvard Business Review*, January-February, pp.71-79（本田桂子訳 (1992)「新しい経営指標"バランスド・スコアカード"」『Diamondハーバード・ビジネス・レビュー』4-5月号，pp.81-90).

Kaplan, R. S. and D. P. Norton (2001) *The Strategy-Focused Organization : How Balanced Scorecard Companies thrive in the New Business Environment*, Harvard Business School Press（櫻井通晴監訳 (2001)『戦略バランス・スコアカード』東洋経済新報社).

Kaplan, R.S. and D.P. Norton (2004) *Strategy Maps : Converting Intangible Assets into Tangible Outcomes*, Harvard Business School Press（櫻井通晴・伊藤和憲・長谷川恵一訳 (2005)『戦略マップ―バランスト・スコアカードの新・戦略実行フレームワーク―』ランダムハウス講談社).

Kaplan, R.S. and D.P. Norton (2008) *The Execution Premium, Linking Strategy to Operations for Corporate Advantage*, Harvard Business Press（櫻井通晴・伊藤和憲監訳 (2009)『戦略実行のプレミアム』東洋経済新報社).

Kim, W. C. and R. Mauborgne (2005) *Blue Ocean Strategy*, Harvard Business School Press（有賀裕子訳 (2005)『ブルー・オーシャン戦略』ランダムハウス講談社).

Koch, J.（2009）The Human Capital Factor at Hindustan Petroleum, *Balanced Scorecard Report*, Vol.11, No.2, pp.6-8.

Omila, J. C., P. C. Lorenzoa and A. V. Liste（2011）The Power of Intangibles in High-Profitability Firms, *Total Quality Management*, Vol.22, No.1, January, pp.29-42.

Pitt, M.（2009）Leadership Development as the Key to Organizational Change（and Success）, *Balanced Scorecard Report*, Vol.11, No.4, pp.14-16.

Porter, M.E.（1996）What is Strategy, *Harvard Business Review*, November-December, pp.61-78（中辻萬治訳（1997）「戦略の本質」『Diamondハーバード・ビジネス・レビュー』3-4月号, pp.6-31）.

Raynor, M. E.（2007）*The Strategy Paradox : Why Committing to Success leads to Failure（and What to Do About It）*, A Currency Book（櫻井祐子訳（2008）『戦略のパラドックス』翔泳社）.

Russell, R. H.（2008）Leveraging Information Assets to Execute Strategy, *Balanced Scorecard Report*, Vol.10, No.2, pp.6-10.

Tayler, W. B.（2010）The Balanced Scorecard as a Strategy-Evaluation Tool : The Effects of Implementation Involvement and a Cause-Chain Focus, *The Accounting Review*, Vol.85, No.3, pp.1095-1117.

伊藤和憲（2007）「ある商社の投資マネジメント・システム」『企業会計』Vol.59, No.11, pp.81-89。

伊藤和憲（2011）「戦略実行の成功と失敗の要因」『専修大学会計学研究所報』No.23, pp.1-21。

伊藤邦雄・加賀谷哲之（2001）「企業価値と無形資産経営」『一橋ビジネスレビュー』Vol.49, No.3, pp.44-62。

内山哲彦（2011）「インタンジブルズとしての人的資産の測定―戦略的マネジメントに向けて―」『千葉大学経済研究』Vol.26, No.1, pp.39-66。

楠木健（2009）「戦略ストーリーの"キラーパス"」『一橋ビジネスレビュー』Sum., pp.122-141。

櫻井通晴（2008）『バランスト・スコアカード（改訂版）―理論とケース・スタディ―』同文舘出版。

守島基博（2011）「知識創造を支える人材マネジメント」『一橋ビジネスレビュー』Sum., pp.24-37。

# BSCによる
# 事業戦略の可視化とカスケード
## ―海老名総合病院の事例研究―

## はじめに

　戦略の捉え方は，人によって，それぞれ異なる。Mintzberg et al.（1998, pp.4-7）は10タイプの戦略の学派を紹介し，さらに5つの戦略の定義を明らかにしている。まず，戦略とは将来への方向性もしくは将来に向けた計画としてのplan（計画）と定義する研究者がいる。また，戦略とは時を超えて一貫した行動を示すpattern（パターン）であると定義する研究者もいる。さらに，特定の市場における特定の製品の位置づけとしてposition（ポジション）としたり，企業の基本的理念に関わるためperspective（パースペクティブ）と捉えたり，競争相手の裏をかく特別な計略としてのploy（策略）と捉える研究者もいる。Simons（1995）[37]は，これらのうちployを除いた4つの戦略に有用なコントロール・レバーを提案している。将来を意図した戦略的計画のためには診断的コントロール・システムを構築すべきであると言う。また，意図した戦略がうまくいかないときは，経営者みんなが創意工夫して実現する創発戦略のためにインターラクティブコントロール・システムを構築すべきであると言う。

　特定の企業がコントロール・システムをいかに組み合わせるべきかについて正解はなく，企業のライフサイクル上の位置や戦略策定の仕方などにも依存すると言えよう。一般的には，バランスト・スコアカード（Balanced Scorecard：BSC）はインターラクティブコントロール・システムとして機能するが，診断

---

37) Simonsは，コントロール・レバーとして，信条システム，事業境界システム，診断的コントロール・システム，インターラクティブコントロール・システムの4つを取り上げている。ここでは，本章に密接に関係する2つのレバー，診断的コントロール・システムとインターラクティブコントロール・システムのみを取り上げた。

的コントロール・システムとして利用されるケースもある（Simons, 1999,
p.209）。

　本章では，インタンジブルズのマネジメントにとって重要となる戦略のカス
ケード，つまり事業戦略を業務計画へどのように落とし込むかについて検討す
る。このカスケードができなければ，インタンジブルズのマネジメントを効果
的に実行することはできない。具体的には，戦略の策定とカスケードした業務
計画の両者の計画をコントロールするために，BSCを利用したケースを紹介
する。このケースの意味は，BSCが同じ組織の中で2つのコントロール・シ
ステムとして矛盾なく機能させていることにある。

## 1　問題の所在

　戦略は，策定されるだけでは実務に適用できず，業務活動に落とし込まれて，
はじめて効果を発揮する。このように戦略と業務活動は密接に関わっている。
戦略と業務管理に関わるBSCの研究は，BSCを業務管理にカスケードする（落
とし込む）研究と，業務管理としてBSCを利用するという2つのアプローチ
により研究が行われてきた。

　第1のアプローチによる研究は，戦略を業務管理にどのようにカスケードす
べきかである。これについては，BSCと目標管理の連動（伊藤（嘉），2001,
pp.75-100；櫻井，2008, pp.186-190），BSCと方針管理の連動（山田・伊藤（和），
2005；乙政，2005；伊藤（和），2007, pp.122-123；乙政・梶原，2009；DeBusk
(G.K.) and DeBusk（C.），2012），BSCとダッシュボードの連動（Lorence, 2010,
pp.10-13）が提案された。ほかにも，BSCとマルコム・ボルドリッジ（MB）賞，
シックスシグマ，ベンチマーキングを連動するという提案（Kaplan and
Norton, 2008, pp.195-227）も行われてきている。BSCを導入するとき，現行の
業務管理ツールといかに統合もしくは連動させるかという課題は，実務にとっ
ては重要な問題である。

　BSCのカスケードでは，方針管理や目標管理のように，上位組織の指標を

下位組織へと落とし込む事例がある。たとえば，Mobil USM&R（C）（Kaplan, 1997）では，事業部長（レベル1）は戦略目標とその尺度を設定する。この尺度はすべての階層を伝わって，最下位層の運転手（レベル7）まで，類似する尺度が展開された。この事例は，指標が類似しているものを探すだけなので，それほど困難なくカスケードを行えるように思える。しかし実際にカスケードしてみると，トップの尺度から末端の社員まで類似した尺度で展開できない場合の方が多い。このようなときはどうするのか，という疑問が持ち上がる。

　これに対して，Niven（2002, p.209）が例示したカナダのNova Scotia Powerでは，本社のBSCを業務部門や支援部門へカスケードするとき，4つの視点，戦略目標，尺度をそれぞれの部門で改めて検討させている事例を紹介している。すべての組織が戦略マップとスコアカードを作成するという事例である。戦略策定に責任のない業務部門や支援部門がなぜ戦略マップを作成するのかについては明らかにしていない。戦略マップを業務部門や支援部門で作成する事例を多くの企業に応用するとき，戦略マップという戦略を策定する権限は業務部門や支援部門にもあるのか，という課題が持ち上がる。

　第2のアプローチによる研究では，BSCを業務管理ツールの代替として利用することである。これについては，Hansen and Mouritsen（2005）がBSCを用いた4つのケースを紹介している。すなわち，①部門間のコミュニケーションを図るためのツールとしてBSCを利用するケース，②BSCを用いて個人の目標管理に財務指標と非財務指標を取り込んだケース，③業務の標準化を推進するために類似部門間にBSCを用いたケース，④業務プロセスを改善するためにBSCを用いたケースである。これらはいずれも，BSCを業務管理に適用した事例である[38]。

　BSCと業務管理の研究には，上記のように2つのアプローチがある。第2

---

38) Hansen and Moritsenは，彼らの4つの事例を業務管理ツールの代替とは考えず，内部プロセス対応型の創発戦略であると解釈した。創発戦略であれば，実現された戦略を振り返ったときにある種のパターンができているはずである（Minztberg et al., 1998, p.12）。ところが，彼らの4つのケースでは，いずれも戦略が実現されたとは指摘していない。Hansen and Moritsenは，いずれのケースもBSCの構築がトップダウンではなく，現場自ら行ったという点だけを捉えて創発戦略と示唆している。これらのケースは，創発戦略ではなく，業務管理へのBSCの適用事例と解釈すべきであろう。

のアプローチでは，戦略のカスケードではないために，本章では取り扱わない。本章では，第1のアプローチであるBSCの業務管理へのカスケードを研究対象とする。

　本章では，戦略と業務へBSCの適用を検討するアクション・リサーチ[39]を行ったケーススタディを取り上げる。まず，第2節では，戦略と業務の違いと，診断的コントロール・システムとインターラクティブコントロール・システムの違いを明らかにする。続く第3節では，病院BSC（病院全体のBSC）のアクション・リサーチを紹介する。第4節では，看護部のBSCについてアクション・リサーチを紹介する。第5節では，コントロール・レバーとの関係で海老名総合病院のBSC実践を考察する。また，同病院のユニークなBSCの展開についても考察する。最後に本章をまとめる。

## 2　戦略と業務の違いとそのコントロール・システム

　本章で取り上げるケースは，戦略と業務の連携についてである。そこで，まず戦略と業務の違いについて明らかにする。次に，戦略と業務のコントロール・システムとして，診断的コントロール・システムとインターラクティブコントロール・システムがあるが，両者の違いを明らかにする。

### 2.1　戦略と業務の違い

　企業の経営活動は戦略策定，マネジメント・コントロール，およびオペレーショナル・コントロール（業務管理）[40]に区分できる（Anthony and Govindarajan,

---

39) アクション・リサーチとは，リサーチ・サイトへ積極的にアクションをとるフィールド・スタディのことである。

40) Anthonyは，戦略的計画，マネジメント・コントロール，オペレーショナル・コントロールに体系づけた。その後，AnthonyはGovindarajanとの共著で，戦略策定，マネジメント・コントロール，タスク・コントロールと体系し直した。本書では，戦略的計画をマネジメント・コントロールに含めることには賛成するが，課業を意味するタスク（作業）では，業務管理としての意味が薄れると考えて，オリジナルのオペレーショナル・コントロールのままとした。

2007, pp.6-8)。戦略策定は，新たな戦略の決定プロセスであるのに対して，マネジメント・コントロールは戦略実行のプロセスである。他方，オペレーショナル・コントロールは，特定の業務を効率的かつ効果的に遂行することである。

　BSCは，戦略マップとスコアカードを用いて，戦略の策定と実行を行うマネジメント・システムである（櫻井，2008）。戦略マップで戦略を策定して，戦略を可視化することができる。また，可視化した戦略を，スコアカードで測定し管理できる。このような戦略の策定と実行というBSCの機能は，Anthony and Govindarajanが体系化した戦略策定とマネジメント・コントロールにまたがる機能を持っていると言えよう。

　戦略の策定と実行をBSCで行うとしても，その戦略を現場の業務管理に落とし込まなければ，実行することは困難である。このために本書では，序章で統合型マネジメント・システムを提案した。戦略と業務を区分せず，一貫したマネジメント・システムとして捉えることを提案するためである。戦略を業務計画にカスケードすることが，戦略実行として重要な活動と考えられよう。また，現場での業務活動をモニタリングした結果，現場で創発戦略が形成される可能性もある。要するに，統合型マネジメント・システムとは，戦略と業務のPDCAサイクルを統合的に管理するという提案である。

　戦略がカスケードされた業務とは，現場での日常的な活動のことである。業務管理は，生産計画や方針管理，目標管理といった現場の日常管理で行われる。戦略を策定しても，これを業務に落とし込まなければ，戦略は絵に描いた餅となってしまう。すなわち，戦略を実現するには，業務計画に落とし込まなければならない。そのため，業務計画には，定型業務と，戦略が落とし込まれた戦略的業務が混在としたものとなる。業務計画を達成しなければ戦略は実現できないが，業務管理には，現場の日常管理という固有の機能がある。これらを業務管理のなかで効果的，かつ効率的に遂行しなければならない点に業務管理の難しさがある。

　以上，戦略と業務は，その経営管理の目的がそれぞれ異なる。戦略の管理は，戦略策定と，その実行を管理することである。業務の管理は，現場の定型的な日常活動の管理と，戦略が落とし込まれた活動の管理からなる。

## 2.2　戦略と業務のコントロール・システム

　戦略を実行するには，戦略を業務と関連づけるだけでは十分ではない。戦略のコントロールを行うようなシステムを構築する必要もある。このようなコントロール・システムとして，Simons（1995）は診断的コントロール・システムとインターラクティブコントロール・システムに区別した。これらのコントロール・システムは，意図した戦略と創発戦略とも関係がある。

　意図した戦略とは，経営者が競争上のダイナミックスと現在のケイパビリティを分析して，特定の製品市場で実現を試みる計画である。この計画は，経営者が達成したいと望む戦略である。これに対して，創発戦略とは，従業員が実験や試行錯誤を通して，予期せぬ脅威や機会に応えて企業で自然に発生する戦略である。これは，計画されていない戦略である。

　診断的コントロール・システムは，意図した戦略を実現された戦略に変換するためのマネジメント・ツールである（Simons, 1999, p.303）。診断的コントロール・システムは，計画としての戦略に関連する。診断的コントロール・システムによって，経営者は成果を測定し，結果を当初の利益計画および業績目標と比較できる。

　インターラクティブコントロール・システムは，経営者にとって，創発戦略をもたらすような実験や機会追求に影響を及ぼすマネジメント・ツールとなる（Simons, 1999, p.303）。Simons（1995, pp.96-97）は，診断的コントロール・システムと比較してインターラクティブコントロール・システムの特徴を4つ挙げている。①戦略に関わる情報に焦点があてられる，②すべての組織階層からの情報が重要である，③従業員相互間で情報のコミュニケーションがとられ，議論されることが望ましい，④データや仮説，アクション・プランについて検討する，である。

　インターラクティブコントロール・システムは，コミュニケーションをとっていれば，それで済むわけではない。まず，戦略の不確実性に関するデータを集めることが重要である。重大な変化を精査し，報告できる情報ネットワークを構築する必要がある。また，そのデータに基づいて，すべての組織間でコミ

ュニケーションをとるためには，情報が共有され，そのデータが信頼できるものとなっていなければならない。最後に，①何が変わったか，②なぜ変わったか，③どう対応すればよいか，といった疑問を絶えず投げかける必要がある。以上の特徴を持ったコントロール・システムが，インターラクティブコントロール・システムである（Simons, 1999, pp.220-221）。

　事業レベルでは，公式の計画と目標がなくても，コントロール・システムをインターラクティブに用いることで，経営者を一貫性のある創造的な探索プロセスに導くことができる。このシステムは，行動パターンとして戦略と関連する。業務の日々の活動と創造的な実験が，戦略の不確実性に応え得る，まとまったパターンとなって，時間を経て実現された戦略となる。

　以上より，戦略を実行するに際して，診断的コントロール・システムとインターラクティブコントロール・システムは異なる機能を持っていることが理解できる。ただし，これらはどちらか一方だけが機能すればよいというものではなく，これらのコントロール・システムのバランス（tension）が収益性の成長に結びついたとき，戦略の管理が実現される（Simons, 1999, p.304）。

## 3　海老名総合病院のBSC導入事例

　わが国でも，BSCを導入する医療機関が少しずつ増えてきた。本節では，著者が4年間関わってきた海老名総合病院へのBSC導入事例を紹介する。研究アプローチは，アクション・リサーチである。BSCに関わるすべての会議，研修，レビューへの参加，また導入計画の作成やその日程計画などを経営企画室と密接にコンタクトをとって進めてきた。本節では，このBSC導入のアクション・リサーチの結果の一部を明らかにする。3.1項では，BSC導入前後の病院の財務業績を明らかにする。3.2項では，海老名総合病院のBSC導入プロセスを紹介する。3.3項では，病院の戦略マップとスコアカードを紹介する。

## 3.1　財務業績とBSC

　海老名総合病院は，社会医療法人ジャパンメディカルアライアンス（JMA）の一組織である。JMAには，同病院以外にも海老名メディカルプラザ，介護老人施設，東埼玉総合病院などがある。海老名総合病院は，神奈川県の中央に位置する急性期病院である。なお，急性期病院とは，緊急・重症な状態にある患者に対して入院・手術・検査など，高度で専門的な医療を提供する病院である。近隣3市の人口は約33万人，県央2次保健医療圏の人口は86万人である。同病院の病床数469床，診療科23科，職員数758名の病院であり，2次〜2.5次救急を担当している。

　海老名総合病院は，2010年度にBSCを試行的に導入して，2011年度にBSCを本格的に導入した。そして2012年度の取り組みは，戦略のカスケード，つまり戦略を部門展開して業務計画へと落とし込みを行った。一度に病院全体に部門展開したわけではなく，2011年度に6つの部門（診療部外科，総合内科，糖尿病センター，医事課，薬剤科，看護部）で1年間試行段階を踏まえた上でのカスケードである。このカスケードは看護部だけではなく，診療部と非診療部のすべてで部門展開を行った。ところが，これまで測定したことのない指標を設定することになり，指標とその目標値の設定はうまくいく指標と，うまくいかない指標が出てきた。そこで，2013年度は病院全体でBSCに取り組みながら，業務へのカスケードを再度実施することにした。

　BSCを導入した効果は，図表6-1に示したように，BSC検討以前の2009年度，試行段階の2010年度，実行段階の2011年度，BSCのカスケードを行った2012年度の医業収益は，それぞれ97億7千万円，105億1千万円，111億6千万円，116億8千万円と着実に増加した。また，医業利益（営業利益）も3千万円，2億6千万円，3億3千万円，10億8千万円へと驚異的な躍進をしてきた。

　2010年度に利益が大幅に増加したのは，7対1看護体制と診療報酬改定が大きな理由である。また，2011年度に利益が大幅に増加した理由は，内山喜一郎院長によれば，BSCの導入であると言う。そして，2012年度はBSCを部門展開して，BSCが組織に浸透したことで業績が飛躍的に向上した。BSCが財務

図表6-1　海老名総合病院の業績推移

| 2011年度と2012年度の重点課題 | 年度<br>BSCの展開 | 2009<br>BSC導入前 | 2010<br>BSC試行段階 | 2011<br>BSC導入 | 2012<br>BSCの部門展開 |
|---|---|---|---|---|---|
| 医業利益・経常利益の確保・向上 | 医業収益 | 97.7億円 | 105.1億円 | 111.6億円 | 116.8億円 |
| | 医業利益（営業利益） | 0.3億円 | 2.6億円 | 3.3億円 | 10.8億円 |
| 断わらない救急医療 | 救急断わり件数 | ― | 1,269件 | 950件 | 829件 |
| ベット・コントロール機能強化 | 平均在院日数 | 13.0日 | 13.0日 | 12.2日 | 12.1日 |
| | 病床利用率（一般） | 79.20% | 79.30% | 78.80% | 80.30% |
| | 病床利用率（ICU） | 78.00% | 80.50% | 83.00% | 88.80% |
| クリニカルパスの推進強化 | 新規クリニカルパス数 | 4 | 0 | 21 | 12 |
| | クリニカルパス使用率 | 6.57% | 7.53% | 10.20% | 17.80% |
| 業務改善活動の強化・充実 | 院内業務改善取組数 | 18件 | 15件 | 15件 | 未集計 |
| 利益増加の理由 | | | 7対1看護体制 | BSC | BSCのカスケード |

出典：海老名総合病院の提供資料に基づいて著者作成。

業績に大きく貢献した理由を，まず明らかにする。同病院では，戦略マップで可視化した戦略目標の1つひとつを同時に達成するとは考えていない。中期計画と連動させて構築した戦略マップの戦略目標のなかから，年度ごとに重点課題をいくつか選択している。

　2011年度は，①断わらない救急医療，②ベット・コントロール機能強化，③クリニカルパスの推進強化，④業務改善活動の強化・充実，以上4項目を重点課題として取り上げた。これらの尺度として，救急断わり件数，平均在院日数，病床利用率，クリニカルパス数とクリニカルパス使用率，院内業務改善取組数を用いて測定している。これらの非財務指標は，同病院の組織能力であり，財務業績を向上するパフォーマンス・ドライバーとなっている。このような組織能力は，無形の価値創造の源泉であり，インタンジブルズと言えよう。

　なお，2012年度と2013年度の重点課題は一部修正となったが，ここでは2011年の重点課題に関わる指標の推移を見る。図表6-1より，BSC導入前後で比較すると，ほとんどの尺度が向上したため，財務業績も増加したと考えられる。経営企画室の高野洋氏によれば，「ベット・コントロールが財務業績に貢献したと考えられるが，病床利用率の定義式は2010年のものから2011年以降のもの

へと修正されており，改善の程度を測定することはできなかった」と言う。ベット・コントロールは，2011年よりも2012年の方がさらに改善している。このことから，戦略マップによって戦略を俯瞰しながら，重点課題，特にベット・コントロールに集中した結果として，財務業績が高まったと考えられる。

　また，2012年度の重点課題は，①中長期計画「Road to 2015」3 年目のアクション・プランを確実に実行し，安定経営を実現する，②安全管理体制の見直しと強化に取り組む，③救急医療は医療の基本，④「自ら考える組織」になる人財育成を目指す，の 4 項目である。これは，2013年度11月現在も継続している。

## **3.2** BSC導入のプロセス

　2009年12月に，JMA本部経営企画チームの高野氏より著者へBSCの支援を打診され，著者はこれを承諾した。2010年 2 月に内山院長と事前打ち合わせを行ったところ，同院長はTQMを導入したいと考えており，BSCを同時に導入することは職員にとって負担ではないかと心配していた。BSCのなかでTQMを同時並行的に扱えることの理解を求め，著者がBSCの導入を薦めた。そして同年 3 月27日，著者はJMAの理事長や理事に対してBSCとは何か，海老名総合病院がBSCを導入する狙い，導入のステップをレクチャーした。その結果，海老名総合病院での試験的導入が認められた。

　海老名総合病院でBSCを導入した理由を明らかにする。院長がBSC導入を本格的に企画し始めたのは，2009年10月であった。12月に本部で了解を得るためのプレゼン資料（本部経営企画チームの高野氏より提供）によれば，「専門職ごとの縦割り組織となってしまい，横の連携が弱」い。また，「顧客（患者）を中心にした組織になりにくい」ため，「病院長のビジョンが伝わりにくい」という点を挙げている。もう少し具体的に言えば，同病院には，①事業計画と実績の乖離，②全体最適の欠如，③職員の疲弊，④財務指標に偏った業績管理，⑤施設間・部門間のコミュニケーション悪化，という課題があった。

　2010年 7 月 8 日と15日に，内山院長が職員を前にしてBSCの試行を宣言した。

「これまでは職員1人ひとりが違う方向を見て仕事を行ってきたが，これから
は全職員が病院のビジョンという同じ方向に向かうためにBSCを導入する」
という院長の講演内容であった。また，2010年12月9日の中間レビューの開催
にあたり，「患者満足・職員満足・経営安定の実現」のために，BSCを戦略的
マネジメント・システムとして導入することを，内山院長が宣言した。

## 3.3　病院の戦略マップとスコアカード

　2010年4月から1年間は，BSCの試行を行った。著者は内山院長に対して，
医師1人ひとりにBSC導入を伝えるとともに，事あるごとに職員にBSCへの
協力を呼び掛けるように依頼した[41]。内山院長と本部から移籍した経営企画室
の高野氏が構築した病院の戦略マップとスコアカードを検討するために，院長
はじめ，看護副部長から医師などの上級マネジメントからなるシニアチームが
結成された。これをBSCプロジェクト・チームと命名し，著者がBSCについ
て2時間の研修を年間6回行った。また，医師会議でBSCを紹介したり，病
院幹部との課題の掘り下げなども併せて行った。その結果，2011年2月に，
2015年までの中期計画に基づく戦略マップとスコアカードが完成した。

　戦略目標の視点間の移動や戦略目標の修正などがあり，2013年度12月現在の
病院の戦略マップは，図表6-2のようになっている。図表6-2で，二重枠で示し
た戦略目標は，中期計画として法人にコミットした事業計画に関わる部分であ
る。顧客の視点の戦略目標は2つしかなく，戦略目標をたくさん設定している
のは業務プロセスの視点である。本来，戦略マップを作成するとき，4つの視
点の戦略目標の数でもバランスをとるべきであろう。現在の戦略マップは，顧
客の視点と業務プロセスの視点の戦略目標を比較すると，業務プロセスの視点
の方が4倍以上も多くの戦略目標を設定している。この点では，視点間のバラ
ンスがうまくとれているとは言えない。

　このような戦略マップに基づいて，スコアカードを作成した。スコアカード

---

41)BSCが失敗するもっとも大きな理由は，トップのコミットメントであると指摘する，森沢・黒崎（2003）
　の実態調査の結果を受けての指導であった。

## 図表6-2　海老名総合病院の戦略マップ

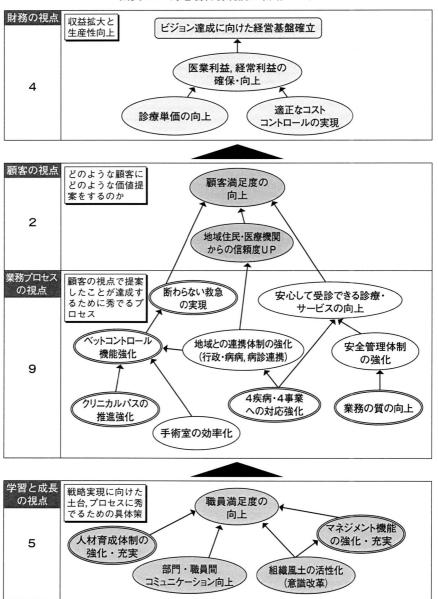

出典：海老名総合病院の提供資料。

図表6-3　海老名総合病院のスコアカード

| 視点 | 戦略目標 | 業績評価指標 | 2009年度実績値 | 2012年度目標値 | 2012年度実績値 | 2013年度目標値 |
|---|---|---|---|---|---|---|
| 財務 | ○ビジョン達成に向けた経営基盤確立 | 医業収益 | 9,766,113 | 11,159,254 | 11,681,874 | 12,030,619 |
| | | 入院診療単価 | 58,176 | 65,600 | 67,163 | 68,600 |
| | ○医業利益，経常利益の確保・向上 | 外来診療単価 | 17,136 | 17,584 | 19,029 | 18,015 |
| | | 経常利益率 | 1.78% | 4.12% | 5.88% | 5.78% |
| | | 人件費率 | 46.26% | 47.70% | 45.54% | 45.90% |
| | | 材料費率 | 32.11% | 30.70% | 30.04% | 31.50% |
| 顧客 | ○顧客満足度の向上 | クレーム件数 | 42件 | 17件 | 31件 | 31件以下 |
| | | ご意見箱感謝件数 | 17件 | 28件以上 | 44件 | 44件以上 |
| | | 待ち時間（外来） | 50.00% | 65.00% | 未集計 | 70.00% |
| | ○地域住民・医療機関からの信頼度UP | 新規入院患者数 | 863名 | 938.4名 | 957名 | 945名 |
| | | 紹介率 | 69.35% | 80.00% | 68.48% | 70.00% |
| 業務プロセス | ○安心して受診できる診療・サービスの向上 | 退院後6週間以内緊急再入院率 | 2.32% | 2.76%以下 | 1.80% | 1.8%以下 |
| | | 退院サマリー14日以内作成率 | ― | 100% | 90.00% | 100% |
| | | 入院診療計画書作成率 | ― | 100% | 76.70% | 100% |

出典：海老名総合病院の提供資料に基づいて著者作成（一部のみ表示）。

　のうち，主要な戦略目標について2009年度と2012年度の実績値，および2012年度と2013年度の目標値を図表6-3に示す。ここで，紙幅の都合ですべての戦略目標とその尺度，実績値と目標値を示しているわけではない。図表6-3より，医業収益の目標値も実績値も毎年増加していることがわかる。また，ほとんどの戦略目標で，目標値よりも良好となっていることが実績値より理解できる。
　財務の視点の戦略目標については，診療報酬に関わる指標を設定した。これを向上するためのパフォーマンス・ドライバーとして，その他の視点の戦略目標がある。顧客満足度の向上という戦略目標の指標として，クレーム件数，ご意見箱感謝件数，待ち時間を設定した。顧客満足度調査による満足度指数を考えたが，満足度を高めるよりもクレームを改善する方が，顧客満足度が上がると考えた。顧客満足度に関わる，これら2つの指標（クレーム件数とご意見箱感謝件数）の実績値は，同病院のストックとしてのインタンジブルズを表して

いる。つまり，年間でクレームがどの程度あったか，感謝が何件あったかという組織能力を示していると考えられる。一方，当病院は急性期病院のため，外来患者はほとんどいないが，退院後に訪れる外来患者を想定して，不満足要因として待ち時間[42]を指標とした。この待ち時間も，ストックとしてのインタンジブルズと言える。つまり，現在の同病院の実力としてのインタンジブルズである。

　クレーム件数や待ち時間そのものは，インタンジブルズのストックであるが，これらの改善はフローである[43]。図表6-3のスコアカードで言えば，特定の指標について異なる年度の目標値を比較すると，フローとしてのインタンジブルズの改善目標を計画することができる。スコアカードは，このようにインタンジブルズのフロー管理に用いることができる。

　以上のように，顧客の視点にもインタンジブルズはあり，それもフローとストックのインタンジブルズがあることが理解できよう。同様に，業務プロセスの視点と学習と成長の視点にもインタンジブルズがある。つまり，財務の視点以外の戦略目標は，フローもしくはストックによってインタンジブルズを測定することができる。パフォーマンス・ドライバーをすべてインタンジブルズと捉えることができるかどうかは，さらに検討する必要がある。しかし，スコアカードで計画されるのが，フローとストックのインタンジブルズであるとすれば，パフォーマンス・ドライバーの多くはインタンジブルズの可能性がある。

　ところで，海老名総合病院のBSCには，4つの特徴がある。第1の特徴は，BSC導入の目的をコミュニケーション・ツールだけでなく，戦略実行としたことである。医療機関では，BSCはコミュニケーション・ツールとして導入されるケースが多い。しかしながら，同病院では，当初より戦略の策定と実行をBSCの重要な目的としており，コミュニケーションは付随的目的であった。そのため，中期計画に盛り込まれた戦略をいくつかの戦略テーマに区分して，戦略テーマごとの戦略マップを作成した。ただ，導入時に戦略テーマをすべて

---

42) 病院の典型的な不満足要因が，待ち時間であることはよく知られている。
43) インタンジブルズのフローとストックとは，前者はある期間でインタンジブルズがいくら構築されたかを表し，後者はある時点でのインタンジブルズの状態を表す。

実行する余裕がないということで，戦略テーマごとに戦略マップを区分しなかった。

第2の特徴は，図表6-2の戦略マップにおいて明らかなように，Kaplan and Norton（1992）が提案した4つの視点をそのまま設定している点である。多くの医療機関では，財務の視点と顧客（もしくは患者）の視点を入れ替えたり，アウトカムの視点や医療の質を視点として設定するケースがある（伊藤（和），2008）。医療機関は営利企業とは異なるので，財務の視点を最終目的としないで，顧客の視点を最上位に置くケースが多い。しかし同病院では，各視点は時間軸が異なるため，因果連鎖にしたがって設定すべきという考えを採用した。

第3に，診療部までを巻き込んでBSCを導入しているという特徴がある。同病院では，病院としての戦略マップとスコアカードを作成しているだけではない。次節で明らかにするように，病院のBSCをカスケードして，看護部や医事課，あるいは医療技術部といった部門，さらに診療部まで巻き込んでいる。診療部へのカスケードは多くの病院で聖域化されている，つまり，カスケードされないケースが多いが，同病院では診療部にもカスケードをしているという特徴がある。ただし，診療部に対してはカスケードしたばかりで，成果はまだ出ていない。したがって，診療部へのカスケードがうまくいっているかどうかについては，今後経過を見る必要があるが，従来の病院の常識を考えれば，診療部へのカスケードを行うには，内山院長の努力は並大抵のものではなかった，と推し量ることができる。

第4の特徴としては，BSCとは直接関係のない委員会を機能させたことである。BSCの戦略目標の担当部署として委員会をそれぞれ設定して，BSCと各委員会を連携させた点を特徴として挙げることができる。たとえば，「断わらない救急の実現」という戦略目標は救急委員会，「クリニカルパスの推進強化」はクリニカルパス委員会を担当部署にするという具合である。すべての委員会が戦略目標を達成できるわけではないが，レビュー時に戦略目標の達成度と委員会のアクション・プログラムの進捗を確認することができる。

## 4　看護部へのカスケード

　海老名総合病院は，病院としてBSCを導入しているだけでなく，BSCを部門展開して，業務活動をBSCと連動させている。看護部の業務活動をBSCで展開しているので，本節では，その看護部へのカスケードを明らかにする。まず4.1項で，看護部のBSC導入プロセスを明らかにする。また4.2項で，看護部の業務計画関連図（看護部版戦略マップ）とマネジメントシート（看護部版スコアカード）を明らかにする。

## 4.1　看護部のBSC導入プロセス

　看護部では，病院BSCと同時並行して，看護部個別のBSCの検討を開始した。目標管理制度を導入していたため，看護部へのBSC導入に阻害要因はなく，むしろ好意的に導入された。看護部へのカスケードとは，病院の戦略課題と看護部の課題をナース1人ひとりの日常活動へ落とし込むことである。また，ナースは個人にカスケードされた個人目標の達成を目指して業務活動後に自己チェックを行うとともに，例外事項は日々病棟の中で，月次には病棟委員会で，

**図表6-4　看護部のPDCAサイクル**

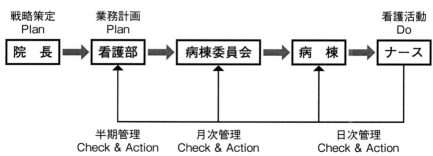

出典：著者作成。

半年ごとに看護部で，目標値と実績値の差異分析が行われる。その結果，それぞれの段階でアクションがとられている。この看護部のPDCAサイクルを示すと，図表6-4となる。

　看護部でBSCの検討を始めた理由を，看護部副部長の恩田美紀氏にヒアリング調査した。恩田氏によれば，BSCを導入する数年前から同病院に導入していた目標管理制度は形骸化していたと言う。目標管理には目標を設定するというメリットはあるが，その目標を達成するための手段がないというデメリットがある。恩田氏が2009年度に看護副部長になったとき，目標管理に代えて課題を階層構造で捉えるロジックツリー[44]を導入した。数年間ロジックツリーを作成してわかったことは，原因と結果の階層化を行うことはできたものの，図解しても何が重要な課題かは明らかにならないということであった。これに対処するため，緊急度と優先度のマトリックスに課題をプロットする図を作成することで1年間補った。しかしながら，図を2枚作成したために課題が複雑になってしまったと言う。

　2008年ごろより，恩田氏は看護部をまとめる方法を思案していた。2010年7月に，院長から同病院にBSCを導入するという提案とともに，職員へ病院BSCが提示された。恩田氏によれば，病院BSCとして示された戦略マップこそが看護部でコミュニケーションをとれる唯一の図だと直感的に思ったと言う。看護部の複雑となった業務課題を一覧できるだけでなく，病院の戦略と関連づけることができるからである。これが看護部でもろ手を挙げて，BSC導入の協力体制をとったという経緯であった。

　病院の戦略マップとスコアカードが完成すると，病院BSCのプロジェクト・チームとして研修に参加している看護師，医師，技師に部門への戦略の落とし込み（カスケード）が行われた。著者はBSCプロジェクト・チームの研修では，カスケードには2つのタイプがあることを提示した。第1のカスケードのタイプは，方針管理で用いられる特性要因図（フィッシュボーン・チャート）を用

---

44) ロジックツリーとは，問題解決ツールの1つで，問題をツリー上に論理展開していくものである。ロジックツリーを作成すると，表面的な問題から真の本質的な問題を発見することができると言われている。

いた提案である。このタイプでは，病院の戦略目標と，この達成度を測定する尺度（同病院では業績評価指標と呼称）を確認し，この戦略目標を達成するための各部門の指標を設定するように助言した。第2のカスケードのタイプとしては，病院の尺度と同じものをそのまま使用するか，病院の尺度に関連する指標を自由に設定するように助言した。

　これ以外にも第1節で示したNova Scotia Powerで実践しているカスケード・タイプがある（伊藤（和），2007）。これは，最上位の戦略マップで明らかにされた戦略目標を達成するために，下位部門でも4つの視点で戦略目標と指標を再度検討し直すというものであった。海老名総合病院に当てはめれば，病院の戦略マップをすべての下位組織でも4つの視点で戦略目標を設定して指標を検討し直すことである。多くの病院がBSCを病院全体で実現できない最大の原因は，繰り返しになるが，診療部へのカスケードにある。著者は，海老名総合病院では当初より診療部まで巻き込むことを考えていたので，Nova Scotia Powerのように複雑なカスケードを提案しなかった。できる限り容易なカスケードとしてMobil USM&R（C）が実践した事例のように，特定の戦略目標に対して上位階層と類似した指標を設定するように助言した。

## 4.2　看護部の業務計画関連図とマネジメントシート

　2011年2月，恩田氏から病院全体から看護部へのカスケードで困っているという連絡を受けた。看護部で何度となくミーティングを行った結果，看護部独自の戦略マップとスコアカードを構築して管理すべきだという結論に達したというのである。戦略マップの形式で業務計画を作成し，それをスコアカードの形式で指標管理することは問題がないと伝えた。ただし，戦略マップは病院の戦略を可視化するものであり，看護部としては業務計画関連図とすることを提案した。また，看護部は戦略の可視化ではなく業務計画の可視化であること，病院の戦略がカスケードされていれば業務計画は毎年再構築しても構わないことを伝えた。このようにして看護部は，2011年度の業務計画を2月に業務計画関連図として作成した。2013年度の業務計画に合わせて作成した2013年度の業

## 図表6-5　看護部の業務計画関連図

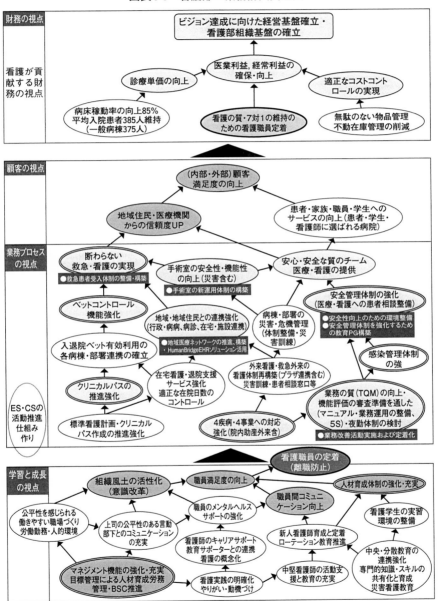

出典：海老名総合病院の提供資料。

務計画関連図を，図表6-5に示す。図表6-5において灰色で網掛けした目標は，病院の戦略マップの戦略目標である。

　2011年の東日本大震災の影響による計画停電のため，手術が激減し，職員のモチベーションが下がった。計画停電の終了とともに，手術の激増，それに伴う職員の過剰労働が職員間の軋轢を生んでいった。そのような状況下で，BSCの本格導入と部門展開の試行が開始された。職員間の気持ちのギャップが多くの看護師の離職を生み，7対1看護体制（患者7人に対して看護師1人の体制）を維持しようとする幹部の必死の対応がさらなる激務へとつながる1年となった。BSCを導入していたことが功を奏したのか，2012年5月10日の第1回スプリングレビュー[45]で，財務業績は過去最高になったという説明があった。職員の努力の賜物であり，職員のモチベーションが上がった瞬間であった。

　2013年度のスプリングレビューでも，財務業績は過去最高を更新したという

### 図表6-6　看護部のマネジメントシート（一部）

| 視点 | 病院戦略目標 | 看護部目標 | 業績評価指標 | 2010年度実績値 | 2011年度実績値 | 2012年度実績値 | 2013年度目標値 |
|---|---|---|---|---|---|---|---|
| 財務の視点 | ビジョン達成に向けた経営基盤確立 | | ・病床利用率 | 80.3% | 78.6% | 79.0% | 83.5% |
| | 診療単価の向上適正なコストコントロールの実現 | ・救急医療に貢献できる平均患者数・病床稼働の維持 | ・平均入院患者数 | 367人/日 | 375人/日 | 379人/日 | 385人/日 |
| | | | ・平均在院日数 | 12.5日 | 12.0日 | 12.0日 | 11.5日 |
| | 7対1看護体制の安定維持 | ・7対1看護体制の安定維持のための職員定着 | ・7対1看護師配置 | | | 270人一般病棟配置 | 275人一般病棟配置 |
| | | ・適正な在庫管理・非常時も想定した無駄のない在庫管理 | ・不動在庫減 | | | 在庫共有化完了 | （削減品数） |
| 顧客の視点 | 顧客満足度の向上（CS）ES・CS向上の仕組み・体制構築 | ・地域住民へ安全で質の高い看護の提供・顧客満足の向上のための接遇向上 | ・患者満足度（入院） | 4.46 | 4.32 | 結果未 | 4.4 |
| | | | ・看護師のケア満足度 | 4.33 | 4.24 | 結果未 | 4.5 |
| | | | ・待ち時間（外来） | | 実施せず | 実施せず | （　　） |
| | | | ・クレーム件数 | 34件 | 32件 | 24件 | 12件以下 |
| | | | ・ご意見箱感謝件数 | | 22件 | 10件 | 20件以下 |
| | | ・看護実習生に選ばれる病院づくり | ・奨学生数 | | | 奨学生42名 | 奨学生40名助5名・既卒20 |
| | | | ・2013年4月1日入職者数 | | | 一般7名 | |

出典：海老名総合病院の提供資料の一部掲載。

　説明があった。レビューへの参加者は例年にも増して多くの職員が集まったが，2012年度とは異なって，参加者は比較的冷静に説明を聞いていた。職員全員がBSCを意識しながら業務活動を行った結果として財務業績が向上したことに，大いに満足していた。他方では，2012年度末に突然の事務職員大異動の発令があり，これに対する職員全体の不満が爆発しそうな雰囲気であったが，2013年5月のスプリングレビュー開催のあいさつで，院長から謝罪と今後の対応策の説明がなされたため，何とかモチベーションを持ちこたえるという一幕もあった。

　ところで，看護部では，業務活動を測定し管理するためにスコアカード形式のマネジメントシートを作成している。このマネジメントシートの一部は図表6-6の通りである。

　マネジメントシートの業務計画を実現するために，看護部だけでなく，病棟，ICU，手術室，外来，委員会プロジェクト（看護部の自主的な小グループの活動），リソース[46]までの部門展開が示されている。実際には，さらに下位組織であるナース個人の日常活動へも展開している。

　業績評価指標（管理指標）には，看護部の個別指標と看護部全体の共通指標がある。看護部の業務計画がこれらの管理指標によって下位組織へ展開されている。病院の戦略と看護部の業務計画が確実に実現できるようにKPIという形にカスケードされている。ナース個人の目標値という形で設定されると，図表6-4で明らかにしたように，日常的には個人のPDCAサイクルが回され，病棟委員会で月次にPDCAサイクルが回され，最終的に半期単位で看護部のPDCAサイクルが回される。これらのPDCAサイクルには，病院全体と看護部の課題を同時に達成するために，診断的コントロール・システムが機能している。

---

45）海老名総合病院では，春と秋に，4日間毎日2時間半ずつを使って，戦略と部門展開の進捗状況をモニターし，検討するためのレビューを開催している。春はスプリングレビュー，秋はオータムレビューと呼んでいる。4日間の延べ参加者は500名を超えており，職員のコミュニケーションをとる機会となっている。ここで問題となった課題は毎月開催されるBSCプロジェクト・チームの検討会で問題解決が行われる。

46）リソースとは，リソースナースのことである。詳しく言えば，医療提供の質向上のために，病院全体・看護部全体へ働きかけや看護師の看護実践を直接支援する人的資源であり，専門性の高い知識・技術を持つ看護師のことである。

## 5　病院のBSCと看護部のBSCの意味

　海老名総合病院では，第3節と第4節で明らかにしたように，病院と看護部で戦略マップとスコアカードを同じ形式で作成している。本節では，これらの戦略マップとスコアカードが同じ意図を持ったものか，異なるものか，さらには異なるとしたら，どのような意味の違いがあるのかについて考察する。

### 5.1　病院BSCとインターラクティブコントロール・システム

　1年間の試行を経て病院BSCを導入した。この試行期間で，院長は院内会議のたびに，また院内webやニュース誌を通じて，職員に対してBSCの導入を訴えた。また，医師とは直接面談により，BSCへの協力とBSCの浸透を訴えた。BSC導入以前の院長は，職員が財務業績をまったく省みないことを問題視して，財務業績の重要性を職員に訴えてきた。ところがBSCの試行と同時に，財務業績は結果であるため，将来の財務業績と因果関係のある非財務業績の向上を訴えるべきであるとの認識に変わっていった。さらに，BSCプロジェクト・チームでBSC研修を毎月行うことで，職員の間で仲間意識が生まれた。また，この研修によって，BSCの理解が深まるとともに，院長が当初作成した戦略目標と尺度を検討する機会にもなった。

　戦略目標や尺度の検討課題として，たとえば，「断わらない救急医療の実現」という戦略目標を顧客の視点に当初設定していたが，業務プロセスの視点ではないかという意見が出て，顧客の視点から業務プロセスの視点へ移動した。また当初は，財務の視点の「診療単価の向上」という戦略目標の尺度として，「病床利用率」を設定していた。これは，病床利用率が診療報酬の獲得に関わるからという理由であった。BSCプロジェクト・チームで検討した結果，病床利用率は業務プロセスの尺度であり，「診療単価の向上」のパフォーマンス・ドライバーであるとして，財務の視点から業務プロセスの視点に移動した。

　BSCプロジェクト・チームによる議論のなかでは，「手術室の効率化」とい

う業務プロセスの視点の戦略目標に関して，その尺度として，これまで「17:30以降の手術時間」を設定していたが，収益もしくはコストという財務業績に修正したい，という提案がなされた。医師が自ら財務の視点に対する意識を高めることができるからという主張だった。これについて著者は，「手術室の効率化」が財務の視点の「診療単価の向上」のパフォーマンス・ドライバーであるとコメントして，提案を棄却した。ほかにも，随所でアクション・プログラム（戦略的実施項目）の見直しもなされた。

中間や期末レビューでも戦略にとって有効なコミュニケーションがとられ，インターラクティブコントロール・システムとしての機能が見られた。たとえば，業務プロセスの視点に「医療の質の向上」という戦略目標が設定されていたが，萩原医師から，「医療の質は病院の戦略全体に関わるものであり，戦略マップそのものが医療の質ではないか」という提案がなされた。これに対して，内山院長は，「業務改善の取り組みを医療の質としたが，院内業務改善取組件数と院外発表件数で測定していることが正しい」と回答して，2012年度からは「業務の質の向上」という戦略目標に修正することになった。

また，「断らない救急医療の実現」という戦略目標に対して「受入件数」という尺度を設定していたが，「受入率」にして欲しいという提案があった。これに対して院長は，「当院全体で検討しよう」と回答し，後日，BSCプロジェクト・チームから名称変更したBSC推進会議で検討したところ，恩田氏は，次のような発言をした。

「受入率の分母は受入要請件数であるが，これは正確にカウントできない。ホットラインにかかってきた電話に医師が受入拒否をしたとき，そのカウントをすることは現実的ではない。受入件数しか求められないのではないか。」

要するに，BSCの試行段階でも実施段階でも，病院BSCについて院長とBSC推進会議のメンバー，医師，あるいはその他の職員との間でインターラクティブコントロール・システムが機能していたことが理解できよう。

## 5.2　看護部へのカスケードと診断的コントロール・システム

　病院BSC導入の1年目は，併せてカスケードの試行を行い，2年目に，業務活動への落とし込みを本格的に実践した。看護部では，第3節で紹介したように，病院BSCのカスケードとして業務計画関連図を作成し，その管理のためにマネジメントシートを作成している。著者が，どのようにPDCAを回しているのかを看護副部長の恩田氏にヒアリングしたところ，回答の要点は，以下の通りである。

　看護部の業務計画関連図は，一方では科長を通じて病棟，ICU，手術室，外来といった小集団の看護師グループに落とし込まれる。他方では，入院センター，院内リスク，院内ICM，物流システム，外来・救急といった19の小集団による委員会にも落とし込まれる。これらの委員会のメンバーには，一部は病院委員会と同じメンバーで組織されることもあるが，看護部が業務計画を達成するために独自に組織化した委員会もある。このようにして，業務計画関連図

図表6-7　手術室管理のカスケード

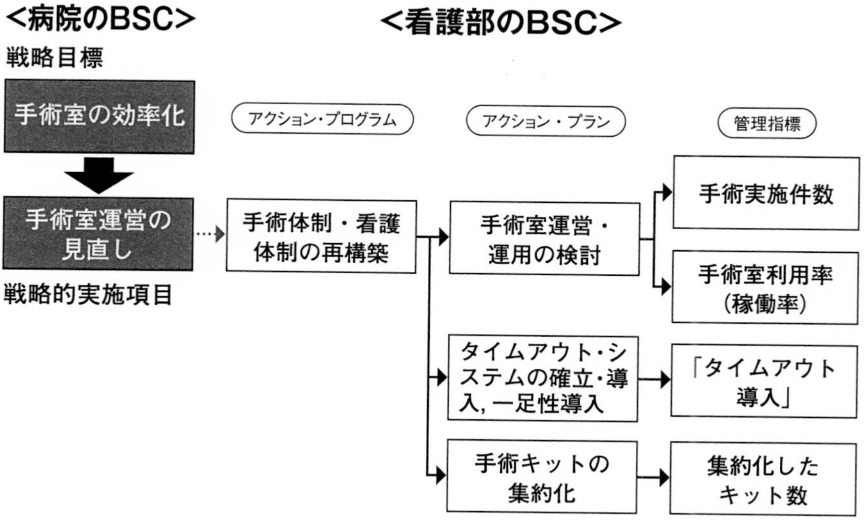

出典：著者作成。

に基づいて一部分は戦略が落とし込まれた活動と，日常的な活動が混在しながら業務計画が立案されて実行され，それらの活動後にナースによる自己管理が行われる。また，月末にすべての小集団が集まる病棟会もしくは委員会によるチェック管理が行われた後に，アクションがとられている。

たとえば，図表6-7に示した手術室管理のカスケードでは，文字を白抜きした部分が病院BSCの戦略目標と戦略的実施項目であり，黒字部分が看護部へのカスケードである。図表6-7からわかるように，手術室については，病院の戦略目標である「手術室の効率化」と，そのためのアクション・プログラムである「手術室運営の見直し」が設定されている。これらを看護部では，「手術体制・看護体制の再構築」というアクション・プログラムに落とし込み，さらにブレークダウンして「手術室運営・運用の検討」，「タイムアウト・システム[47]の確立・導入，一足制[48]導入」，「手術キットの集約化」というアクション・プランに落とし込んでいる。

これらのアクション・プランが効果的かどうかを管理するために，「手術実施件数」や「手術室利用率（稼働率）」，「集約化したキット数」という管理指標を設定している。いまのところ導入していないが，「手術開始前にすべての業務をいったん止めて，問題がないかを確認する」という活動の導入，つまり，「タイムアウト導入」を設定することも考えられる。この図表6-7から，アクション・プログラムやアクション・プランを行った結果について，指標で管理するという，方針管理の点検点を彷彿とさせられる管理となっていることが理解できよう。

次に，安全管理体制強化という戦略目標のカスケードについて，図表6-8に示す。白抜きの部分が病院BSCの戦略目標と尺度であり，黒字部分が看護部へのカスケードである。病院の「安全管理体制の強化」という戦略目標には，「入院患者の転倒，転落発生率」，「転倒におけるレベル３ｂ事例数」，「危険薬（イ

---

47) タイムアウトとは，ある時点で一時すべての作業を中止し，今回の手術について確認する作業である。
48) 一足制とは，手術スタッフが着替え履き替えなしに手術室エリアに入ることができるシステムである。以前は，感染対策の面から避けられていたが，履き替えを行っても行わなくても手術室の細菌汚染に差がないとする考え方が主流となり，一足制が薦められている。

ンスリン）誤投与件数」,「患者誤認による事故件数」といった尺度が設定され,看護部でも同じ尺度を業務管理指標としている。この指標の目標値を達成するために, 看護部の各小集団に関わるアクション・プランに落とし込まれている。その結果, これらもPDCAが回されて日常管理が行われている。つまり, 活動が行われたらその都度, 自己管理されるとともに, 月末には看護部全体で集まる病棟会や委員会でチェックとアクションがとられている。

　看護部のマネジメントシートは, 日常管理のために月次をサイクルとしたPDCAを回す部分である。この業務管理のPDCAサイクルを回す方法に, 2つのタイプがあることが明らかになった。一方は, 方針管理の点検点のような方法であり, アクション・プランの効果を測定するために指標があるというカスケードである。他方は, BSCで行われているような実績値と目標値のギャップを埋めるためにアクション・プランを立案・実施するというカスケードである。このように, 看護部において, 2つのカスケードの仕方が存在するのに

図表6-8　安全管理のカスケード

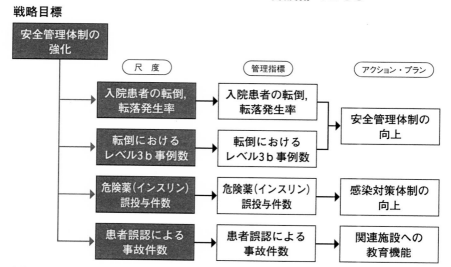

出典：著者作成。

は理由があると言う。

　看護部によれば，病院の戦略マップの戦略目標が設定されていて，看護部の業務計画関連図に示されているときは，図表6-8のように，スコアカードの構築にしたがって指標やアクション・プランを構築できる。他方，病院の戦略マップの戦略目標としては設定されていないが，業務管理目標として重要であるとき，看護部の業務計画関連図に描かれる場合がある。つまり，スコアカードに看護部の管理指標がない場合は，図表6-7のように方針管理の進め方にしたがって，アクション・プランを考えてから看護部としての管理指標を設定したと言う。

　これらの2つのアプローチのうち，BSCのカスケードの方が確実にギャップを埋めてくれるアクション・プランになると考えられる。しかし，末端の個人のアクション・プランまで落とされたときは，どちらのアプローチでも大差ないのかもしれない。このようにして，看護部では戦略が落とし込まれるとともに，業務計画を確実に実現できるようなマネジメント・システムが確立されていたと言える。

## 5.3　戦略と業務の連結ピンとしての看護部業務計画関連図

　看護部はコスト・センターであり，戦略策定の機能もないのに，なぜ戦略マップを作成しているのかについて検討する。看護部の戦略マップである業務計画関連図は，病院の戦略が看護部に落とし込まれる部分と，看護部の日常管理を徹底する業務目標の部分が混在したものとして立案される。この看護部の業務計画関連図は，看護部が立案した年間業務計画の鳥瞰図であるとともに，重点施策もしくは施策の優先順位を明らかにするものである。

　病院の戦略を部門展開するだけであれば，方針管理や目標管理などでカスケードできる。海老名総合病院でも診療部と非診療部への病院戦略のカスケードのために方針管理を指導した。ところが，看護部では，独自に看護部の業務計画関連図を描き，病院戦略と看護部の業務計画の関連を明らかにするとともに，看護部に関わる当年度の業務計画の重点課題を独自に特定していた。

　看護部の業務が病棟だけであれば，おそらく業務計画関連図は必要なかったように思える。しかし，病棟だけでなく，ICU，外来，委員会，リソースといった部門へとカスケードするとき，業務が輻輳してしまう（複雑に絡み合う）きらいがある。そこで，看護部独自に業務計画関連図を作成したものと考えられる。つまり，現場のエンパワーメントを高めるために，看護部としての重点課題を特定した。これとは別に，病院BSCをカスケードするときは，少なくとも看護部は業務計画関連図を作成することで，輻輳する業務計画を整理し重点課題を特定することができたのである。また，この業務計画関連図が，病院全体の戦略と看護部の業務の連結ピンとなることも興味深い事例と言えよう。

## まとめ

　本章では，インタンジブルズのマネジメントにとって重要な戦略のカスケードを検討してきた。具体的には，海老名総合病院をリサーチ・サイトとして，BSCを利用した2つのコントロール・システムとしての利用を明らかにするとともに，これらを検討してきた。つまり，海老名総合病院では，BSCという同じマネジメント・システムを用いて，Simonsの診断的コントロール・システムとインターラクティブコントロール・システムが機能していた。同一の病院でBSCを2つのコントロール・システムとして利用しているが，混乱なく実践できている。コントロールはパッケージとして考えるべきであるため，2つのコントロール・システムを同時に実行することは当然ではあるが，同じBSCを2つのコントロール目的に利用していることは興味深い。

　病院のBSCには，戦略の不確実性に対応するために，インターラクティブコントロール・システムとしての機能を持たせていた。それは，レビュー時に戦略修正というダブル・ループの学習効果が起こることを期待し，また，創発戦略を生む可能性も想定していたためである。

　これに対して，看護部にカスケードした業務計画関連図と看護部のマネジメントシートは，病院BSCと密接に関連しながらもさらに多くの尺度に落とし

込まれている。これらは、日常的にKPIでPDCAを回すために診断的コントロール・システムとしての機能を持たせていた。その結果、マネジメントシートに盛り込まれた年度KPI目標値を達成するように、看護部全職員が真剣に取り組むようになった。業務計画の見直しは年度ごとで、病院BSCに基づいて新たな業務計画を立案している。病院の戦略を所与としているところから、看護部のマネジメントシートはシングル・ループの学習を想定していることが理解できる。さらに、業務計画関連図を作成することで、看護部のエンパワーメントを醸成するという効果もあった。

以上より、BSCはインターラクティブコントロール・システムとしても診断的コントロール・システムとしても機能することがわかる。戦略のカスケードをBSCで行うことによって、職員全体のコミュニケーションがとりやすくなるというメリットがあった。また、1つの組織で同じBSCを使いながらも異なるコントロールに使用するというコントロール・パッケージを実現することもできる。インタンジブルズのマネジメントを行う上で、戦略をカスケードするときには、本章で紹介した事例が、大いに参考になると考えられる。

## 参考文献

Anthony, R. N. and V. Govindarajan (2007) *Management Control Systems*, McGraw-Hill Irwin.

DeBusk, G. K. and C. DeBusk (2012) Combing Hoshin Planning with the Balanced Scorecard to achieve Breakthrough Results, *Balanced Scorecard Report*, November-December, pp.7-10.

Hansen, A. and J. Mouritsen (2005) Strategies and Organizational Problems : Constructing Corporate Value and Coherence in Balansed Scorecard Processes, pp.125-150, in *Controlling Strategy : Managemet, Accounting, and Performance Measurement*, Oxford University Press, edited by Christopher Chapman（澤邉紀生・堀井悟志監訳 (2008)『戦略をコントロールする― 管理会計の可能性―』中央経済社).

Kaplan, R. S. (1997) Mobil USM&R (C) : Lubricants Business Unit, *Havard Business School*, 9-197-027.

Kaplan, R. S. and D. P. Norton (1992) The Balanced Scorecard : Measures that drive Performance, *Harvard Business Review*, January-February, pp.71-79（本田桂子訳 (1992)「新しい経営指標"バランスド・スコアカード"」『Diamondハーバード・ビジ

ネス・レビュー』4-5月号, pp.81-90).

Kaplan, R.S. and D.P. Norton（2008）*The Execution Premium, Linking Strategy to Operations for Corporate Advantage*, Harvard Business Press（櫻井通晴・伊藤和憲監訳（2009）『戦略実行のプレミアム』東洋経済新報社).

Lorence, M. J.（2010）One If by Land, Two If by Sea : Using Dashboards to Revolutionize Your Performance Management System, *Balanced Scorecard Report*, January-February, pp.10-13.

Mintzberg, H., B. Ahlstrand and J. Lampel（1998）*Strategy Safari : A Guide Tour Through the Wilds of Strategic Management*, Free Press（斉藤嘉則監訳（1999）『戦略サファリ―戦略マネジメント・ガイドブック―』東洋経済新報社).

Niven, P. R.（2002）*Balanced Scorecard Step-By-Step : Maximising Performance and Maintaining Results*, John Wiley & Sons, Inc.（松原恭司郎訳（2004）『ステップ・バイ・ステップ バランス・スコアカード経営』中央経済社).

Simons, R.（1995）*Levers of Control : How Managers use Innovative Control Systems to drive Strategic Renewal*, Harvard Business School Press（中村元一・黒田哲彦・浦島史惠訳（1998）『ハーバード流「21世紀経営」4つのコントロール・レバー』産能大学出版部).

Simons, R.（1999）*Performance Measurement and Control Systems for Implementing Strategy*, Prentice Hall（伊藤邦雄監訳（2003）『戦略評価の経営学』ダイヤモンド社).

伊藤和憲（2007）『ケーススタディ 戦略の管理会計』中央経済社。

伊藤和憲（2008）「医療の質とバランスト・スコアカード」『専修ビジネス・レビュー』Vo.3, No.1, pp.17-27。

伊藤嘉博（2001）「戦略的目標管理―リコーの事例」伊藤嘉博・清水孝・長谷川惠一『バランスト・スコアカード―理論と導入―』ダイヤモンド社。

乙政佐吉（2005）「方針管理とバランスト・スコアカードの関係に関する研究」『環太平洋圏経営研究』No.6, pp.103-135。

乙政佐吉・梶原武久（2009）「バランス・スコアカード実践の決定に関する研究」『原価計算研究』Vol.33, No.2, pp.1-13。

櫻井通晴（2008）『バランスト・スコアカード（改訂版）―理論とケース・スタディ―』同文舘出版。

森沢徹・黒崎浩（2003）「バランス・スコアカードを活用した経営管理システム改革」『知識資産創造』10月号, pp.24-39。

山田義照・伊藤和憲（2005）「BSCと方針管理における役割期待とその関係―戦略プロセスとの関係を中心に」『原価計算研究』Vol.29, No.1, pp.47-57。

# BSCによる
# 戦略実行と業績評価のマネジメント
## ―Chadwick 社の事例研究―

## はじめに

　戦略の管理のためには，戦略の達成度を測定しなければならない。バランスト・スコアカード（Balanced Scorecard：BSC）は，事業部もしくは事業部長の業績評価というよりは，戦略の達成度を評価する戦略的業績評価システムとして構築された（Kaplan and Norton, 1992）。そのBSCは，財務尺度だけでなく非財務尺度をも取り込み，インタンジブルズへの投資を行いやすくして，長期志向の経営を考慮に入れようとした。

　戦略的業績評価システムを導入する企業のなかには，戦略マップを作成し，戦略目標の因果関係によって戦略を可視化する企業が現れた（Kaplan and Norton, 2004, pp.xii-xiii）。測定するには記述しなければならない，として戦略マップが構築された。その結果，戦略的業績評価システムは，戦略的マネジメント・システムへとその役割期待が拡張された。

　戦略マップで戦略の可視化を行い，そこで確定した戦略目標を測定し管理することで戦略実行のマネジメント・システムとなる。同時に，BSCを活用すれば，事業部や事業部長の業績評価システムを構築することも可能である。たとえば，リコーは，そのようなBSCを戦略的目標管理制度と呼んで1999年から実践してきている（伊藤（嘉）他, 2001）。このように，戦略実行と業績評価をBSCに求める企業が多い。ところで，業績評価と戦略実行の考慮事項は異なる（伊藤（和）, 2007, pp.35-52）。そのため，業績評価を重視してしまい，戦略実行が機能しなくなるケースも少なくない。どのようにBSCを利用すると，業績評価と戦略実行を共に機能させることができるのかは，BSCの課題の1つである。

　本章では，BSC による戦略実行と業績評価の統合について，インタンジブルズのマネジメントを中心に検討する。第 1 節では，業績評価から見た BSC 構築の考慮事項を明らかにする。第 2 節では，戦略実行から見た BSC の考慮事項を明らかにする。第 3 節は，Harvard Business School のケースである Chadwick 社に基づいて，BSC による業績評価システムの構築を明らかにする。併せて，業績評価システムとして構築したときの戦略実行としての機能不全も検討する。第 4 節では，業績評価と戦略実行の統合を検討する。同時に中期計画を立案するとき，ローリングするか固定にするかによって，戦略実行への影響を検討する。最後のまとめでは，わが国の BSC の現状を振り返り，BSC による戦略実行と業績評価の統合に向けた提案を行う。

## 1　業績評価における BSC の考慮事項

　BSC は，戦略の達成度を測定し管理する戦略的業績評価システムとして考案された。戦略実行のマネジメント・システムへと展開しても，業績測定に焦点が置かれることに変わりはない。しかし，BSC は多様な目的で利用されているため，本節では，まず BSC の目的を改めて検討することにする。次に，BSC の利用目的の 1 つである業績評価に焦点を当てて，BSC の考慮事項を明らかにする。

### 1.1　BSC の目的

　BSC の目的は，Kaplan and Norton（2001）によれば，戦略実行のマネジメント・システムにあると言う。一方，櫻井（2008, pp.25-30）は，BSC が戦略実行だけでなく，経営品質の向上，業績評価，IT 投資の評価，IR，コミュニケーション・ツール，ビジネスの共通言語としても有用であると指摘している。また，戦略実行だけでなく，戦略策定にも用いられるとも指摘している。

　まず，BSC で戦略をどのように策定するかについて検討する。戦略マップ

を用いて戦略策定を行うことができるにしても，事前にSWOT分析などを用いて，内部環境と外部環境を考慮した戦略課題を整理しておかなければならない。SWOT分析は，内部環境の強みと弱みだけでなく，外部環境の機会と脅威を考慮して戦略策定を支援するツールである。SWOT分析を行っても，BSCを用いて戦略を可視化するには，戦略マップを描くための戦略目標を新たに探し出す作業が必要になる。そこで，SWOT分析（強み・弱み・機会・脅威）と，戦略マップの4つの視点（財務・顧客・内部プロセス・学習と成長）

図表7-1　SWOTと4つの視点のマトリックス

| | 強み | 弱み | 機会 | 脅威 |
|---|---|---|---|---|
| 受託責任 | ・財務的強み<br>・委託者からの支援<br>・債務負担能力<br>・AAAの信用格付けおよび低資本コスト | ・マネジドケア（管理医療）率の上昇の鈍化<br>・州の歳入の低下<br>・地域社会のパートナーにとっての収益源の減少<br>・幼児育成室 | ・生物医学研究への外部からの資金拠出<br>・ヌムールに対する慈善的援助<br>・2008年大統領選挙（候補者への啓発） | ・コスト圧力（労働組合および職業上の責任）<br>・貸倒れ（特に無保険者・過少保険者の増加と関連する）<br>・メディケイド（低所得者向け医療扶助）の償還<br>・かなり多い資金需要<br>・2008年のデラウェア州知事の交代 |
| 顧客 | ・無類の予防・支援プログラム<br>・児童の健康への焦点<br>・児童の健康と健康問題の専門家としての尊敬 | ・入院料金の下落<br>・アクセス（たとえば，電話，スケジュール，ウェブサイト）に関する患者と家族の不満 | ・児童の健康を支援する政策，プログラム，実務の変更の提唱<br>・デラウェア州とフロリダ州におけるマーケットシェアの増加<br>・ヌムールのブランド化，その他のソーシャル・マーケティング | ・償還請求の対象とならない予防サービス<br>・デラウェア・バレーにおける激しい競争<br>・出生率と人口統計の低下<br>・訴訟社会 |
| プロセス | ・統合化された児童の健康システム<br>・堅牢な電子環境<br>・児童の診察におけるISの利用の確約<br>・患者の安全と質の優先<br>・特別プログラム：キッズ・ヘルス，NHPS，ブライト<br>・スタート<br>・政策と実践の予防への転換を促進することに対する地域社会と政府の協力 | ・AIDHCにおけるインフラの必要性 | ・治療の質，患者の安全性，児童の健康の促進における功績<br>・サービスの卓越性の向上<br>・アクセス問題（電話，予約，抱合せ）への取り組み<br>・治療と地域社会をベースとした予防との統合 | ・消費者主導の健康プラン<br>・ペイフォーパフォーマンス（成果に応じた診療報酬制度）<br>・料金の透明性<br>・設備計画に対するインフレ<br>・技術の陳腐化 |
| 人材 | ・優れた医療の専門家とその提供<br>・低い欠員率<br>・業界平均を下回る離職率 | ・競争相手の，特に医師に対する給与・手当<br>・組織文化<br>・業績管理<br>・オーランドにおけるスタッフの配置要請 | ・文化変革プログラム | ・小児科医と看護師の不足<br>・スタッフの高齢化<br>・"ホワイトウォーター"の変化<br>・信頼の低下 |

出典：Kaplan and Norton（2008, p.52）.

とのマトリックスによって，戦略課題の整理と戦略目標を同時に探し出す工夫も施されている（Kaplan and Norton, 2008, pp.51-52）。たとえば，図表7-1に示すような，E. I. Du Pont de Nemours社のマトリックスである。

　図表7-1で，4つの視点は財務の視点を受託責任，学習と成長の視点を人材の視点と名称を変えている。このマトリックスを作成するとき，内部の資源ベースを強化すべきか，外部環境に対応すべきかを1つずつ検討することができる。たとえば，資源ベースを強化する戦略のためには，強みをさらに強化する戦略目標を設定すべきか，あるいは弱みを是正する戦略目標を設定すべきかを検討することになる。また，外部環境に対応する戦略のためには，機会を利用した戦略目標を設定すべきか，あるいは脅威に備えた戦略目標を設定すべきかなどが検討される。

　戦略目標を設定するときは，顧客の視点の戦略テーマ，すなわち卓越した業務，顧客関係性重視，製品リーダーシップごとに戦略目標をグルーピングしておくことも重要である。このようにして戦略テーマ別に4つの視点の戦略目標を抽出し，抽出した戦略目標で因果関係を作成して戦略マップを描いていく。因果関係がうまく作成できないときには，戦略目標を新たに追加したり削除したりして，戦略マップを見直しながら戦略の策定作業を行う。

　戦略マップは戦略を可視化するツールであり，戦略マップに戦略策定の機能まで組み込むべきかどうかは意見の分かれるところである。しかし，戦略策定に不慣れな企業では，SWOT分析を行っても戦略マップで戦略を可視化することができない。そのような場合，SWOT分析と4つの視点のマトリックスのなかに戦略目標を埋め込むことによって，戦略マップで戦略策定を行うことも実務的には有益であろう。

　次に，BSCの目的である経営品質の向上を検討する。これは，BSCがThe Malcolm Baldrige National Quality Award（マルコムボルドリッジ：MB賞）や日本経営品質賞を目指す場合に役立つ。これらの賞はクオリティのアセスメント基準であるのに対して，BSCは経営戦略を実行させるという点で異なる。しかし，上記の賞などを目指す場合における経営品質の向上とBSCによる戦略実行とは重なる部分が多いことと，上記賞へのチャレンジは戦略実行の内発

的動機づけの醸成にも役立つため，ここでは，経営品質の向上を戦略実行の1つとして捉える。

業績評価目的としては，財務業績だけでなく非財務尺度を含めてバランス良く業績を評価するために，BSCを利用することが有効である。単に業績を測定するだけでなく，その業績結果を受けて報酬に結びつける成果連動型報酬制度に展開することも可能である。このように業績評価にBSCを利用することで，多様な尺度で人事評価を行うことができる。さらには，戦略と結びつけた尺度や目標値によって業績評価できることになる。わが国では，BSCを業績評価と連動させた例として，リコーの事例がしばしば取り上げられてきた（伊藤（嘉）他，2001, pp.75-100；伊藤（和），2007, pp.39-43；櫻井，2008, pp.53-67）。

これ以外にも，BSCの副次的利用として，IT投資にBSCの多面的尺度を利用したり，戦略マップやスコアカードをIRに利用することもできる。また戦略マップやスコアカードを通じて，他部門の関係者とコミュニケーションがとれるのは大きなメリットである。コミュニケーションをとることは，組織間の壁を低くして業務をスムーズに行うのに効果的である。つまり，コミュニケーションをとることによって，部門間の無駄を排除したり，軋轢を取り除くことが期待できる。もちろん，コミュニケーションだけを目的としてBSCを導入するのはコストがかさみすぎるように思われるが，トップから現場までがコミュニケーションをとって戦略の議論ができれば，戦略修正や創発戦略を生む可能性も出てくる。そのような環境作りができれば，インタンジブルズの構築にもつながると考えられる。

さらにBSCは，組織間におけるビジネスの共通言語となり得る。たとえば，1999年11月にMobilとExxonが合併して，業界内で最高の利益を達成した（Kaplan and Norton, 2001, p.29）。最高の利益を実現できたということは，戦略の違いがあるにもかかわらず，合併がスムーズに進展したことを意味し，この合併の成功にBSCの貢献が大きかったことが想定される。つまり，両社の合併時に，BSCがビジネスの共通言語として有効に機能したものと考えることができる。

以上より，BSCの導入目的はいろいろある。BSC導入の一番の目的としては，

戦略の策定と実行のマネジメント・システムとしての活用である。戦略だけでなく，BSCによって戦略と結びつけた業績評価システムを構築することにはいくつかのメリットがある。第1に，目標管理制度に戦略を追加できるため，戦略性を持った業績評価制度に進展させられる。第2に，結果としての財務尺度だけでなく，プロセス指標としての非財務尺度を取り入れた業績連動型報酬制度を構築できる。第3に，財務尺度が全社共通指標であるのに対して，非財務尺度は戦略を反映した独自指標を設定できるために，内発的動機づけと結びつきやすく，モチベーションの向上につながる。第4に，副次的ではあるが，BSCを業績評価制度と連動させることができれば，BSCが企業の制度として定着し，BSCの形骸化を抑えることができる。

## 1.2　BSCによる業績評価の考慮事項

　業績評価を目的としてBSCを用いるときには，尺度選択，組織スラック，評価対象という3つの考慮事項がある（伊藤（和），2007, pp.48-50）。業績評価を問題視するとき，尺度として成果だけかプロセスも含めるかは課題である。また，組織スラックをいかに減らすかという課題もある。さらに，戦略は誰が業績評価対象なのかという課題もある。それぞれの考慮事項について，いくつかの企業事例を整理すると，図表7-2となる。これに基づいて，上記考慮事項

**図表7-2　業績評価の考慮事項と企業事例**

| 考慮事項 | リコー | シャープ | Mobil |
|---|---|---|---|
| 尺度選択 | 成果とプロセスの両者 | 成果とプロセスの両者 | 成果とプロセスの両者 |
| 組織スラック | 目標管理を先行したため戦略性が高まらない | 戦略実行を入れてから業績評価を導入，尺度を目的別に区分 | 業績係数による目標値のアップ |
| 評価対象 | BSCは課長代理までが評価対象 | BSCは部長まで，部長以下は個人目標に展開 | 事業部長が評価対象 |

出典：著者作成。

を検討する。

　第1の尺度選択とは，業績評価尺度として成果尺度を用いるか，プロセス尺度を用いるかである。BSCでは，財務尺度だけでなく非財務尺度を組み込むが，非財務尺度といっても達成度を示す成果だけか，努力度を表すプロセスも選択すべきかである。戦略実行だけであれば成果は必須であるが，業績評価では，プロセスまで取り込むことで内発的動機づけを刺激できる。また，これらの尺度を並列に扱うのではなく，リコーのケースで紹介されているように，加重したり，トップの加減点を加味できるようにすることも効果的である（伊藤（嘉）他，2001）。

　第2の組織スラックとは，組織の余裕部分であり，パフォーマンス・スラックとも言われる。戦略の目標としては高めの目標値を設定すべきであるが，業績評価されるとわかれば，人は目標値を高くしたがらないという行動をとってしまう。この設定すべき目標値と，各部署あるいは個人が志向する目標値の差として生まれる余裕部分が組織スラックである。したがって，業績評価と戦略実行を同時に導入するのではなく，組織スラックの少ない目標値を設定するには，戦略実行を定着させてから業績評価を導入すべきであろう。また，戦略実行の尺度と業績評価の尺度を区分することも有効であると考えられる。たとえば，戦略実行の尺度のうち，共通指標や独自指標をいくつか選択して業績評価尺度とすることが考えられる。さらに，目標値のストレッチ度に対して，Mobilが実践しているような業績係数を検討することも有用である（Kaplan and Norton, 2001, pp.255-258）。業績係数とは，目標値のストレッチ度を係数化することである。たとえば，相当努力しないと達成できない目標値として1.2を，通常の努力で達成できる目標値として1.0を，平均より低い努力で達成できる目標値として0.8を係数として目標値のタイトネスを評価する場合である。事前に業績係数の合意ができていれば，内発的動機づけにもつながり，挑戦的な目標値を設定する可能性が高まる。ただし，この場合でも，業績係数をどう設定するかという難しい問題は残されている。

　第3の評価対象については，業績評価の対象がMobil（Kaplan, 1996）は事業部長，シャープは事業部長や部長までとしているのに，リコーは課長代理ま

で落とし込んでいる（伊藤（和），2007, p.42）。ただし，Mobilでは事業部長が業績評価の対象であるが，目標を従業員個人まで落とし込んでいるし，シャープにおいても目標管理と連動して個人まで展開している。BSCでの評価対象を問題視しているため，戦略実行と連動することを考え合わせれば，戦略策定できるところまでを業績評価の対象にすべきである。戦略の策定に関しては事業部長に責任があることは間違いないが，それ以下の階層に求めるべきかどうかは疑問である。

　ここまでを要約すると，まず尺度選択については成果だけでなく，プロセスをも取り込む必要がある。また，組織スラックの課題は，BSCの導入の仕方を考えたり，戦略と業績評価を区別して尺度選択したり，あるいは業績係数を検討する必要がある。さらに評価対象者については，単に業績評価できるからという理由ではなく，戦略実行と連動させるためには戦略の策定と実行に責任ある役職者に留めるべきである。

## 2　戦略実行に関わる考慮事項

　BSCを用いて戦略を実行させるには，BSCに関わる戦略の先行研究から戦略のアイディアを取り入れる必要がある。また戦略実行としては，少なくとも戦略のタイプ，組織の価値観共有，戦略修正，コントロール・レバー，戦略学習を検討する必要がある。以下で，これらを順に考察する。

### 2.1　戦略のタイプ

　戦略の解釈は十人十色であると言われている。Simons（1995, pp.3-11）に基づいて戦略タイプごとに，学派，コントロール・レバー，コントロールの対象，戦略の例示をまとめると，後に掲載する図表7-3となる。戦略のタイプは多様ではあるが，戦略についての支配的な考え方は，意図した戦略である。意図した戦略とは，トップが中・長期を展望して現状とのギャップを埋めるために策

定する戦略のことである。戦略を反映させた中期計画として，数年先の事業計画や利益計画を作成している場合，意図した戦略を策定していることになる。

　これに対して，Mintzberg（1978）は，創発戦略の重要性を指摘している。意図した戦略を軽視しているのではなく，トップの意図した戦略は実現されないことがあると指摘している。実現された戦略を振り返ってみると，意図した戦略とは異なるパターンの戦略が実現できていることがある。すなわち，トップだけでなく，ミドルやロワーの階層の人たちも戦略の実行に関わることにより，当初策定した戦略とは異なる，あるパターンを持った戦略が実現される可能性があるというのである。戦略が実現されたのは，いろいろな階層の人たちの創発によるためであるとして，これを創発戦略と呼んだ。

　BSCを用いる場合においても，当初はトップを中心に戦略マップを作成して戦略実行を図ることになる。その意味では，意図した戦略で始まるが，当初の戦略に拘泥する必要はない。ビジョンを実現するための手段が戦略であると考えれば，ダブル・ループの学習を機能させて戦略を修正したり，現場で戦略の環境適応を行うように創発しても，最終的にビジョンが実現できれば良い。また，戦略目標間の因果関係を当初の意図した戦略に求めるのではなく，創発戦略の結果として異なる戦略目標間の因果関係が形成され実現できるようにBSCを利用することもできる。このように，戦略実行のツールとしてのBSCは，戦略修正や創発戦略を支援できる数少ないツールであると言える。

## 2.2　組織の価値観の共有

　戦略実行のためには，従業員1人ひとりが戦略目標の達成に関わっていく必要がある。各従業員を戦略と結びつけるには，心理学研究の成果に基づけば，2つの要因があると言う（Kaplan and Norton, 2006, pp.264-268）。それは，内発的動機づけと外発的動機づけである。

　内発的動機づけは，従業員が自分自身のために活動に従事するときに生じる。従業員は活動することで喜びを得ており，それが従業員の満足につながり，高い成果が生み出される。一方，外発的動機づけは，外部から与えられる報酬として

のニンジンと，期待を裏切らないようにする脅威としてのムチから生じる。プラスの報酬には賞賛，昇進，金銭的誘因が含まれる。マイナスの結果への脅威も人々を動機づける。それは，上司からの非難や，目標値が達成できないことに起因する威信の毀損，地位または雇用の喪失を避けるよう努力するからである。

　内発的動機づけは，より起業家的で創造的な問題解決に従事する従業員によく見られる。内発的動機づけを持つ従業員は，可能性を考えていろいろな選択肢などを探求し，同僚とも多くの知識を共有し，環境の複雑性や不一致，長期的な結果に注意を払う傾向が強い。それに対して，外発的動機づけは報酬や結果によってのみ動機づけられる。外発的動機づけだけを持つ従業員は，報酬を獲得したり，処罰を避けようとする行動を重視するために，業績評価尺度を疑問視しない傾向があると言われている。

　したがって，従業員を戦略に結びつけるためには，外発的動機づけを考慮してインセンティブ・システムを構築する業績評価システムは重要である。また，その業績評価システムと目標管理とを連動させることで，外発的動機づけが醸成されよう。他方，戦略実行としてのBSCでは，内発的動機づけをも持たせるようにしなければならない。このためには，ビジョンや戦略，戦略目標，目標値，戦略的実施項目などについて従業員に伝え，従業員の間で活発なコミュニケーションがとられるようにする必要がある。

## 2.3　戦略の修正

　第1章の1.5項で指摘したように，Anthony（1965）が構築した伝統的マネジメント・コントロールにおいては，戦略を修正するためのフィードバック・ループは存在しなかった。戦略は策定するものであり，策定した戦略を実行するのがマネジメント・コントロールだからである。トップが策定した戦略は所与であり，戦略実行のためにはマネジメント・コントロール段階だけでPDCAサイクルが回される。

　一方，戦略マップによる戦略の可視化とスコアカードによる戦略実行は密接に関連するものと捉える必要がある。そのため，当初設定されたスコアカード

で測定した実績値によって，戦略目標間の因果関係が成立しなかったり，あるいは検証できなかったりする場合，戦略の修正を考察することになる。このような戦略の修正までを扱うのが，戦略実行のマネジメント・システムである。

## 2.4 コントロール・レバー

戦略のタイプごとに，戦略実行に際して適切なコントロール・レバーが，それぞれ異なる。すでに明らかにしたように，Simons（1995, pp.153-158）は，4つのコントロール・レバーを提案している。4つのコントロール・レバーとは，Mintzberg et al.（1998）が明らかにした，典型的な4つの戦略タイプごとのコントロール・システムである。すなわち，図表7-3に示したように，計画，行動のパターン，ポジション，パースペクティブという戦略のタイプごとに，それぞれ適切なコントロール・レバーが求められる。

**計画**はプランニング学派が考えている戦略で，形式的策定プロセスに基づいて戦略が策定される。この計画は，軍隊で用いられる戦略や戦術という概念に最も近い概念である。軍隊では将軍が戦闘計画を立案して命令を発し，戦場に出動する部隊がその命令を遂行する。戦略的計画は，いわゆる命令と統制（command and control）からなる官僚組織などで用いられている。このような戦略策定を成功に導く要因は，計画設定されたKPI（key performance

図表7-3　戦略形成タイプとその要点

| 戦略の<br>タイプ | 戦略の学派 | コントロール・レバー | コントロール<br>の対象 | 例示 |
|---|---|---|---|---|
| 計画 | プランニング学派 | 診断的コントロール・システム | KPI | 軍隊の命令と統制 |
| 行動のパターン | ラーニング学派 | インターラクティブコントロール・システム | 戦略の不確実性 | T型フォードの黒モデル |
| ポジション | ポジショニング学派 | 事業境界システム | リスクの回避 | 差別化，コスト優位 |
| パースペクティブ | デザイン学派 | 信条システム | 中核的価値観 | 独自の歴史や文化 |

出典：Simons（1995, pp.3-11）に基づいて著者作成。

indicators）のモニタリングである。KPIとは重要業績指標であり，目標達成プロセスの実施状況を測定するために，業績を定量的に示すものである。

　計画をコントロールするためのレバーは，診断的コントロール・システムと呼ばれる。診断的コントロール・システムとは，目標値を効率的かつ効果的に達成するためのものである。目標値を達成するには，まず，目標値を明確に設定する必要がある。従業員の目標値が決まれば，常に監視していなくても，マネジャーは戦略策定など，本来なすべき仕事に従事できる。たとえば，標準原価や予算による差異分析がこの例である。

　診断的コントロール・システムを有効に機能させるためには，目標設定，戦略と業績評価の一致，インセンティブ，例外報告，例外事項の対応という5つの注意点がある（Simons, 1999, pp.211-212）。まず，目標設定できなければ，そもそも診断的コントロール・システムは使えない。また，業績評価に戦略を正しく反映させる必要がある。さらに，業績と報酬（インセンティブ）が連動していれば，従業員のモチベーションも上がる。加えて，例外事項への素早い対応も必要である。例外報告とは，効率的なコントロールの原則である。

　**行動のパターン**は，ラーニング学派が想定する戦略であり，創発学習のプロセスに基づいて戦略が形成される。当初意図していない場合ですら，一貫性を持った行動から戦略を推論することができる。T型フォードは，米国内では黒のモデルだけを販売した。このように，黒だけのモデルに限定する販売は，低価格の大衆車を提供しているというイメージを持たせる，一貫した行動パターンとなる。このようなパターンを戦略と言うことがある。ラーニング学派が想定している創発戦略での成功要因は，戦略的不確実性へと注意喚起することである。この戦略をコントロールするレバーを，インターラクティブコントロール・システムと言う。

　また，**ポジション**は，ポジショニング学派が想定する戦略であり，分析プロセスによって戦略を策定する。この戦略のコントロール対象は，リスクを回避することであり，リスク回避がうまくいけば戦略は成功する。この戦略をコントロールするレバーを，事業境界システムと言う。事業境界システムでは，ビジネスのルールを設定し，従業員が行うべきでないリスクを明確にする。たと

えば，Porter（1985）の提案する差別化戦略やコスト優位戦略は，ポジション
の例である。

　最後に，**パースペクティブ**はデザイン学派が捉えているように，コンセプト
構想プロセスによって戦略を策定する。多くの企業は，自社の歴史や文化とい
った企業独自の視点や進め方を戦略と考えている。このように，組織メンバー
によって共有された価値観や視点を戦略と呼ぶことがある。この戦略のコント
ロール対象は，中核的価値観を伝達することである。この戦略をコントロール
するレバーを，信条システムと言う。信条システムでは，新たな機会の探索を
鼓舞し，方向づける。

　これらのコントロール・レバーは，どれかを選択して採用するというのでは
なく，強弱の違いはあれ，それらを組み合わせて1つのパッケージとして導入
する必要がある。また，特定の管理会計システムを特定のコントロール・シス
テムと結びつけるというよりも，その利用の仕方が問題となる。たとえば，標
準原価管理や予算管理は伝統的に診断的コントロール・システムとして用いら
れてきたが，インターラクティブコントロール・システムとしても利用するこ
とができる。同様に，インターラクティブコントロール・システムとして考案
されたBSCを，差異分析に焦点を当てて診断的コントロール・システムとし
て利用するケースも少なくない。

　要するに，管理会計システムをどのようにコントロールしたいのかというこ
とで両者の関係が決まる。そのため，当初，Simons（1995, p.68）は，BSCを
診断的コントロール・システムとして例示していたが，Simons（1999, p.208）
では，インターラクティブコントロール・システムとしても利用できることを
明らかにしている。第6章で紹介した海老名総合病院は，BSCを診断的コン
トロール・システムとインターラクティブコントロール・システムとして利用
していたことを思い出していただきたい。

## 2.5　戦略の学習

　第1章で概説したように，戦略実行にあたって，シングル・ループの学習と

図表7-4　シングル・ループの学習

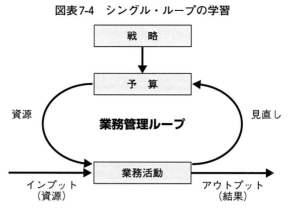

出典：Kaplan and Norton（2001, p.274）に，戦略を著者が加えた。

ダブル・ループの学習という2種類の学習行動がある（Argyris and Shon, 1982, p.18）。第1の学習は，支配的変数（governing variables）を変えることなく，間違いを発見し修正するための学習である（Argyris, 2002）。第2の学習は，支配的変数を変更するための学習である。

　第1の学習は，組織の現行方針を遂行させたり，その目的を達成させたりするプロセスであり，シングル・ループの学習と呼ばれる（Argyris, 1977）。戦略実行にあたっての支配的変数は戦略である。この戦略を所与として，戦略を具現化した予算などの業務活動を管理するシステムによって戦略を実行するのが，シングル・ループの学習である。環境が変化すると，戦略を実行するために予算の修正が行われる。支配的変数である戦略がトップの意図として策定され，これを中長期計画として計画される。これを実行するにあたって，当初策定した後は，「意図した戦略」に対して疑問を持たないのが，シングル・ループの学習である。

　図表7-4に示すように，シングル・ループの学習の下では，戦略を所与として，戦略を実行するために予算に落とし込む。予算に基づいて業務活動を行うが，環境変化が起こると，予算を修正しながら当初立てた戦略を実現しようとする。環境が変化しても決して戦略そのものを修正しようという学習行動は起きない。

図表7-5　ダブル・ループの学習

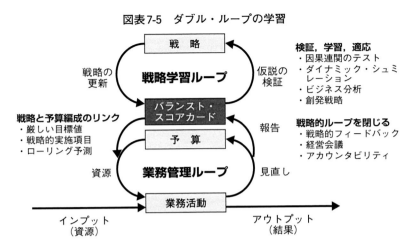

出典：Kaplan and Norton（2001, p.275）.

　現在の戦略のままでは環境に適応できないことがわかると，戦略の修正ではなく，新たな戦略を策定しなければならない。

　第2の学習は，重要な方針や目標そのものを問題視するプロセスであり，ダブル・ループの学習と呼ばれる（Argyris, 1977）。戦略実行におけるダブル・ループの学習では，支配的変数である戦略そのものを問題視する。戦略はトップの仮説として捉えて，この戦略そのものを問題視するのがダブル・ループの学習である。

　図表7-5には，ダブル・ループの学習の概念を示している。ダブル・ループの学習の下では，環境変化に応じて戦略そのものも修正するという前提がある。したがって，戦略を何らかのツールで可視化しておかなければ，戦略が修正を必要とするかどうかわからない。戦略マップが考え出されるまでは戦略を可視化するツールがなく，戦略としてはダブル・ループの学習が起こりにくかった。BSCを利用すれば，戦略マップによって戦略を可視化して，スコアカードの目標値に基づいて業務活動を行い，実績値を測定して，戦略の進捗を管理することができる。

　当初策定した戦略が環境に適合していない場合，戦略マップの戦略目標を取

り替えたり，新たに追加したり，あるいは削除することによって，戦略そのものを修正する。戦略を可視化する戦略マップがあるため，戦略の修正を行いやすくなった。戦略の修正を行っても環境変化に対応できなくなったときには，戦略を大幅に変更する，つまり新たに戦略を策定し直す必要がある。

## 3　Chadwick社によるBSC導入の検討

　本節では，BSCの導入を1993年に検討したChadwick社（Kaplan, 1993）を例に，BSCの導入上の考慮事項を検討する。まず，Harvard Business School のケースを用いて，Chadwick社のNorwalk事業部の現状を明らかにする。次に，BSCを事業部業績評価システムとして導入した理由を明らかにする。また，BSC構築にあたっての同事業部の戦略と業績評価指標を明らかにし，第2節で取り上げた戦略実行としての考慮事項から同事業部のBSCの特徴を明らかにする。

### 3.1　Norwalk事業部の現状

　Chadwick社は，医薬品事業とPC事業を行う多角化企業である。以下，同社の医薬品事業であるNorwalk事業部に導入した業績評価システムとしてのBSCを検討する。

　同事業部の顧客には，販売代理店，町の薬局のような小売店，病院や健康センター，獣医，それに一般のエンドユーザーが含まれる。同事業部が成功するには，これらの顧客のなかで売上高構成比の最も高い販売代理店に利益率の高い薬品を提供することである。そうすることで，その薬品の販売をその販売代理店が促進してくれ，同社の売上も増加する。同社の製品は，20年以上も前に開発した製品が唯一の収益源となっている。言い換えれば，その製品が近い将来，特許が切れてジェネリック医薬品になり，価格が下落するのも時間の問題といった状況である。新薬を開発しているが，開発期間が長期化しており，開

発コストが上昇し，また開発の予見が不正確になっている。

　これに対して，Norwalk 事業部では，相変わらず歩留り減少，原価低減，開発サイクルの短縮だけを目指していた。他社の状況に鑑みると，バイオ技術への巨額な投資が必要であるが，現状の事業部業績評価システムには，投資利益率（return on investment：ROI）だけを用いている。一般論として，ROI 評価だけでは，目標整合性という点から問題がある。たとえば，すぐに利益と結びつかないような研究開発や人材育成といったインタンジブルズへの投資が行われ難いといった問題である。また，遊休設備を売却して見かけ上の ROI を向上しようとする傾向も強くなる。Chadwick 社でも同様で，ROI 評価だけではインタンジブルズへの投資は行い難い。すなわち，研究開発のための投資は困難であり，既存製品の新処方による開発にとどまるのが現実である。

　要するに，ROI だけを評価指標とすると，長期的なインタンジブルズへの投資が行えないという課題がある。ただし，同事業部の製造効率は業界トップであり，試作品のような小バッチでも採算が取れる状況にあるため，現状だけを考えれば，短期的な視点では大きな問題があるわけではなかった。

## 3.2　業績評価システムと事業戦略

　Chadwick 社においては，Norwalk 事業部だけでなく，すべての事業部と事業部長の業績は月次 ROI で評価されている。医薬品事業にとって最も重要なインタンジブルズは研究開発への投資であるが，ROI のみで業績評価が行われると，積極的な投資活動が抑制されてしまう。また，業績評価が財務尺度だけでなされたため，短期重視で長期的な業績の向上を行うことができなかった。BSC を導入することによって，インタンジブルズへの投資が促進され，短期と長期のバランスがとれるのではないかという期待があった。

　Chadwick 社では BSC の導入を推進はしたものの，事業部長の業績評価尺度は操作可能であってはならず，評価を公平にするために客観的な尺度が求められた。ここで，公平な評価尺度とは何かについて考察する。業績評価を目的として BSC を導入する際，事業戦略と業績評価システムを連動させる必要がある。

図表7-6　Norwalk事業部のBSC

| 財務の指標 | 顧客の指標 | 内部の指標 | 革新の指標 |
|---|---|---|---|
| 貢献利益 | 主な市場での<br>マーケットシェア | 薬品表の価格 | 3年以内に開発した<br>新薬の売上高 |
| 運転資本 | 顧客不満足度 | 化合物のコスト<br>資本回転率 | |
| 税引後営業利益 | | 売上総利益 | |
| | | 販売費・管理費 | |

出典：Kaplan（1993, p.7）.

　戦略の達成度を測定する尺度は事業部ごとに異なるため，事業部ごとの独自指標を認めることになった。ところが，業績評価においては，顧客満足度などのように，事業部が調査対象を操作することで業績を向上できる可能性のある尺度を認めると，公平な業績評価ができず，誤ったインセンティブを与えてしまう可能性がある。そのため，同社の表現を使用すれば，「ハードデータ」でなければならない，ということになった。

　Norwalk事業部の事業戦略は，顧客ニーズをつかむことである。そのためには，一方では既存薬品の原価低減と，新薬の開発による利益増大が必要となる。この戦略を実行するためには，原価低減と新薬開発を並行して行うことができるスキルの向上を図るとともに，技術と市場との独自の組み合わせを行う必要がある。このような戦略の下で，同事業部が構築したBSCを図表7-6に示す。

　図表7-6より，Norwalk事業部のBSCは，4つの視点にわたって複数の尺度をバランスさせたものであることがわかる。また，業績評価尺度はハードデータであるという条件がつけられたため，顧客の指標以外が財務尺度となっているという特徴がある。その結果，BSCにより業績評価システムを構築するという目的があるとはいえ，課題がいくつか見つかる。このBSCでは，これまでのNorwalk事業部の業績評価システムにはなかったマーケットシェアと，顧客不満足度という非財務尺度が加えられている。しかし，これだけではBSCのメリットである財務偏重の抑制と，インタンジブルズへの投資促進は実現できない。この点を次に検討する。

　BSC に基づく業績評価システムを構築することで，図表7-6にあるように，革新の指標として３年以内の新薬売上高を測定・管理することができる。財務指標とはいえ，新薬の売上高を高める方向へと誘導することができる。ところが，新薬に関わる指標はこれだけである。たとえば，新薬開発への投資として，新薬開発のためのスキルアップや情報投資を促進するような指標がない。また，新薬の顧客価値提案がはっきりしていないため，新薬を開発するためのビジネス・プロセスもはっきりしない。つまり，新薬の売上高だけでは新薬への開発投資，すなわちインタンジブルズへの投資が促進されるとは言い難い。

　さらに，図表7-6の指標を見ていくと，顧客の視点のマーケットシェアと顧客不満足度以外は財務尺度である。財務尺度は結果の尺度であり，これでは短期と長期のバランスがとれない。すなわち，パフォーマンス・ドライバーとしての非財務尺度を取り込む必要がある。同社が「ハードデータ」を求めているからと言って，戦略の達成度を測定するのに財務尺度だけを用いるのは問題である。たとえば，開発期間の短縮を求めていることから，新薬開発期間という成果尺度を指標にする必要があろう。また，新薬開発要員のスキルアップ率，あるいはスキルのレディネス評価を指標にすることも重要である。言い換えれば，戦略と結びついたインタンジブルズの構築に関わる指標を新たに設定する必要がある。

　戦略と結びついたパフォーマンス・ドライバーとしての非財務尺度を取り込むことができれば，インタンジブルズの構築を促進する指標の課題の多くは解決できる。ここで注意すべきは，同事業部の業績評価システムを構築するとき，戦略と連動して自由にシステムを設計できるが，ソフトデータによる業績評価は禁止されている点である。すでに明らかにしたように，業績評価システムを客観的に実施するには，人為的に操作可能な，たとえば顧客満足度のような「ソフトデータ」を用いることは公平性を欠くことになる。

　この点については，プロセス尺度ないし先行指標を業績評価指標として選択せず，成果尺度ないし遅行指標だけに限定することが，戦略の進捗度評価としては重要である。また，パフォーマンス・ドライバーやインタンジブルズの構築に関わる非財務尺度，たとえば開発スキルや開発期間などを独自指標として

評価指標に取り入れることができれば，財務尺度と非財務尺度をバランスさせることができる。さらに，「ソフトデータ」については，本章の1.2項で紹介したMobilが実践している業績係数を利用できれば，ある程度克服できる。あるいは，Beyond Budgetingが提案しているように，相対的業績評価指標を取り入れることも有効であると思われる（Hope and Fraser, 2003, pp.74-75）。加えて，Hope and FraserはGroupe Bull社を例示して，報酬制度に前年度や競争相手と比較する指標を含めて相対的な指標を提案しており，その実践も考え得る。あるいは，Handelsbankenが利用しているような，相対的順位による報酬制度も利用できよう（Hope and Fraser, 2003, p.76）。

## 3.3　Norwalk事業部のBSCに対する戦略実行としての特徴

　業績評価システムとして機能するだけでなく，戦略実行のためにも適切なシステムになっているかについても検討しなければならない。そこで，戦略実行について，本章第2節で取り上げた戦略のタイプ，組織の価値観共有，戦略の修正，コントロール・レバー，戦略の学習という点を以下で検討する。

　戦略のタイプとしては，既存事業については原価低減，新薬については利益最大化というNorwalk事業部としての戦略は明確である。つまり，Norwalk事業部では，意図した戦略を実現しようとしていることがわかる。また，組織の価値観共有に関しては，報酬という外発的動機づけ手段のみを想定しており，内発的動機づけについては弱い。事業部が投資責任センターであることから，事業部長に対して相当の自由裁量権が与えられていた。しかし，事業部長の業績評価をROIからBSCへ移行することで，事業部長が自律性を阻害されたと感じていることも問題である。

　戦略に基づいてBSCを構築してはいるが，策定した戦略を修正することは考えていない。つまり，BSCは財務尺度を中心とした複数のKPIであって，戦略の修正を考えてもいなければ，戦略マップのような戦略の可視化も準備されていない。もちろん，Chadwick社のケースが書かれた1993年当時は，戦略マップが存在していなかったこともある。Norwalk事業部が戦略マップを用い

ていないからといって，Norwalk事業部を批判はできない。Norwalk事業部は，伝統的なマネジメント・コントロールを意図しており，戦略として，意図した戦略を想定していたことを確認できる。

　また，このような意図した戦略をBSCでコントロールしようとするとき，目標値と実績値を比較する診断的コントロール・システムが機能することになる。そのため，従業員は事業部長が策定した戦略に基づく計画の達成に邁進して，戦略そのものを問題視するという行動はとらなくなる。つまり，戦略については，シングル・ループの学習行動となる。これは，戦略マップが作成されていなかったことにも関連している。戦略の修正を行うダブル・ループの学習行動を促進させるためには，戦略が可視化されていなければならず，戦略マップの作成がダブル・ループの学習と密接な関係にある。

　上記のように，Norwalk事業部では，意図した戦略を前提としており，診断的コントロール・システムという伝統的なマネジメント・コントロールの下でBSCを実践しようとしていた。そのため，戦略マップによる戦略修正を行えないだけでなく，創発戦略をもたらすようなインターラクティブコントロール・システムをBSCの役割として想定していなかったと言える。

　以上より，Norwalk事業部のBSCは，業績評価システムのなかに，非財務指標を取り込むことで改善の余地がある。今回の事例では問題視されていないが，業績評価システムとしてBSCを導入すると，本章の第1節で取り上げた組織スラックが起こり，前年度並みの目標値が設定されてしまう。あるいは，戦略実行のための高い目標値の設定とはならない可能性もある。また，戦略実行としては伝統的マネジメント・コントロールを超えることができない。これらの問題点が生まれるのは，BSCを，業績評価システムのみを目的として構築してしまったことに起因していると考えられる。戦略実行と業績評価システムの双方を目的として業績評価システムを構築する場合でも，戦略実行に先駆けて業績評価システムを構築すると，同じ問題が発生する。

## 4　業績評価と戦略実行の統合に向けて

　Norwalk事業部のケースによりBSCを導入するとき，業績評価システムを優先させて業績評価と戦略実行の統合を図ると，いろいろな問題が起こることがわかった。すなわち，業績評価システムは意図した戦略だけを想定しているために，戦略修正や戦略学習あるいは創発戦略の形成といったことが実現しなくなる。このような戦略不全という問題を克服するためには，戦略実行を優先させてシステムを構築して，その後で業績評価と戦略実行の統合を図るべきではないかと考える。戦略を優先させて策定すれば，戦略マップで戦略を可視化できるだけでなく，中期計画に反映できるようになる。次に，この中期計画の課題として，中期計画の立案タイプであるローリング型と固定型に分けて業績評価システムを検討する。

### 4.1　中期計画の立案タイプ

　戦略実行を目的として，BSCを先行導入して業績評価システムを後で導入すると，当然ではあるが，戦略を考慮に入れたBSCを構築できる。その上でBSCを業績評価のために調整できるため，両者の統合がしやすくなる。たとえば，戦略マップ上に戦略実行のための尺度を設定するため，この中から組織スラックを起こさないように十分注意して業績評価すべき尺度を選択できる。また，選択した尺度の目標値に対して業績係数を考慮した報酬制度を設計することも可能である。その場合，業績評価を考慮外において，戦略実行の考慮事項に注目してシステム設計を検討する必要がある。

　ところが，問題はこれで終わりではない。戦略の可視化の仕方，とりわけ中期計画の立案の仕方によって，戦略実行への影響が大きく変化することがある。ここで，中期計画の立案タイプは，毎年ローリングするローリング型中期計画と，中期計画が実現されるか，その計画期間が満了するまでの数年間を固定して利用する固定型中期計画とに区分できる。これらの区分ごとに，BSC導入

図表7-7　BSC導入目的ごとの考慮事項

| BSCの考慮事項 | ローリング型中期計画と業績評価の連携 | 固定型中期計画と業績評価の連携 |
|---|---|---|
| 戦略のタイプ | **創発戦略**<br>　環境適応した戦略の創発に従業員全員で努力するようになる | **意図した戦略**<br>　意図した戦略実行に従業員全員で努力するようになる |
| 組織の価値観 | **内的動機づけが中心**<br>　内的動機づけを持つような価値観を共有する組織になる | **外的動機づけに導きやすい**<br>　業績評価中心の価値観を共有する組織になる |
| 戦略修正 | **戦略的マネジメント・コントロール**<br>　BSCを用いれば，戦略修正ができる | **戦略的マネジメント・コントロール**<br>　BSCを用いれば，戦略修正ができる |
| コントロール・レバー | **診断的コントロールは機能せず，インターラクティブが強化される**<br>　業績比較は機能せず，目標や目標値の設定に向けたコミュニケーションをとる | **診断的コントロールは機能するが，インターラクティブは困難**<br>　従業員全員で不確実性に注意し，コミュニケーションをとる |
| 戦略学習 | **ダブル・ループ**<br>　業績評価というよりは，戦略修正や創発戦略を生む可能性が高い | **ダブル・ループ**<br>　戦略目標，尺度，目標値などに疑問を持ち，戦略修正を行う可能性がある |

出典：著者作成。

における業績評価と戦略実行の統合を検討する。結論を先取りして整理すれば，両タイプの中期計画に基づいた戦略実行の考慮事項の比較は，図表7-7のようになる。これに基づいて，以下で比較検討した考慮事項を明らかにする。

## 4.2　ローリング型中期計画と業績評価

　ローリング型中期計画では，変化する環境を考慮に入れて毎年中期計画を立案する。環境適用という点では優れた計画立案ではあるが，業績評価を行う上では問題もある。たとえば，中期計画をレビューするのは，次期の中期計画を立案してからである。次期の中期計画を立案してしまうと，従業員の思考回路は次期以降に目を向けてしまう。そのために，翌年以降の中期計画を立案した後で前年度の中期計画の進捗をレビューしたとしても，それは過去の出来事として捨て去られる危険性がある。このように，ローリング型中期計画では，年度末に近づくにしたがって中期計画を死守しようというモチベーションは湧か

なくなってしまう。この点で，ローリング型中期計画には，業績評価の面で問題がある。

　ただし，業績評価尺度やその目標値を問題視しながら中期計画を毎年立案するので，そのたびに戦略を見直すことになり，その結果，戦略の修正もしくは戦略の創発が生まれる可能性がある。むしろ，インターラクティブなコミュニケーションをとりながら，戦略の修正や創発を行う点にこそ，ローリング型中期計画の意義がある。

　以上より，ローリング型中期計画を実行するケースでは，まず意図した戦略を可視化するために中期計画が立案される。意図した戦略の下に，診断的コントロール・システムがより機能する。したがって，差異分析による原因分析や是正措置をとる必要がある。ところが，すでに明らかにしたように，年度末に近づくにしたがって，差異分析は機能しなくなる可能性がある。診断的コントロール・レバーが機能しなくなる危険性があると言えよう。しかし，BSCを併用すれば，ローリングしながら環境適応した戦略に修正できたり，創発戦略が生まれる可能性が高い。環境変化が激しいことと，上述のように年度末になるにしたがって差異分析が機能しなくなることから，成果連動型報酬制度のような外発的動機づけは難しくなる。その反面，組織内で戦略志向の価値観を共有でき，内発的動機づけを持たせやすくなる。

## 4.3　固定型中期計画と業績評価

　中期計画を固定する固定型中期計画では，環境変化への適用がしにくいという欠点がある。では，環境適応がまったくできないかと言えば，必ずしもそうとは言えない。

　固定型中期計画では，計画立案するために，意図した戦略を策定する。策定した戦略を，BSCを導入している場合には戦略マップや中期計画で可視化して，現場とのコミュニケーションがとられてから，現場が戦略を実行する。このとき，中期計画を固定しているために，戦略マップによる戦略修正はできたとしても，環境変化に対応した創発戦略を生み出す機会は比較的限定されよう。戦

略が環境変化に対応できるようになるのは，戦略が再度策定し直される中期計画の立案時まで待たなければならない。ただし，戦略マップを用いて四半期や半期ごとに戦略の修正を行うことはできる。環境適応するには，BSCを用いることで，戦略的実施項目を実施しながら，インターラクティブに戦略の検討を行うレビューや戦略の検証が重要になってくる。

固定型中期計画では環境適応ができなくなる可能性は高いが，戦略マップを利用して環境対応を常に意識することはできる。業績評価に関しては，中期計画対比での業績比較を行うときに，環境適応している戦略マップとスコアカードを用いれば目標値対比での戦略達成度を測定し管理できる。ただし，BSCを併用したとしても，業績評価は診断的なコントロールとなってしまうことに留意する必要がある。また，期中や期末には戦略の修正を実行できるが，創発戦略に導くことは稀であろう。

要するに，固定型中期計画によれば，環境適応という問題はあるが，BSCを併用することで環境適応できるようになり，戦略実行を行うことができる。同時に業績評価システムとしての考慮事項に注意すれば，当初計画した中期計画対比での差異分析もチェックできる。そのため，中期計画を中心に置いた診断的コントロールで戦略達成度を測定することができ，業績評価も行うことができる。

## 4.4　ローリング型中期計画か，固定型中期計画か

中期計画を毎年繰り返して立案することで環境適応するのが，ローリング型中期計画である。目標とする計画を環境に合わせて変化させていくことができる反面，計画対比の業績評価は困難になる。戦略修正や創発戦略を生むようなインターラクティブ・コントロールが効果的に機能する可能性が出てくる。

一方，中期計画を固定したまま戦略実行しようとするのが，固定型中期計画である。中期計画が環境適応し難くなるという課題はあるが，BSCを用いることで，戦略学習できる可能性がある。また，レビューを重要視することで，創発戦略も生まれる可能性がまったくないわけではないが，ローリング型に比

較すると創発の可能性は低くならざるを得ない。

　BSCを併用すれば，どちらのタイプでも戦略修正は可能である。創発戦略を考慮して中期計画を毎年立案すべきか，それとも業績評価を重視して中期計画を固定するべきかという選択になろう。つまり，どちらが優れているかというよりも，経営者のニーズが環境適応を重視するか，環境適応よりも業績評価を重視するかによって，ローリング型中期計画か固定型中期計画かを選択できる。

　インタンジブルズを構築するには，第5章で検討したように，BSCに基づいて創発戦略や戦略修正を行う必要がある。その点では，固定型中期計画よりはローリング型中期計画の方が，毎年中期計画を検討しながら戦略のインタラクティブな検討ができる。ローリング型中期計画が業績評価の問題はあるにしても，インタンジブルズの構築という点から推進されるべきであると著者は考える。

## まとめ

　本章では，戦略実行としてのBSCを報酬連動型業績評価システムとしても利用する企業実態から，両者の統合について検討した。業績評価と戦略実行の考慮事項を明らかにした後，Chadwick社を例に両者の統合を検討した。その結果，業績評価システムを優先させてBSCを導入してしまうと，戦略実行が機能しなくなることがわかった。逆に戦略実行を先行させたときは，業績評価用に尺度調整が可能であることがわかった。つまり，戦略実行で設定した尺度の中から業績評価用の尺度を選択したり，業績係数を用いて組織スラックを抑制することができる。

　加えて，戦略実行を優先させるときでも，中期計画の立案によっては業績評価に問題が出てくる可能性があることがわかった。ローリング型中期計画では，環境適応を図った後には業績評価の精度が落ちてしまう。業績評価が機能しなくなるので，外発的動機づけを図ることは難しいが，その一方で戦略志向の組

織となり，内発的動機づけが醸成されるという利点がある。その場合，環境変化に適応させる行動がとられるため，戦略修正や創発戦略が生まれる可能性も高くなる。

　他方，固定型中期計画では，環境適応することはそのままでは難しい。BSCを併用することで戦略修正を行える可能性があるが，創発戦略を生むことはやさしくはない。インターラクティブコントロール・システムの側面も弱くならざるを得ない。逆に，中期計画対比で経営実務を業績評価する診断的コントロール・システムとしては優れている。つまり，BSCで業績評価と戦略実行を効果的かつ効率的に統合したい企業は，固定型中期計画をベースにすると良い。

　以上より，本章で明らかになったことは，インタンジブルズの積極的な構築のために創発戦略を考慮して中期計画を立案したいときには，BSCを併用したローリング型中期計画が良い。インタンジブルズのマネジメントに焦点を当てると，戦略実行と業績評価の統合は厳密に結びつけない方がよい。そうすることで，戦略実行のインタンジブルズだけでなく，戦略を創発するインタンジブルズを構築する行動がとられる可能性がでてくる。

　逆に，戦略実行と業績評価を同時に効果的かつ効率的に実現したいときには，BSC併用の固定型中期計画が良いということである。インタンジブルズのマネジメントという点からは，意図された戦略の下でインタンジブルズの構築が行われよう。そのため，創発戦略を誘発するインタンジブルズは構築できないが，戦略実行のためのインタンジブルズは構築できると考えられる。

## 参考文献

Anthony, R. N.（1965）*Planning and Control Systems : Framework for Analysis*, Harvard University, pp.16-18（高橋吉之助訳（1968）『経営管理システムの基礎』ダイヤモンド社）.

Argyris, C.（1977）Double Loop Learning in Organization, *Harvard Business Review*, September-October, pp.115-125.

Argyris, C. and D. A. Shon（1982）*Theory in Practice : Increasing Professional Effectiveness*, Jossey-Bass Publishers, p.18.

Argyris, C.（2002）Double-Loop Learning, Teaching and Researching, *Academy of Management Learning and Education*, Vol.1, No.2, pp.206-218.

Kaplan, R. S.（1993）Chadwick, Inc : The Balanced Scorecard, *Harvard Business School*, 9-193-091.

Kaplan, R. S.（1996）Mobil USM&R（A）: Linking the Balanced Scorecard, *Harvard Business School*, 9-197-025.

Kaplan, R. S. and D. P. Norton（1992）The Balanced Scorecard : Measures that drive Performance, *Harvard Business Review*, January-February, pp.71-79（本田桂子訳（1992）「新しい経営指標"バランスド・スコアカード"」『Diamondハーバード・ビジネス・レビュー』4-5月号, pp.81-90）.

Kaplan, R. S. and D. P. Norton（2001）*The Strategy-Focused Organization : How Balanced Scorecard Companies thrive in the New Business Environment*, Harvard Business School Press（櫻井通晴監訳（2001）『戦略バランスト・スコアカード』東洋経済新報社）.

Kaplan, R. S. and D. P. Norton（2004）*Strategy Maps : Converting Intangible Assets into Tangible Outcomes*, Harvard Business School Press（櫻井通晴・伊藤和憲・長谷川惠一監訳（2005）『戦略マップ』ランダムハウス講談社）.

Kaplan, R. S. and D. P. Norton（2006）*Alignment : Using the Balanced Scorecard to create Corporate Synergies*, Harvard Business School Press（櫻井通晴・伊藤和憲監訳（2007）『BSCによるシナジー戦略』ランダムハウス講談社）.

Kaplan, R.S. and D.P. Norton（2008）The Execution Premium, Linking　Strategy to Operations for Corporate Advantage, Harvard Business School Press（櫻井通晴・伊藤和憲監訳（2009）『戦略実行のプレミアム』東洋経済新報社）.

Hope, J. and R. Fraser（2003）*Beyond Budgeting*, Harvard Business School Press,（清水孝監訳（2005）『脱予算経営』生産性出版）.

Mintzberg, H.（1978）Patterns in Strategy Formation, *The Institute of Management Sciences*, pp.934-948.

Mintzberg, H., B. Ahlstrand and J. Lampel（1998）*Strategy Safari : A Guide Tour Through the Wilds of Strategic Management*, Free Press（斉藤嘉則監訳（1999）『戦略サファリ―戦略マネジメント・ガイドブック―』東洋経済新報社, p.13.）

Porter, E. M.（1985）*Competitive Advantage*, The Free Press（土岐坤・中辻萬治・小野寺武夫訳（1985）『競争優位の戦略』ダイヤモンド社）.

Simons, R.（1995）*Levers of Control : How Managers use Innovative Control Systems to drive Strategic Renewal*, Harvard Business School（中村元一・黒田哲彦・浦島史惠訳（1995）『ハーバード流「21世紀経営」４つのコントロール・レバー』産能大学出版部）.

Simons, R.（1999）*Performance Measurement and Control Systems for Implementing Strategy*, Prentice Hall（伊藤邦雄監訳（2000）『戦略評価の経営学』ダイヤモンド社）.

伊藤和憲（2007）『ケーススタディ　戦略の管理会計』中央経済社。

伊藤嘉博・清水孝・長谷川惠一（2001）『バランスト・スコアカード―理論と導入―』ダイヤモンド社, 第４章。

櫻井通晴（2008）『バランスト・スコアカード（改訂版)―理論とケース・スタディ―』同文舘出版, 第３章。

## 統合報告における
## 価値創造の可視化

## はじめに

　国際統合報告評議会（International Integrated Reporting Council : IIRC）
からディスカッションペーパー（IIRC, 2011）[49]，コンサルテーション草案
（IIRC, 2013a），そして最後にフレームワーク（IIRC, 2013b）が発表された。
フレームワークが発表されるまで，統合報告に関わる論文や特集が相次いで発
表されている。これらの論文や特集で検討された議論の焦点は，企業価値の概
念，統合報告の体系，財務情報と非財務情報の統合という３つに大別できる。
外部報告ではあるが，統合報告はバランスト・スコアカード（Balanced
Scorecard : BSC）やインタンジブルズと密接に関わる。

　第１の企業価値の概念とは，誰のためのどのような企業価値の創造なのかと
いう課題である。かつての報告書では，投資家に限定して経済価値のみに焦点
を当てて情報提供してきた。ステークホルダー志向に移行してきているが，投
資家に限定しても経済価値のみの追求だけでは許されなくなってきた。いま企
業は競争優位を追求した結果としての社会問題や環境問題への対応を迫られて
いる。つまり，経済価値と社会価値を統合したシェアード・バリュー（shared
value : 共有価値）を追求する必要がある（Porter and Kramer, 2011 ; 小西,
2012b ; 向山, 2012 ; 三代, 2012）。ところで，経済価値と社会価値だけが企業
価値を構成するのか，顧客価値や組織価値は企業価値を構成しないのかという
問題もある。

　第２の統合報告の体系とは，統合報告書作成における基本原則と内容項目の

---

49) 2011年にディスカッションペーパーを報告したのは，Councilではなく，Committeeだった。

課題である（上妻，2012a, 2012b；小西，2012a；三代，2012）。何を開示すべきかについては，統合報告の基本原則と内容項目について紹介する論文が多い。本章でも，基本原則と内容項目とは何かを明らかにする。

　第3の財務情報と非財務情報の統合とは，企業はすでに多様な報告書によって情報開示を行ってきているが，非財務情報で開示すべき指標は何か（小西，2012a；倍，2012）という課題がある。また，多様な報告書があるのに統合報告書を開示するのはなぜかという課題もある。すなわち，統合報告はこれらの報告書に代わるものなのか，それとも追加して報告されるべきものかといった統合報告書の位置づけに対しての議論である（上妻，2012a, 2012b；安井・久禮，2012）。

　統合報告は，外部報告に関する基準という意味で，主として財務会計で研究されてきたテーマである。一方，報告内容が価値創造であるという意味では，管理会計としても研究すべきテーマである。このように，統合報告は外部のステークホルダーに対するビジネス情報の提供を行う。内部経営管理者へのビジネス情報の提供も行う。したがって，管理会計の本質に深く関わる内容であると言え，その点で，統合報告は管理会計に対してイノベーションをもたらすと言えよう。

　本章では，統合報告をインタンジブルズのマネジメントと関わらせて検討する。それだけでなく，価値創造に密接に関わる3つの論点を検討する。第1の論点は，管理会計研究にとっての統合報告を研究する意義があるか否かである。第2の論点は，上述した通り，企業目的を企業価値創造と定義するとき，企業価値とは何かについて見解の一致を見ていない点がある。企業価値について，私見を交えて考察する。第3の論点は，統合報告の報告内容である価値創造の可視化をいかに行うかに対して議論が不足している点である。これらの3つの論点を順に検討するとともに，このような管理会計領域に関わる論点についても検討する。

　本章においては，第1節で，外部報告である統合報告を管理会計領域で検討する意義について明らかにする。第2節では，統合報告が求められている原因としてのインタンジブルズの重要性について検討する。第3節では，統合報告

の3つの論点として上記で取り上げた，企業価値の概念，統合報告の体系，財務情報と非財務情報の統合について検討する。第4節は，統合報告の目的である価値創造プロセスについて提案する。最後に本章をまとめる。

## 1 統合報告の管理会計上の意義

フレームワークでは，統合報告の主要な目的は，「組織が長期にわたって価値をいかに創造するかについて，財務資本の提供者に説明することである」（IIRC, 2013b, p.4）としている。また統合報告の定義として，「組織の戦略，ガバナンス，業績，将来見通しが組織の外部環境の下で，いかに短期・中期・長期の価値創造に導くかについての簡潔なコミュニケーションである」（IIRC, 2013b, p.7）と明らかにしている。

企業は情報開示として，これまで，財務報告，CSR報告書，環境報告書，マネジメント・コメンタリー，ガバナンスと役員報酬，サステナビリティ・レポートといったように別々の報告書を作成してきた。これらの報告書はそれぞれ独立しており，また一貫性を持たず，重要な開示ギャップがあった。加えて，企業の戦略，ガバナンス，財務と非財務の業績，将来見通しといった相互関係が明らかにされていなかった。これらを相互に結合させて，短期・中期・長期の企業価値を創造し維持する企業の能力に対して，どのような影響を及ぼすのかを説明する必要がある。

統合報告書の主要な報告対象は投資家であるが，報告しようとする企業[50]，投資家，政府の政策立案者や規制当局および基準設定機関，その他のステークホルダーにとっても価値がある（IIRC, 2011, p.20）。

---

50) IIRC（2013b）の統合報告フレームワークでは，統合報告の利用者として，すべてのステークホルダーと指摘して，投資家以外には，従業員，顧客，サプライヤー，ビジネスパートナー，地域社会，規制当局，政策立案者を例示している。ところが，IIRC（2011）のディスカッションペーパーで第1番目に取り上げていた企業自体が，フレームワークでは統合報告の利用者として明記されていない。ステークホルダーとして企業も利用者に含むべきであると考えている。ここに，フレームワーク（IIRC, 2013b）の問題があると著者は考えている。

　まず，投資家にとっては，従来では財務報告とその他の報告で情報ギャップがあったために，正しい意思決定の妨げとなっており，それを統合報告によって解消できる可能性が期待される。

　部品メーカーとしては，統合報告により製品メーカーの価値創造プロセスを理解でき，それによって自社の戦略策定にその情報を取り入れることができる。製品メーカーのユーザー・カンパニーにとっても，製品メーカーの価値創造プロセスは，製品メーカーとユーザー・カンパニーとの関係性を構築するために必要な情報である。また従業員にとっては，自社の価値創造プロセスの情報は，自らの仕事や関係者の仕事の重要性を理解したり，自社の将来の方向性を知ることで自らの立ち位置を決めることができる。

　政策立案者や規制当局，基準設定機関にとって統合報告の意味は，経済全体の効果的な資源配分と環境課題に対処した投資を奨励するためである。その他のステークホルダーである地域住民，独立監査人などの保証人にとっても，それぞれの関心事項が盛り込まれるという点で，統合報告は意義がある。

　統合報告は，以上のステークホルダーだけでなく，報告主体である企業内部の経営者にとっても，価値創造プロセスについてステークホルダーとエンゲージメント（stakeholder engagement：ステークホルダーとの対話による絆作り）をとることが重要である。そこで，次に統合報告の経営管理上の役立ちを検討する。

　第1は，統合報告することで投資家との**信頼関係が樹立**できる。IIRCのコンサルテーション草案では，「投資家に対し，企業の長期にわたる価値創造能力の評価に関わる情報をコミュニケートすることによって，統合報告はその意思決定，エンゲージメント，株主権行動に影響を及ぼすことができる。また，限りある地球資源と社会的期待の下で……財務資本の配分を奨励することで社会的関心を支援する」（IIRC, 2013a, 2.39）と記述している。このように投資家へ価値創造能力を報告することで，投資家からの信頼が得られる。この報告内容である価値創造能力の情報は，企業にとっての重要なインタンジブルズである。

　第2は，統合報告によって内部経営管理者へ**市場の論理**を導入できる。価値創造プロセスを外部報告するという心理的圧力を伴うことによって，従業員に

外圧を与えることになる。効果的な外圧は，コスト削減や収益増大の意識を高めたり，そのための資源配分を行うことができる。市場の論理のためには，既存顧客だけでなく将来の顧客を含めて，また現在の従業員だけでなく退職者や将来の従業員なども含めて，ステークホルダーとの対話が重要である。統合報告は開示という一方向の情報伝達として捉えるべきではない。ソーシャルメディアに基づくTwitterやFacebookのような双方向のweb環境の下で，ステークホルダーとの対話をとることで，透明性を高めることができる。この対話のレベルは，企業とステークホルダーとのサービスレベル・アグリーメントであるという指摘がある（Scott and Jacka, 2011, p.33）。統合報告は，ステークホルダーとの約束事と捉えることで，関係性の構築を高めることができよう。このようなステークホルダーとの関係性もまた，企業の価値創造を強力に推進してくれるインタンジブルズと言えよう。

第3は，統合報告が外部だけでなく，内部の従業員に対する報告ともなり，**戦略情報の共有**と**協力体制の強化**が実現できる。トップレベルでしか知り得なかった戦略の開示によって，すべての従業員と情報共有できる。また，戦略を理解した従業員は，自らの業務を戦略へと方向づけ，協力体制に向かうようになる。戦略情報を共有したり，戦略への協力体制を構築することは，これこそまさに，インタンジブルズの構築に貢献する活動である。

第4は，統合報告で戦略を可視化することによって，従業員の**スキルアップ**にも寄与できる。戦略を理解した従業員は，将来の価値創造プロセスを効率的かつ効果的に実行できるように，自らの不足したスキルやケイパビリティというインタンジブルズを向上させることができれば，企業価値の創造を下支えできる。

第5は，統合報告することが新たな**組織文化の形成**となる。たとえば，将来の価値創造となる新たな事業機会を探索しようとしたり，適切にリスクマネジメントを行おうとするような組織文化が形成される。このような組織文化は構築が最も困難なインタンジブルズである。

これらの結果として，第6に，いずれもインタンジブルズの構築と言える**レピュテーション・マネジメント**と**戦略の策定と実行のマネジメント**が強化され，

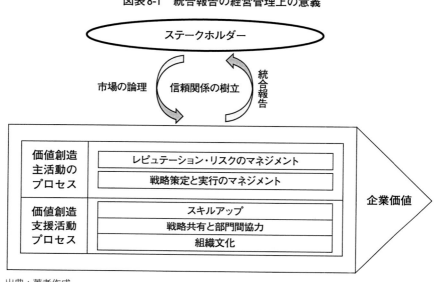

図表8-1 統合報告の経営管理上の意義

出典：著者作成。

このことが**企業価値の創造**となる。このような統合報告の経営管理上の意義を図示すると，図表8-1となる。

　要するに，内部経営管理としてこれまで行ってきたことに市場の論理という外圧が加わることで，透明性を増したインタンジブルズ重視のより適正な内部経営管理へと向かうことができる。この点に関連して，Eccles and Krzus（2010, p.151）も，「情報が外部に報告されるとき，信頼性の基準はとりわけ高くなる。外部報告に求められる質が高ければそれだけ内部情報の質も高くなり，その結果意思決定の質も高まる」と指摘している。統合報告は，このように経営管理にとってもメリットがあり，管理会計としても研究する意義がある。

　また，Tilley（2011）も「効果的にまとめ上げた報告書を作成するには，事業が行われているビジネスと市場に対する徹底した理解が必要である。それはまた，ソース・データと定性的内容を提供するために効率的な管理会計情報システムも必要である」と指摘して，統合報告における管理会計の意義を明らかにしている。

## 2 インタンジブルズ重視の社会と統合報告

　伝統的な報告書の間で，開示情報に重要なギャップがある。ここに企業価値の創造・維持する事業活動を財務情報だけでなく，非財務情報と統合して示す必要がある。ここでの課題は，過去の実績を示す財務報告にはオンバランスできない要素，すなわちインタンジブルズが増えていることである。また，将来見通しとしての財務情報とその根拠となる非財務情報の結合は，財務報告だけでは困難だということである。

　今日の企業にとって大きな関心事の１つは，このようなインタンジブルズである（Lev, 2001 ; Ulrich and Smallwood, 2003 ; 櫻井，2008, p.63 ; 古賀，2012a, p.27）。インタンジブルズが重要視されているのはなぜか。外部利害関係者の利害調整と投資意思決定に役立つ会計情報を主に扱う財務会計の側面，および内部経営管理者の効率と効果性に役立つ経済的情報を扱う管理会計の側面，これらの両側面から，先の問いかけの理由を考えることができる。

　財務会計としてインタンジブルズを重要視する理由は，オンバランスされないインタンジブルズが企業価値のかなりの部分を占めているということである。オンバランスされないインタンジブルズとは何か。Lev（2001, p.13）は，1977年から2001年までのS&P 500（米国の大企業上位500社）の株価純資産倍率（price book-value ratio : PBR）の推移を明らかにしている。PBRは，株式時価総額としての企業価値が純資産の何倍あるかを示す値である。このPBRを調査した結果，1980年ごろはPBRが１倍であったが，2000年には７倍を超えたこともあり，2001年現在は６倍であると指摘した。つまり，近年ではオンバランスできない部分が，６倍とか７倍あることが理解できる。

　日本のPBRの状況はどうなっているのだろうか。東証１部のPBR[51]を図示すると，図表8-2となる。図表8-2より，リーマンショックの2008年は１倍を切っており，また2010年と2011年は１倍程度でしかない。リーマンショック，ギ

---

51）http://www.nikkei.com/money/column/teiryu.aspx?g=DGXNMSFK17014_17062011000000 （2013/1/28現在）.

図表8-2　東証 1 部の PBR の推移

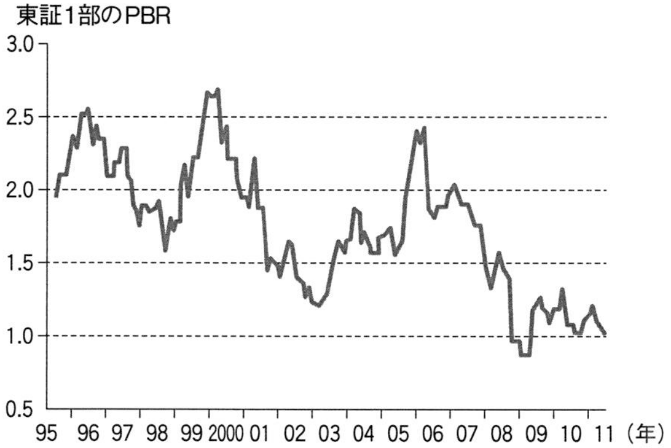

東証1部のPBR

出典：日本経済新聞社ホームページ。

リシャ金融危機，東日本大震災などが原因となって株式時価が下落しているため PBR の数値が引き下げられてきたことがわかる[52]。この図表8-2のデータを見る限りでは，日本ではインタンジブルズの存在であるオンバランスされていない部分を重視すべきであるという説明は説得力を持たない。PBR 以外の指標でインタンジブルズの存在を説明できないであろうか。

　IIRC では，S&P 500の市場価値に占める総資産の割合を示している。つまり，株式時価総額と負債の合計に占める総資産の割合である。この市場価値に占める総資産の割合は，図表8-3に示すように，1975年に83%であったものが，2009年には19%と小さくなっている（IIRC, 2011, p.4）。さらに言えば，2009年現在，オンバランスできないインタンジブルズは企業価値の 8 割を占めていることが明らかになっている。言い換えれば，米国ではオンバランスされないインタンジブルズが相当存在し，インタンジブルズは重要であると言えるが，一方，日本ではオンバランスされないインタンジブルズは極めて僅少であり，ここにインタンジブルズに関わるオンバランスの課題を見出すことは困難である。

---

52）株式市場からの評価が良くない原因として，伊藤（邦）他（2012）は３つを特定している。①収益性の向上が長期的価値創造に結びつかないと株式市場が解釈しているため，②会計処理に予測や見積り要素が拡大しているため，③財務情報の信頼性を担保する役割を担うプレーヤーに対する不信感があるため，としている。

図表8-3 S&P500の市場価値に占める総資産の割合

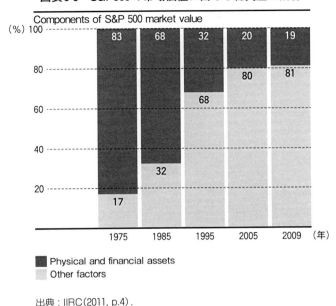

Components of S&P 500 market value

Physical and financial assets
Other factors

出典：IIRC(2011, p.4).

　図表8-2で明らかにしたように，PBRが1倍ということは，日本では時価総額と簿価との差額として示されるインタンジブルズ，すなわちオンバランスされないインタンジブルズはほとんどなく，オンバランスとして測定する意義はない。むしろ，有価証券報告書だけでは投資家が企業を正しく理解できないとして，環境報告書やサステナビリティ・レポートが提出されてきたと解釈すべきであろう。投資家は財務情報だけを頼りにしているわけではなく，非財務情報も考慮して意思決定している。ここで問題となるのは，従来のように，統合報告を行わない場合では，財務情報と非財務情報の報告書に一貫性がないということである。ただし，財務会計上は，財務情報と非財務情報の情報ギャップを改善するところに，環境報告書やサステナビリティ・レポートなどによりインタンジブルズの開示を重視する意義がある。

　次に，管理会計としてインタンジブルズを重視する理由を検討する。管理会計として非財務情報と言うよりも，なぜインタンジブルズを重要視する必要が

あるのかを検討したい。財務業績は過去の実績を示すものであり，非財務情報は将来の財務業績に影響を及ぼすパフォーマンス・ドライバーである。財務業績とパフォーマンス・ドライバーを測定し管理する必要がある（Kaplan and Norton, 2001）。このパフォーマンス・ドライバーは，インタンジブルズと考えることができる。インタンジブルズは，それだけでは企業価値の創造には寄与できず，戦略的に財務業績と結びつけて，はじめて効果が期待できる（櫻井, 2011, p.25）。

　企業価値の創造のためには，インタンジブルズを戦略的にマネジメントする必要がある。Ulrich and Smallwood（2003）も，インタンジブルズを構築するリーダーシップをマネジメントすることが重要であると指摘している。組織に卓越した研究開発の能力があったり，その研究開発をリードする経営者がいたとしても，それらを活用して将来の利益に結実させなければ，せっかくの研究開発能力やリーダーシップも「宝の持ち腐れ」となってしまう。

　したがって，戦略と結びつけてインタンジブルズをマネジメントすることが，企業価値の創造にとって重要であることが理解できよう。これをステークホルダーに可視化するのが，統合報告書である。

## 3　統合報告の論点

　前節によって，統合報告はインタンジブルズのマネジメントにとって重要な研究テーマであることが明らかとなった。そこで本節では，統合報告の重要な論点である，企業価値の諸概念，統合報告の体系，財務情報と非財務情報の統合を順に検討する。

## 3.1　企業価値の諸概念

　企業価値の概念について，第3章では，経済価値，社会価値，組織価値からなると定義して議論を進めた。また，第4章の図表4-1では，もう少し含みを

持たせる企業価値観を図示した。ところが，企業価値としては，ほかにもいろいろな解釈がある。まず企業価値の諸概念を明らかにして，本書における見解を明らかにする。

欧米の研究者の支配的見解は，企業価値を経済価値とするものである。この見解にしたがって，経済産業省企業価値評価研究会では，企業価値とは「本業が将来生み出すキャッシュフローを現在価値に割り引いた総額」と定義している[53]。この企業価値の定義は，株主価値の最大化という観点で考案されたものである。

他方，コンサルテーション草案（IIRC, 2013a, 2.41）では，「伝統的に価値は，将来的に予測されるキャッシュフローの現在価値を意味し，その価値創造も企業の財務業績からなるものとして理解されてきた。統合報告では，……財務的に直接関連するものだけでなく，より広範な資本，相互関係，活動，因果関係，関係性に依存するものであるという理解に基づいている」と指摘している。すなわち，コンサルテーション草案においては，経済産業省が推進した株主価値概念ではなく，もっと広義の企業価値観を想定している。この株主価値ではない広義の企業価値とは，具体的に何を意味するのかを，以下で検討する。

ディスカッション・ペーパー（IIRC, 2011, p.10）では，経済，社会，環境に関わる事業活動から導き出される企業価値は，従業員，パートナー，ネットワーク，仕入先，顧客などとの関係を通して共同で創造されると指摘している。言い換えれば，経済価値と社会価値を併せ持った価値観で，戦略的に将来の経済価値を狙う必要があるという共有価値を志向している。Porter and Kramer（2002, 2006, 2011）が提案した共有価値とは，社会のニーズと課題に対処することで，社会価値も創造するような経済価値の創造である。

これに対して，櫻井（2011, pp.70-72）は，組織風土，経営者のリーダーシップ，従業員の仕事への熱意・チームワーク，倫理観，ビジョンと戦略の整合性の改善・改革と言った組織価値の概念が重要であると指摘する。要するに，経済価値，社会価値，組織価値による企業価値観を提案した。この提案を検証

---

53) www.meti.go.jp/report/downloadfiles/ji04_07_03.pdf（2013/1/23現在）.

するために，わが国の経営者がどのような企業価値観を持っているかの調査（青木他，2009）を行った。その結果，日本の多くの経営者（89％）は，企業価値を経済価値，社会価値，組織価値と考えていることがわかった。

　同様の趣旨で，伊藤（和）・関谷・櫻井（2014）は，Reputation Institute社のレピュテーション評価指標であるRepTrak®の23の属性に基づいて，東証一部上場企業に対して探索的因子分析を行った。その結果，職場と市民性，リーダーシップ，製品・サービスとコンプライアンス，財務業績，革新性という5つの因子を特定した。これらに基づいて共分散構造分析による仮説検証を行ったところ，組織価値が社会価値に影響を及ぼし，社会価値が顧客価値に影響を及ぼし，顧客価値が経済価値に影響を及ぼすという仮説が統計的に有意となった。同時に企業価値は，経済価値，顧客価値，社会価値，組織価値からなることも判明した。

　櫻井（2011, p.71）によると，企業の社会価値は，社会のなかでの会社のポジションに関係する。顧客に良質で廉価な製品・サービスを提供しているか，企業市民として行動しているか，社会資本に対して何らかの有用な価値を加えているかが問われる。結果として，営業ライセンスが与えられているか（Brady, 2005, pp.64-65）で社会価値が決まってくる。このように，顧客価値を社会価値に含めることもできなくはない。しかし，顧客の重要性を明確にするには，顧客価値を社会価値から独立させることも1つのアイディアであると思われる。

　では，顧客価値は新しい概念と言えるのだろうか。Drucker（1954, p.34）は事業の目的を顧客の創造であると指摘している。また，経済価値のような利益最大化の概念は事業の目的やマネジメントとは無関係であって，そのような概念は害さえ与えると指摘している。Druckerによれば，事業を決定するのは顧客であり，提供される財やサービスに対して支払いを行い，経済的な資源を富に変え，ものを商品に変えるのは顧客であると言う。この考え方は，顧客の満足度を高めたり顧客に信頼される企業を目指すという意味で，顧客価値を志向したものと捉えられる。

　企業価値という概念は，一方では，株主価値，顧客価値，社会価値，組織価値といった個別の価値観を追求するケースが考えられる。他方には，いくつか

の価値観を同時に追求すべきであるという主張もあった。たとえば，Porter and Kramer（2011）は経済価値と社会価値を追求すべきであると言う。また，Kaplan and Norton（1992）のBSCは，株主や顧客，サプライヤー，地域社会，従業員や経営者といったステークホルダー全体の満足度を追求する概念と考えることができる。本書では，企業価値を経済価値，顧客価値，社会価値，組織価値からなると定義する。顧客価値と組織価値の重要性を認識して，統合報告でも経済価値，顧客価値，社会価値，組織価値からなる企業価値観に変更すべきではないだろうか。

## 3.2　統合報告の体系

　統合報告のフレームワーク（IIRC, 2013b）では，統合報告書を作成する要点として，7つの基本原則と9つの内容項目を明らかにしている。本項では，フレームワークに基づいて，基本原則と内容項目を紹介する。

　7つの原則とは，「戦略の焦点と将来志向」，「情報の結合性」，「ステークホルダー関係性」，「重要性」，「簡潔性」，「信頼性と完全性」，「一貫性と比較可能性」である。以下で，これらの7つの原則を明らかにする。

　**戦略の焦点と将来志向**の原則では，「統合報告書は，企業の戦略と，その戦略が短期・中期・長期にわたって企業価値を創造する能力，およびその能力の利用と資本に及ぼす効果にどのように関わるのかに対する洞察力を提供しなければならない」。たとえば，戦略とその他の内容との関係，競争優位や将来の企業価値の創造を実現できるような活動を行っていることを明らかにする必要がある。また，重要な資本の継続的な利用可能性，質と経済性（affordability）は，組織の将来的な戦略目標の達成能力と価値創造能力に対して，いかに貢献するのかについて明瞭に述べる必要があると指摘されている。

　**情報の結合性**の原則とは，「統合報告書は，全般的な価値創造ストーリーとして，長期にわたり価値を創造する組織の能力にとって重要な内容項目間の相互関係と依存関係を明らかにしなければならない」。たとえば，環境変化が戦略にどのような影響を及ぼすのか，市場分析による多様な要素とリスク評価や

説明との関係，また戦略とKPI（key performance indicators），KRI（key risk indicators），報酬がどのような関係にあるのかを明らかにする必要がある。ICT（情報コミュニケーション技術）としては，インターネット，XBRLあるいはソーシャルメディアなども想定している。

　**ステークホルダー関係性**の原則では，「統合報告書は，企業がどのようにして，またどの程度まで正当なニーズと利害を理解し，考慮し，応答するのかを含めて，主要なステークホルダーとの関係性の質（nature and quality）に対して洞察力を提供しなければならない」。なお，この原則に関しては，コンサルテーション草案では，「ステークホルダー対応性（responsiveness）」であったが（IIRC, 2013a），フレームワークでは，「ステークホルダー関係性（relationships）」となった（IIRC, 2013b）。また，コンサルテーション草案ではqualityだけであったものが，natureも含めて広義の質となった。

　**重要性**の原則では，「統合報告書は，短期・中期・長期の価値創造のために，企業の能力に実質的に影響を及ぼす事象（matters）について情報を開示しなければならない」。また，**簡潔性**の原則では，「統合報告書は簡潔でなければならない」。これらの原則は，コンサルテーション草案では，「重要性と簡潔性」となっていたが，フレームワークでは，「重要性」と「簡潔性」に区分されたことで，両者の重要性がより高まったことが理解できる。

　**信頼性と完全性**の原則では，「統合報告書は，価値創造と価値毀損のどちらでも，すべてバランスが取れた方法で，重要性に誤りがないようにすべての問題を取り上げなければならない」。また，**一貫性と比較可能性**の原則では，「統合報告書の情報は，長期にわたって一貫性を持って示されなければならず，また，長期にわたる価値創造に対する企業の能力にとって重要である限り，他社との比較可能な方法で示されなければならない」。

　ところで，財務情報と非財務情報を開示する企業は実績値に対する説明責任を持つが，将来の目標値を開示したとき，その達成責任という拘束力がどの程度厳格に扱われなければならないのかは問題である。経営者の将来予想の開示であれば，挑戦的目標値を設定できるが，外部報告の場合は結果責任も求められる。挑戦的目標値を設定することで，従業員のやる気を醸成できる。同時に

その情報は，ステークホルダーから必達目標値と受け止められ，企業のトップは結果責任を追及されることになる。このような説明責任を果たすことも考慮に入れて目標値を設定しなければならない。

　また，戦略実行のためには，戦略目標や目標値の設定だけでは不十分で，戦略的実施項目ないしアクション・プランという手段がなければ実現できない。しかし，実施項目の開示は，競争相手に対しては機密情報となる。そのような戦略的に重要な実施項目を開示することは問題である。投資家のための意思決定情報として開示を求めることは理解できるが，企業の経営管理を危うくしてまで内部情報を開示すべきではない。

　次に，統合報告書として報告すべき内容の9項目を紹介する。この内容には，「組織概要と外部環境」，「ガバナンス」，「ビジネスモデル」，「リスクと機会」，「戦略と資源配分」，「業績」，「将来見通し」，「作成と表示の基礎」，「一般的報告のガイダンス」がある。それぞれをフレームワーク（IIRC, 2013b）に基づいて簡単に明らかにする。

　統合報告書において，**組織概要と外部環境**を開示するとは，「組織が何を行っているのか，どのような環境の下で業務活動を行っているのか」を明らかにすることである。また，**ガバナンス**では，「組織のガバナンス構造は，組織の短期・中期・長期に価値創造する能力をどのように支援するのか」に答えなければならない。たとえば，リーダーシップと戦略的意思決定システム，ガバナンス責任者がとった戦略の方向づけに影響を及ぼすアクション，ガバナンスに責任ある経営首脳陣の報酬と短期・中期・長期の業績との結びつきを明らかにすることになる。

　**ビジネスモデル**では，「組織のビジネスモデルは何か」に答えなければならない。なお，コンサルテーション草案（IIRC, 2013a）では，どの程度の復元力があるのかについても指摘していたが，フレームワーク（IIRC, 2013b）では，インプットとの関係でのみ復元力が取り上げられている。

　**リスクと機会**は，「組織の短期・中期・長期に価値創造する能力に影響を及ぼすリスクと機会を特定し，また，組織がそのリスクと機会にどのような対処をするのか」に答えなければならない。たとえば，ミッション，主要な活動，

市場，製品とサービスを明示するとともに，ビジネスモデル，バリュー・ドライバーと重要なステークホルダーへの依存状況，リスクへの姿勢を開示することである。

　**戦略と資源配分**では，「組織がどこに向かおうとしているのか，また，どのようにしてそこに辿り着こうとするのか」に答えなければならない。統合報告書の中で，短期・中期・長期の戦略目的，戦略目的を達成するのに，あるいは実行しようとするのに適切な戦略，その戦略を実行しなければならない資源配分計画，短期・中期・長期の業績と成果目標をどのように測定するのかを明らかにする必要がある。

　**業績**では，「組織がその期の戦略目標をどの程度達成したのか，また資本への影響，およびどんな成果があったのか」に対して答えなければならない。たとえば，戦略業績に関わるKPIとKRI，企業が依存する資源とステークホルダーとの関係性に及ぼす影響，業績に影響を及ぼす重要な外的要因，企業が目標値の達成に向けた対応を明らかにしていくことになる。要するに，財務業績と非財務業績の統合を示すことになる。

　**将来見通し**では，「組織が戦略を遂行するにあたり，どのような課題や不確実性に遭遇する可能性が高いか，また，組織のビジネスモデルにとっての潜在的な影響と将来の業績はどのようなものか」に答えなければならない。たとえば，将来直面する事業の状態に対応するために現在準備していることや，短期と長期の利益バランス，企業が向かう方向に対しての潜在的影響，必要なアクション，関連する不確実性を明らかにすることになる。

　最後に，報告すべき内容というわけではないが，フレームワーク（IIRC，2013b）では，コンサルテーション草案にはなかった項目として，新たに2項目が追加された。1つは**作成と表示の基礎**である。これは，「統合報告書に含めるべき事象をどのように決めるのか，また，その事象がどのように計量化され評価されるのか」ということである。もう1つの項目は**一般的報告のガイダンス**であり，「重要事象の開示，資本の開示，短期・中期・長期の時間枠，統合と分散に関連している」。

　統合報告においては，ステークホルダーと企業との対話を実現するために，

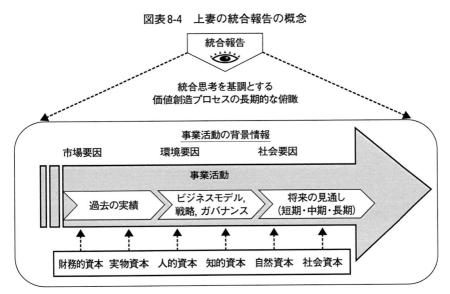

図表8-4　上妻の統合報告の概念

出典：上妻（2012a, p.109）。

企業価値の創造・維持に関わる戦略を示す必要があり，事業機会とリスク，内部のガバナンスと役員報酬との関係，過去・現在・将来の業績と見通しが開示されなければならない。この内容について上妻（2012a）は，図表8-4のような概念図を明らかにしている。

　図表8-4に示すように，過去業績・現在の戦略・将来の見通しという事業活動に対して，市場，環境，社会による業績への影響要因を背景情報として開示する。これらの事業活動を行うための資源として，財務的資本（財務資本），実物資本（製造資本），人的資本，知的資本，自然資本，社会資本を開示すると言う。これらを統合報告によって，「統合思考を基調とする価値創造プロセスを読者に長期的時間軸で俯瞰させる」としている。

　上妻が整理したように，コンセプトと価値創造プロセスを可視化するには，過去・現在・将来の業績，それらの業績に影響を及ぼす事業活動ないし資源の利用方法，経済的状況や社会的課題および技術的変化といった事業活動の外部要因，従業員や顧客，サプライヤーとの関係性，および事業活動を行うのに必

要な資源を可視化する必要がある。

　これらの内容についても，基本原則で指摘したことと同じことが指摘できる。すなわち，経営者が企業の将来見通しを開示したとき，後年になってこの結果が上回っていたとき，下回っていればなおさら，トップは説明責任を果たさなければならない。下回った原因が明確に環境変化に起因することを説明できる場合もあるが，その他の場合には，予測の失敗，努力不足など内部的な原因の説明が求められる。このとき，経営者の将来見通しへの結果責任がどの程度拘束力を持つのか，明らかではない。ただ，何らかの拘束力を持つものとすれば，これを市場の論理として，効率的かつ効果的な経営管理が行われよう。また，戦略的実施項目まで開示することは競争相手に手の内を明かすことになり危険である。戦略情報の開示を求められるとき，グループの競争優位を壊してまで情報を開示すべきではない。しかし，結果の説明としては，実施した戦略的実施項目を明らかにする必要があろう。

## 3.3　財務情報と非財務情報の統合

　統合報告が求められているのは，Luener（2012）が指摘するように，「企業のコミュニケーションの仕方がどのように変化しているかを考えて，企業はアニュアルレポートの役割と体系を再検討している」ためである。つまり，投資家など，ステークホルダーの情報ニーズが変化してきたために，アニュアルレポートと非財務情報とをいかに統合すべきかという問題が生じている。財務情報と非財務情報を統合する意義は，與三野（2012）によれば，「環境・社会と相互依存関係にあることを理解して，環境と社会との共生のためにすべてのステークホルダーに明瞭かつ簡潔にメッセージを伝えることによって，社会からの信頼を獲得できる」ことにある。

　財務情報と非財務情報を開示する統合報告への移行アプローチとして，4つのタイプがある（IIRC, 2011, p.25）。第1のタイプは，マネジメント・コメンタリーまたはアニュアルレポートをベースにサステナビリティ・レポートと統合するものである。第2のタイプは，サステナビリティ・レポートやマネジメ

ント・コメンタリーをアニュアルレポートと統合するものである。第3のタイプは，アニュアルレポートやサステナビリティ・レポートに追加する形で独立して統合報告書を作成するものである。第4のタイプは，内部的に統合報告書を作成するものである。この第4のタイプは，外部報告を意図していないので，ここではその他の3つのタイプを検討する。

　第1のタイプは，アニュアルレポートをベースにサステナビリティ・レポートを統合する統合報告書である。このタイプは，アニュアルレポートは問題ないが，アニュアルレポートとサステナビリティ・レポートとの間で情報ギャップがあるので，これを調整しようというアプローチである。しかし，このタイプでは，アニュアルレポートが統合報告と同じ基本原則に則っていないという課題がある。この点については上妻（2012b）も，「現行のアニュアルレポートは構造的に統合思考になじまない開示媒体である」と指摘しているが，まったくその通りであると著者も考える。

　次に，第2のタイプを検討する。このタイプは，サステナビリティ・レポートやマネジメント・コメンタリーをベースとしてアニュアルレポートを統合する統合報告書である。倍（2012）は，サステナビリティ・レポートのESG情報[54]に関して，ブルームバーグ社の事例を参考としたESGデータを提案している。倍によれば，ESGデータは，「銘柄比較」と「株式スクリーニング」のために開発されたもので，ESGという要素に財務会計情報，ESGレシオ，気候変動への取り組み調査（carbon disclosure project：CDP）データを総合的に評価したものである。その結果，「ESGデータは，ESGリスクが企業価値の及ぼす影響を，財務会計情報だけでなく非財務会計情報も含めた統合的な情報開示によって明らかにする点において，財務報告の方向性を明示している」と評価している。

　財務情報と非財務情報の関連づけを統合して報告するのであれば，ブルームバーグ社の事例はベンチマーキングすべきESGデータであると言える。しかし，統合報告の基本原則には，戦略の集中と将来志向に関わって企業価値の創造と

---

54）環境（E），社会（S），ガバナンス（G）の頭文字。

維持を可視化しなければならない，というものがある。財務情報と非財務情報を無関係に列挙するだけではなく，価値創造プロセスと結びつけて財務情報と非財務情報を統合して可視化する必要がある。つまり，どの企業もESGデータのベストプラクティスに基づいて，それらを統合報告として開示しているわけではない。そうではなく，企業の戦略やビジネスモデルを反映したものとしてのESGデータを含む価値創造プロセスを可視化しなければならない。

　最後に第3のタイプを検討する。このタイプは，価値創造プロセスの開示という内容を重視した新たな報告書を作成するものである。これまでも多様な外部報告をしてきた企業が，さらに追加して新たに報告書を強いるのは，追加コストがかかることから，現実的ではないとする見解がある（上妻，2012a，2012b）。確かに新たな報告書を作成する時間とコストは企業にとって大きな負担である。だからといって現行の報告書を中止して，その代替として統合報告書を作成できるわけではない。それは，これまでのアニュアルレポートやサステナビリティ・レポートの開示をステークホルダーが期待しているからである。であるとすると，統合報告はこれらの要約版として作成していくのが良いのではなかろうか。また，そのような統合報告書を作成することで，外部のステークホルダーだけでなく，内部経営管理者の情報共有としても役立つと思われる。移行時にはコストがかかっても，結果としては企業価値の創出に貢献すると考えられる。

　すでに指摘したように，アニュアルレポートをベースにしたり，あるいはサステナビリティ・レポートやマネジメント・コメンタリーをベースにして統合報告書を作成すると，統合報告の基本原則が崩れてしまう可能性がある。倍（2012）によれば，日本の統合報告書を開示している28社はいずれも財務情報と非財務情報を単純に結合しただけであり，統合報告ではないと指摘している。これまでの報告書に基づかない統合報告書を検討する方が時間的にもコスト的にも早道と言えるのではないだろうか。

　また，価値創造プロセスを可視化する場合の統合報告書は，単にコンプライアンスを保証する手段として開示するだけでなく，ステークホルダーとの対話によって価値創造の好循環を構築する必要がある（経済産業省，2012，p.6）。そ

のような価値創造プロセスの可視化は，管理会計の研究に依存する必要があると言えよう。次節では，管理会計の成果に基づく価値創造プロセスの可視化について検討する。

## 4　価値創造プロセスの可視化

　価値創造プロセスの情報は，企業の長期的な復元力と成功可能性を予測する上で意味のある情報提供となり，ステークホルダーが評価を行いやすくなる（IIRC, 2011, p.10）と言う。また，その情報としては，資本の利用，資本間のトレードオフ，バリュー・ドライバーと，それに影響を及ぼすリスクと機会といった内容を開示する（IIRC, 2013b, p.27）と指摘している。IIRCでは，価値創造プロセスの可視化についての具体的な説明はない。企業価値創造のためには，持ち株会社や本社による企業戦略と事業会社や事業部の事業戦略，それに機能部門による現場での業務活動が寄与する。以下では，統合報告として，どのような価値創造プロセスを可視化すべきかを検討する。

### 4.1　統合報告の価値創造プロセスの可視化

　統合報告では，長期にわたる価値創造能力を評価する情報として3つの要素を取り上げている（IIRC, 2013b, 2.37）。第1の要素は，企業は多様な資本をどのように利用してきたのか，またこれからどのように利用しようとしているのかである。第2の要素は，長期にわたって資本にどのような影響があるのか，資本の移動はどうなるのかである。第3は，バリュー・ドライバーは何か，またそのドライバーに影響を及ぼす機会とリスクは何かである。

　これらの3つの要素を理解するには，図表8-5の価値創造プロセス（通称オクトパス・モデル）が参考になる。第1の要素は，図表8-5の左側に示されている6つの資本（財務，製造，知的，人的，社会と関係性，自然）の現在のストックとインプットのことである。第2の要素は，同様に図表8-5の右側に示

図表8-5　統合報告の価値創造プロセス

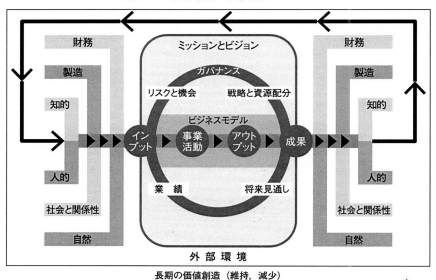

出典：IIRC（2013b, p.13）.

されている6つの資本の将来見通しである。この第1と第2の要素のギャップを埋めるのが第3の要素である。第3の要素は，価値創造プロセスの可視化であり，これを特定するには管理会計研究が役に立つ。

　オクトパス・モデルで統合報告の全体像を鳥瞰できる。また，オクトパス・モデルによって，価値創造プロセスの可視化が重要であることも理解できる。ところが，どのように価値創造プロセスを可視化すべきかについては明らかではない。そこで以下では，BSCによる価値創造プロセスの可視化を提案する。

## 4.2　シナジー創造のための企業戦略の可視化

　企業戦略とは，全社にわたる戦略の策定である。これには分散型のマネジメントであるポートフォリオ・マネジメントと統合型のマネジメントであるシナジー創出がある。同様の趣旨でKaplan and Norton（2006, pp.43-46）も，多角

図表8-6　企業戦略と組織の関係

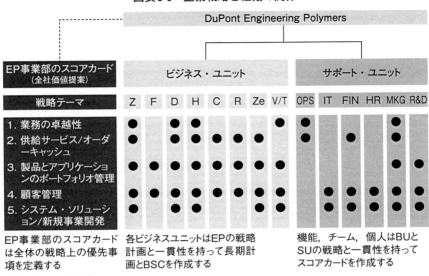

EP事業部のスコアカードは全体の戦略上の優先事項を定義する

各ビジネスユニットはEPの戦略計画と一貫性を持って長期計画とBSCを作成する

機能，チーム，個人はBUとSUの戦略と一貫性を持ってスコアカードを作成する

出典：Kaplan(2001).

化企業では，株主としての投資判断能力による財務的な価値創造と，効果的なガバナンス・システムの運用による財務的な価値創造があるとしてポートフォリオ・マネジメントを指摘している。また多くの企業において，資源配分と財務を集権的に管理することによって，シナジーの創出を図ることもできるとも指摘している。

　このような企業戦略へのBSCの貢献について，伊藤（和）（2011）は，第4章で取り上げたように，本社（本部）と事業会社（事業部）の関係から3つのタイプの戦略策定を検討した。ボトムアップ，トップダウン，ミドルアップトップダウンである。これらのうちここでは，トップダウンのDuPont Engineering Polymers（以下，DuPontと呼ぶ）のシナジー戦略（Kaplan, 2001）を取り上げる。DuPontにおける，複数の組織が関わって特定の戦略を推進するという企業戦略と組織の関係を図示すると，図表8-6のようになる。

　同社では，戦略テーマ（DuPontではパスウェイと呼称）ごとに，複数のビジネス・ユニットとサポートユニットが協力し合って戦略を実行する。この協

力体制とは，図表8-6の黒丸がついているところであり，シナジー創出の源である。このように戦略テーマと組織のマトリックスを描くと，どの組織間でシナジーを創出するのかを把握することができる。DuPontのように，企業戦略という価値創造プロセスの可視化を行うには，戦略テーマ別にビジネス・ユニットのシナジー創出を明らかにするとよい。またDuPontのように，企業戦略の可視化とその戦略に関わる組織の明示が必要である。もちろん，図表8-6のような詳細な図まで統合報告書に開示する必要はないが，経営管理者としては把握しておく必要がある。

　企業戦略を可視化するには，企業グループ全体の戦略テーマを特定することになる。戦略テーマは，しばしば顧客への価値提案として構築することができる。比較的短期に成果が出やすい卓越した業務，中期的に成果が出ると期待される顧客関係性重視，比較的長期にならないとなかなか成果が出ない製品リー

**図表8-7　シナジー創出のための企業戦略の可視化**

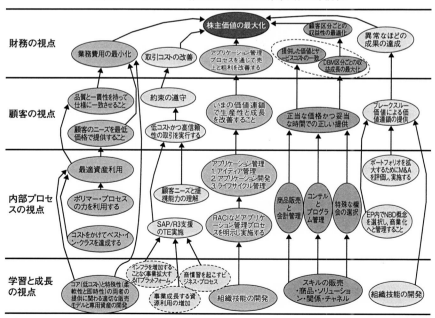

出典：Kaplan（2001, p.2）.

ダーシップである。このように企業価値の創出の時間が異なる戦略テーマを持つことによって，ポートフォリオ・マネジメントを行うことができる。言い換えれば，戦略テーマは組織間のシナジーを創出することができるだけでなく，戦略のポートフォリオ・マネジメントも組めることが理解できよう。このような戦略テーマに基づいて，DuPontでは，図表8-7のような企業全体の戦略マップを描くことで，企業戦略の可視化を行った。

　図表8-7は，5つの戦略テーマが縦の因果関係として図示されている。同時に，5つの戦略テーマすべてが株主価値の最大化を実現するように，1つの戦略マップとして描かれている。この図の左から右へ，財務の視点の「業務費用の最小化」に至る「業務の卓越性」と，財務の視点の「取引コストの改善」に至る「供給サービス／オーダーキャッシュ」という業務の卓越性に関わる戦略テーマが2つある。また，「製品とアプリケーションのポートフォリオ管理」と「顧客管理」という顧客関係性重視に関わる戦略テーマが2つある。さらに，ブレークスルーするような製品リーダーシップに関わる戦略テーマとして「システム・ソリューション／新規事業開発」が1つある。合計5つの戦略テーマによって企業戦略の可視化が行われている。

　ここで，価値創造とは，グループ全体の戦略テーマの価値創造であるが，特定の戦略テーマの方がよりその意味を理解することができる。図表8-7の例で言えば，戦略テーマは，それぞれ下から上に因果関係が描かれている。学習と成長の視点の戦略目標は内部プロセスの視点の戦略目標を推進するパフォーマンス・ドライバーとして，その内部プロセスの視点の戦略目標は，顧客の視点の戦略目標を推進するパフォーマンス・ドライバーとして機能する。そして，顧客の視点の戦略目標は，財務の視点の戦略目標を実現させることになる。

## **4.3** アネルギー抑制としての企業戦略の可視化

　企業戦略は，統合型のマネジメントとして，シナジーの創造以外にアネルギーの抑制もある（伊藤（和），2007）。ここで，アネルギーとは，うまくいって当たり前で，失敗すれば企業価値を毀損する活動を指す。たとえば，法令・

図表8-8　MUFGの戦略マップとアネルギーの抑制

| グローバルトップ5 | | | |
|---|---|---|---|
| ・トップラインの成長<br>・経費効率の改善 | | ・B/S構造の高度化<br>・資本効率の改善 | |
| サービスNo.1・信頼度No.1・国際性No.1 | | | |
| 【お客さま】 | | | 【社会・環境】 |
| ・顧客満足度　　　・内部顧客満足度<br>（リテール・法人・海外）（経営・部門・関係会社） | | | 地域社会<br>地球環境 |
| 価値創造プロセス | | | 価値毀損回避プロセス |
| **RM**<br><br>・対顧客提案力<br>・チャネル<br>・内外連携<br>・ビジネスモデル<br>　等 | **PO**<br><br>・投資銀行商品<br>・市場関連商品<br>・決済性商品<br>・IT商品　等 | **オペレーション**<br><br>・事務業務品質<br>・生産性・効率性 | ・ガバナンス<br>・コンプライアンス<br>・内部統制<br>・情報セキュリティ<br>・信用・市場・オペ<br>・危機管理 |
| 人材・組織文化 | | 経営インフラ・IT | |
| ・従業員満足度　・コミュニケーション<br>・スキル・人間力　・評価・処遇<br>・職場環境　　　・キャリア形成　等 | | ・新BIS対応　　　・割当資本制度<br>・戦略的ALM　　・ITガバナンス<br>・人事システム　・CRMシステム　等 | |

出典：三菱東京UFJの提供資料(伊藤(和), 2011)。

倫理違反，リスク，環境負荷，製品安全問題，従業員の健康と安全問題などが
ある。図表8-7の戦略マップは，シナジーの創出という企業戦略を示してはい
るが，アネルギーの抑制については可視化していない。

　シナジーの創出とアネルギーの抑制を同時に可視化したものとして，第4章
で紹介したMUFGの戦略マップは興味深い。図表4-8を図表8-8として再掲する。
図表8-8によれば，MUFGでは，顧客の視点を【お客さま】の戦略テーマと，【社
会・環境】の戦略テーマに区分している。つまり，顧客価値を創造する戦略テー
マと，社会貢献と環境保全というアネルギーの抑制に役立つ戦略テーマを持
っている。

　この戦略マップにおいては，シナジー創出が必ずしも明らかにはなっていな
いが，アネルギーの抑制を明示している。また，経済価値，顧客価値，社会価
値，組織価値という企業価値観とも整合する。統合報告で，企業戦略としての

価値創造プロセスの可視化を行う上で大いに参考になるものと考えられる。

## 4.4 事業戦略の可視化

　次に，事業戦略の価値創造プロセスを検討する。BSCでは，戦略マップによって戦略を可視化する。Kaplan and Norton（2004, p.12）のBSCの5つの原則の1つに，「企業価値は内部ビジネス・プロセスを通して創造される」というものがある。この原則は，戦略マップの内部プロセスの視点こそが，企業価値創造プロセスを構築すると指摘している。この企業価値創造プロセスが，パフォーマンス・ドライバーとなって，顧客満足度や財務成果の向上が期待できる。また，企業価値創造プロセスがうまく機能できるようにするためには，人的資産，情報資産，組織資産を準備しておかなければならない。

図表8-9　事業戦略のための戦略マップ

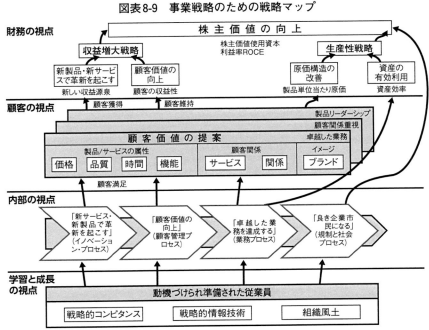

出典：Kaplan and Norton（2001, p.96）.

　したがって，事業戦略の価値創造とは，内部プロセスの視点を中核とすることは間違いないが，戦略マップで描いた戦略目標のすべてが互いに因果関係を有していることが理解できる。また，戦略マップに描かれた戦略を管理するには，スコアカードで戦略の進捗を測定することになる。この戦略の進捗を測定するには，現状の実績値と将来の目標値を開示することが求められよう。以上のような価値創造プロセスを中心とした戦略目標の因果関係として戦略マップを図示すると，図表8-9のようになる。

　図表8-9で示したような戦略マップに描かれた戦略目標を実現するには，指標を設定し，実績値と目標値を設定するスコアカードを作成する必要がある。このような戦略マップとスコアカードを開示して，ステークホルダーと情報共有することはステークホルダー・エンゲージメントという点からは重要である。しかし既述したように，戦略的実施項目の開示まで行うと，競争会社に手の内を開示することになってしまい，競争相手から先手を打たれる危険性もある。内部情報として利用するだけに留めるべきであり，開示する場合には注意を要する。

　競争相手に戦略の先を越されないようにしながらも，投資家やその他のステークホルダーに戦略を開示するには，戦略マップとスコアカードの一部を開示することが効果的である。つまり，戦略目標の因果関係，尺度とその実績値および目標値を開示することで，ステークホルダーに対して財務と非財務の連動の仕方，事業戦略，価値創造プロセスの情報を知らせることができる。他方，戦略的実施項目は，戦略の打つべき駒であり，少なくとも事前に開示してしまうと，競争劣位の原因となり得る。

　ところで，事業戦略を実行する上で，戦略をいくつかに細分して戦略マップを作成すると，戦略目標が錯綜しないでコミュニケーションをとりやすくなる。このように戦略を細分化したものは戦略テーマと呼ばれる。事業戦略では，顧客から得られる事業価値を向上するだけでなく，アネルギーの抑制を考慮して環境規制や地域社会への貢献を戦略的に実現する必要がある。事業戦略のアネルギーの抑制として，Kaplan and Norton（2004）は，「規制と社会」を戦略テーマとする場合に，図表8-10のようなテンプレートを提案している。

　事業部もしくは事業会社は，顧客から導かれる価値を創造するために事業戦

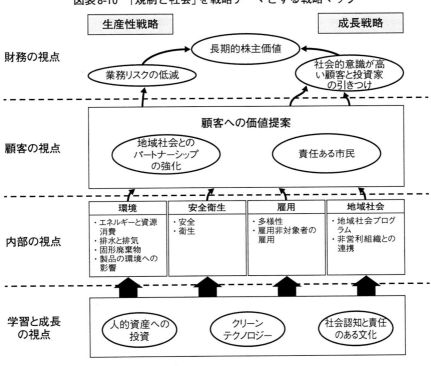

図表8-10 「規制と社会」を戦略テーマとする戦略マップ

出典：Kaplan and Norton（2004, p.166）.

略を策定する。それだけでなく，図表8-10に示すように，「規制と社会」という アネルギーの抑制を戦略テーマとして可視化することによって，企業価値を 毀損しないような戦略を策定することができる。

## 4.5 内部監査の可視化

　これまで検討したような戦略だけでなく，機能部門の業務活動におけるアネ ルギーの抑制を考慮することも重要である。統合報告で報告する内容には，「リ スクと機会の事業活動の状況」がある。これは，事業の内部環境としての価値 創造プロセスに対するリスクマネジメントとガバナンス・プロセスの可視化で

あり，内部監査が重要な役割を担う。アメリカの内部監査人協会（the Institute of Internal Auditors：IIA）でも，「組織体の運営に関して企業価値を創造し，改善するために行われる独立にして客観的な保証およびコンサルティング活動である。内部監査の目的は，組織体の目標の達成に役立てることにある。このために，内部監査は，体系的な手法と規律ある態度を持って，リスクマネジメント，コントロール，およびガバナンスのプロセスについて有効性を評価し，改善する」と，内部監査を定義している[55]。

　このような機能を達成するためには，リスクマネジメントを戦略テーマとした戦略マップを作成すれば，スコアカードで進捗を管理できる。戦略に関しては，「規制と社会」の戦略テーマで戦略マップを明らかにした。ここでは，内部監査という機能部門の活動を戦略マップで記述して，スコアカードで測定・管理することを検討する。

　内部監査部門で戦略マップを作成するには，まず視点の検討から入る必要がある。財務の視点は，機能単位の戦略マップでは設定しないこともあるが，企業価値創造に寄与するという意味で設定することもある。顧客の視点において，内部監査部門の顧客としては，事業部長などのマネジメント，外部監査人，規制当局，地域社会なども含まれる。内部プロセスの視点は，内部監査プロセスの視点である。

　内部監査部門は，監査テーマ，プロセス改善，監査発見事項と勧告，品質保証，フィールドワークから報告書の発行といった活動を行う。したがって，戦略マップを作成するときには，これらの戦略目標を設定し，戦略の進捗度を測定する必要がある。学習と成長の視点は，革新とケイパビリティ（企業がインフラとして持つ組織能力）である。内部監査部門が革新を行うためには，応用能力に優れたケイパビリティが必要である。とりわけ，専門知識，課題解決のための弾力的対応，ベストプラクティスに関する知見，熟慮に基づくリーダーシップなどが必要である。このような内部監査部門のリスクマネジメントとガ

---

55）アメリカの内部監査人協会のホームページに，内部監査の定義がある。https://na.theiia.org/standards-guidance/mandatory-guidance/Pages/Definition-of-Internal-Auditing.aspx，（2013/1/29現在）.

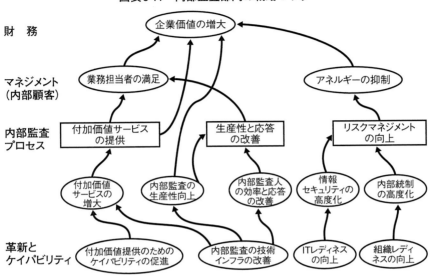

図表8-11　内部監査部門の戦略マップ

出典：櫻井（2008, p.496）に基づいて著者作成。

バナンスのための戦略マップ（櫻井，2008, p.496）を参考にして，アネルギーの抑制を含めれば，図表8-11のように図示することができる。

　また，これらの戦略目標に対して尺度を設定し，戦略目標の達成度を測定・管理することができれば，内部監査がより効果的かつ効率的になる。たとえば，財務の視点ではコンプライアンスの周知度，マネジメントの視点では内部監査への不満の数などが，戦略目標に対する尺度として挙げられよう。また，内部監査プロセスでは，監査と課題の妥当性の度合い，コスト低減額，監査改善数や提案件数などが挙げられる。革新とケイパビリティの視点では，教育訓練時間，優れた監査人の人数が戦略目標に対する尺度となるだけでなく，優れた監査人のレディネス評価を行うことも興味深い。

　なお，機能部門で戦略マップを作成する意味としては，第6章で取り上げたように，事業戦略と業務計画との関係を図る連結ピンとしての意味がある。また，スコアカードで業務計画の進捗を測定し管理することもできる。さらに，

内部監査部門の業績評価指標としても用いることができる。

## 4.6　報告の境界

　本節では，企業価値創造プロセスを可視化するにはBSCが効果的である，という前提でいろいろな戦略マップを提案してきた。ところが，統合報告の価値創造プロセスをBSCだけで，すべて開示できるわけではない。以下では，BSCでは開示できない価値創造プロセスについて検討する。

　統合報告では，3.2項で取り上げた重要性の原則の記述のなかで，報告の境界を取り上げている（IIRC, 2013b, pp.19-20）。この境界は，どこまでの価値創造プロセスを可視化すべきかという範囲であり，財務報告実体と，その他の報告実体という2つの実体の境界を意味する。

　財務報告実体とは，子会社，ジョイントベンチャー，関連会社の取引と関連する事象を企業の財務報告に含めるときに利用される実体である。財務報告実体では，支配と重要な影響という概念に関わって設定されてきた，これまでの財務報告基準にしたがえばよい。この財務報告実体は，統合報告として新たな展開を示しているわけではない。

　その他の報告実体とは，統合報告が提示した，財務報告実体を超える展開の部分である。これも報告対象に含めるとしているが，どこまで含めるかは難しい。価値創造に重大な影響を及ぼす場合，財務報告実体が対象とするステークホルダー以外のステークホルダーまでも対象に含めて報告する必要があるということである。ここでの重大な影響とは，性質や近似性という点で帰属可能であって，関係するリスク，機会，アウトカムのことである。たとえば，業界の労働慣行がその企業の能力に重大な影響を及ぼすとき，サプライヤーの労働慣行の情報も開示情報として重要性を有するため，報告すべき場合があると例示している。

　このような財務報告実体以外の情報は，投資家などの意思決定にとって重要である。しかし，BSCで可視化できるのは戦略を同一にする報告実体であり，報告の境界という点まで戦略マップで可視化することはできない。報告の境界

という要求は，BSCによる可視化では対応できない。戦略を異にする実体の内容まで可視化するには，BSCとは別の図やナラティブ情報による記述が必要となろう。

## まとめ

　統合報告は，投資家やその他のステークホルダーだけでなく，内部経営者にとっても意義のある報告書を要求するフレームワークである。また，インタンジブルズが企業価値の重要な部分を創造すると言われる，昨今の経済にあっては，インタンジブルズによる価値創造プロセスを可視化する管理会計研究の成果は，統合報告を行う上で重要かつ有効である。そのため，本章ではこれまで財務会計研究者が中心となって取り扱ってきた統合報告に，管理会計研究というアプローチで検討してきた。

　本章では，これまで統合報告に関して議論されてきた3つの論点を再検討した。まず，第1の論点である企業価値概念についてである。統合報告のディスカッションペーパーで重視している企業価値観は，経済価値だけではなく，社会価値も含めた共有価値観である。確かに，経済価値だけでなく，地域住民などを重視する社会価値は重要である。それだけでなく，従業員や経営者といった組織価値や顧客価値といったものまでを含めたステークホルダー価値観こそが，企業価値と捉えるべきであることを指摘した。

　第2の論点である統合報告の体系化については，統合報告のディスカッションペーパーが指摘している予想値の拘束力については見解が分かれている。外部報告である限り，説明責任を負うことになるため，必達目標値が開示されよう。また，戦略実行のための目標を開示することは重要であっても，アクション・プランまでを開示すると，競争劣位となる危険性がある。開示の基本原則と内容には，十分注意が必要である。

　第3の論点は，財務情報と非財務情報の統合である。統合報告のディスカッションペーパーでは，統合報告へ移行するアプローチとして4つのタイプを指

摘している。アニュアルレポートをベースにして統合報告書を作成するタイプ，サステナビリティ・レポートをベースにして統合報告書を作成するタイプ，新規に統合報告書を作成するタイプのアプローチである。これまでの報告書に依存しない方が統合報告のディスカッションペーパーで指摘された基本原則に基づくことができるという理由から，本章では新規に作成すべきことを提案した。

　その上で，企業価値創造プロセスの可視化を検討した。企業価値の創造は，企業戦略と事業戦略に区分して戦略を可視化する必要がある。また，その戦略の可視化にあたっては，管理会計研究の成果に基づいて，BSCの戦略マップで戦略を可視化して，スコアカードで測定し管理することを提案した。また，機能部門の業務管理の例として，リスクマネジメントないしアネルギーを抑制する戦略マップとその戦略目標の指標を示した。

　本章においては，管理会計研究として統合報告を検討したために，財務会計研究で重要視する課題を軽視したきらいがある。たとえば，新たな統合報告書として価値創造プロセスを可視化する上で，戦略やビジネスモデルの可視化を重視しており，古賀（2012b）や松本（2012）が問題視した情報の信頼性についての検討は行っていない。統合報告が将来志向であるため，アニュアルレポートのような信頼性を確保することができないとしても，外部報告が一種の広報資料となってしまい，監査に耐えられないものであっては問題である。管理会計研究だけでなく，財務会計研究においても求められる課題である。

　繰り返しになるが，本章では，管理会計研究として統合報告を検討しており，管理会計研究のテーマとして統合報告は重要な意義があることを明らかにしている。また，統合報告により価値創造プロセスを可視化するときには，管理会計の研究成果を参考にすることが非常に効果的であることも指摘した。統合報告は外部報告であるため，管理会計研究と財務会計研究とを協調させながら，統合報告書を模索すべきであることは間違いない。

## 参考文献

Brady, A. K. O.（2005）*The Sustainability Effect*, Palagrave.

Drucker, P. F.（1954）*The Practice of Management*, Harper & Row, Publishers, Inc.（上田惇生訳（2002）『現代の経営（上）』ダイヤモンド社）.

Eccles, R. G. and M. P. Krzus（2010）*One Report : Integrated Reporting for a Sustainable Strategy*, John Wiley & Sons（花堂靖仁監訳（2012）『ワンレポート―統合報告が開く持続可能な社会と企業―』東洋経済新報社）.

IIRC（2011）*Towards Integrated Reporting : Communicating Value in the 21<sup>st</sup> Century*, International Integrated Reporting Committee.

IIRC（2013a）*Consultation Draft of the International <IR> Framework*, International Integrated Reporting Council.

IIRC（2013b）*The International <IR> Framework*, International Integrated Reporting Council.

Kaplan, R. S.（2001）Using Strategic Themes to achieve Organizational Alignment, *Balanced Scorecard Report*, Vol.3, No.6, November-December, pp.1-5.

Kaplan, R. S. and D. P. Norton（1992）The Balanced Scorecard : Measures that drive Performance, *Harvard Business Review*, January-February, pp.71-79（本田桂子訳（1992）「新しい経営指標"バランスド・スコアカード"」『Diamondハーバード・ビジネス・レビュー』4-5月号, pp.81-90）.

Kaplan, R. S. and D. P. Norton（2001）*The Strategy-Focused Organization : How Balanced Scorecard Companies thrive in the New Business Environment*, Harvard Business School Press（櫻井通晴監訳（2001）『戦略バランスト・スコアカード』東洋経済新報社）.

Kaplan, R. S. and D. P. Norton（2004）*Strategy Maps : Converting  Intangible Assets into Tangible Outcomes*, Harvard Business School Press（櫻井通晴・伊藤和憲・長谷川惠一監訳（2005）『戦略マップ』ランダムハウス講談社）.

Kaplan, R.S. and D.P. Norton（2006）*Alignment, Using the Balanced Scorecard to create Corporate Synergies*, Harvard Business School Publishing Corporation（櫻井通晴・伊藤和憲監訳（2007）『BSCによるシナジー戦略』ランダムハウス講談社）.

Lev, B.（2001）*Intangibles : Management Measurement, and Reporting*, The Brookings Institution Press（広瀬義州・桜井久勝監訳（2002）『ブランドの経営と会計』東洋経済新報社）.

Luener, J.B.（2012）Integrated Reporting takes Hold, *Communication World*, March-April, pp.33-35.

Porter, M. E. and M. R. Kramer（2002）The Competitive Advantage of Corporate Philanthropy, *Harvard Business Review*, December, pp.56-68（沢崎冬日訳（2003）「競争優位のフィランソロピー」『Diamondハーバード・ビジネス・レビュー』3月号, pp.24-43）.

Porter, M. E. and M. R. Kramer（2006）Strategy and Society : The Link Between Competitive Advantage and Corporate Social Responsibility, *Harvard Business Review*, December, pp.78-92（村井裕訳（2008）「競争優位のCSR戦略」『Diamondハーバード・ビジネス・レビュー』1月号, pp.36-52）.

Porter, M. E. and M. R. Kramer（2011）Created Shared Value, *Harvard Business Review*, January-February, pp.62-77（編集部訳（2011）「共通価値の戦略」『Diamondハーバード・ビジネス・レビュー』6月号, pp.8-31）.

Scott, P. R. and J. M. Jacka（2011）*Auditing Social Media-A Governance and Risk Guide*, John Wiley & Sons, Inc.（櫻井通晴・伊藤和憲・吉武一監訳（2013）『ソーシャルメディア戦略—ガバナンス，リスク，内部監査—』一般社団法人日本内部監査協会）.

Tilley, C.（2011）Integrated Reporting must complement a Company's Strategic Goals, *Financial Management*, May, p.65.

Ulrich, D. and N.Smallwood（2003）*Why the Bottom Line isn't! : How to build Value Through People and Organization*, John Wiley & Sons（伊藤邦雄監訳（2004）『インタンジブル経営』ランダムハウス講談社）.

青木章通・岩田弘尚・櫻井通晴（2009）「レピュテーション・マネジメントに関する経営者の意義—管理会計の観点からのアンケート調査結果の分析」『インタンジブルズの管理会計—コーポレート・レピュテーションを中心に—』日本会計研究学会スタディ・グループ中間報告書，日本会計研究学会第68回大会。

伊藤和憲（2007）『ケーススタディ　戦略の管理会計』中央経済社。

伊藤和憲（2011）「企業戦略におけるBSCの有効性—シナジーの創造とアネルギーの抑制」『会計学研究』No.37, pp.1-20。

伊藤和憲・関谷浩行・櫻井通晴（2014）「コーポレート・レピュテーションによる財務業績への影響」『会計プログレス』No.15（掲載予定）。

伊藤邦雄・加賀谷哲之・鈴木智大（2012）「会計はどこに向かっているのか」『一橋ビジネスレビュー』Sum., pp.6-22。

経済産業省（2012）『平成23年度総合調査研究：持続的な企業価値創造に資する非負務情報開示のあり方に関する調査　報告書』。

上妻義直（2012a）「統合報告はどこへ向かうのか」『會計』Vol.182, No.4, pp.107-123。

上妻義直（2012b）「統合報告への移行プロセスにおける制度的課題」『産業經理』Vol.72, No.2, pp.16-24。

古賀智敏（2012a）『知的資産の会計（改訂増補版）』千倉書房。

古賀智敏（2012b）「非財務情報開示の理論的枠組み—シグナリング理論と正当性理論の相互関係とその適用—」『會計』Vol.182, No.1, pp.1-14。

小西範幸（2012a）「コミュニケーションツールとしての統合報告書の役割」『會計』Vol.182, No.3, pp.60-75。

小西範幸（2012b）「統合報告の特徴とわが国への適用」『企業会計』Vol.64, No.6, pp.18-27。

倍和博（2012）「ESG情報開示に向けた会計情報フローの再編成」『會計』Vol.182, No.2, pp.48-60。

向山敦夫（2012）「CSRの戦略的理解と社会環境情報開示—経済的価値と社会的価値のバランス—」『會計』Vol.182, No.3, pp.31-45。

松本祥尚（2012）「非財務情報に対する信頼性付与の必要性」『會計』Vol.182, No.3, pp.76-88。

三代まり子（2012）「国際統合報告審議会（IIRC）による取組み—価値創造のための国際的な統合レポーティング・フレーム」『企業会計』Vol.64, No.6, pp.37-45。

櫻井通晴（2008）『バランスト・スコアカード（改訂版）—理論とケース・スタディ—』同文舘出版。

櫻井通晴（2011）『コーポレート・レピュテーションの測定と管理―「企業の評判管理」の
　　理論とケース・スタディ―』同文舘出版。
安井肇・久禮由敬（2012）「持続的な価値創造に資する統合報告の挑戦とその意義」『一橋ビ
　　ジネスレビュー』Vol.60, No.1, pp.58-74。
與三野禎倫（2012）「財務と非財務の統合による経営と開示のダイナミズム―企業経営の視点」
　　『企業会計』Vol.64, No.6, pp.47-55。

# 終章 インタンジブルズの マネジメント研究のあり方

## はじめに

　本書は，『BSCによる戦略の策定と実行－事例で見るインタンジブルズのマネジメントと統合報告への管理会計の貢献－』という書名をつけた。戦略は管理とは異なる（Kotter, 1990）という主張[56]もあるが，戦略はバランスト・スコアカード（Balanced Scorecard：BSC）を用いてマネジメントできるので，戦略の策定と実行とした。なお，「策定と実行」を「マネジメント」と同義であると捉えている。BSCの主要な役立ちは戦略の策定と実行にあり，その戦略を業務と統合してPDCAを回すことによって，マネジメントするという意味である。サブタイトルで明らかにしたように，インタンジブルズと統合報告の2つを取り扱った。前者については，BSCを活用して，インタンジブルズを戦略と結びつけてマネジメントすることを検討した。また後者は，外部報告である統合報告がマネジメントに影響を及ぼしているという管理会計上の研究課題を検討した。

　本書の序章では，本書で展開する研究フレームワークを明らかにした。これはBSCの残された研究課題を6つ特定して，これらを各章で検討するためのフレームワークである。第1章と第2章は，本書の前提を明らかにした。第1章では，BSCの概要を紹介した。すなわち，BSCとは何か，なぜBSCを導入する必要があるのか，どのように導入すべきなのかを明らかにした。また，

---

56) Kotter (1990) は，戦略のためのリーダーシップと業務のための管理は異なると指摘した。本書は，戦略もマネジメントできるという意味で，戦略の策定と実行とした。なお，Kotter (2012) は，最近デュアルOSシステムを提唱している。これは組織変革のための組織である。この組織によって，変革という戦略の管理を行う8つのメカニズムを明らかにしている。このことから，戦略の管理を否定しているわけではないことがわかる。

図表終-1　インタンジブルズの先行研究

出典：著者作成。

BSCの変遷についても明らかにした。BSCの構築と展開を行ってきた，Kaplan and Nortonの著書の変遷を振り返えることで，BSCの全体像を把握できると考えたためである。

　第2章は，インタンジブルズのマネジメントに関わる課題を明らかにするために，インタンジブルズの先行研究の検討を行った。これまでのインタンジブルズの文献サーベイをした研究成果から，インタンジブルズ測定の4つの目的を明らかにした。図表終-1に示すように，戦略の策定と実行のシステム，業績評価と報酬，法と取引，外部報告である。

　本書では，インタンジブルズをすべての側面から検討したわけではなく，マネジメントに焦点を当てて検討したために，法と取引については扱わなかった。この終章では，第1節で戦略の策定と実行のためのインタンジブルズ，第2節で，業績評価と報酬制度のためのインタンジブルズ，第3節で外部報告のためのインタンジブルズをまとめることにする。また，第4節で，本書の主張を整理することで，インタンジブルズを戦略と結びつけて，いかにマネジメントすべきかを明らかにする。

## 1　戦略の策定と実行のためのインタンジブルズ

　本節では，インタンジブルズを測定する目的のうち，戦略の策定と実行についてインタンジブルズとの関係を明らかにする。昨今のように変化して止まない環境の下では，トップが策定する戦略的計画に基づいて，これを実行するために診断的コントロール・システムを適用しても，戦略が成功する可能性は低くなってきた。むしろ，戦略は仮説と捉えて戦略を修正したり，現状を最も理解している現場の担当者とトップが一緒になって，不確実な環境に対応する戦略を形成することが戦略の成功にとって重要となってきた。不確実な環境下で効果的となるインターラクティブコントロール・システムによって創発戦略を誘発するには，財務業績よりも非財務業績の方が有用である。Anthony and Govindarajan（2006, p.9）も，急激に変化する環境の下では，非財務情報が重要な新たな戦略の基礎を提供すると指摘している。創発戦略を誘発するには，現場が理解し行動をとれるような非財務情報を取り込まなればならない。

　非財務情報とは，開発期間，品質レベル，納期順守率，あるいは機械停止時間といった内部の視点の尺度だけではない。顧客満足度，顧客維持率，ブランド認知度といった顧客の視点に関わる尺度も重要である。さらに，開発期間を短縮したり，品質レベルを高めたり，あるいは納期を短縮するためのスキルもしくはケイパビリティ，それを支援する情報技術や組織資産も重要である。これらは学習と成長の視点の尺度に関わるものであり，戦略と結びつけられたインタンジブルズの情報と言えよう。非財務情報であれば，何でも良いわけではないように，インタンジブルズの情報であれば，何でも創発戦略を生むわけではない。トップから現場まで垂直的にも，また水平的にもコミュニケーションをしっかりとって，戦略と結びつけてインタンジブルズを構築する必要がある。また，インタンジブルズをうまく活用することで，戦略の実行に大きく貢献できるとともに，創発戦略の誘発にも寄与できると言えよう。

　企業の目的を企業価値の創造とするとき，その企業価値を向上するために企業戦略を策定し，そのためのマネジメント・システムを構築しなければならな

い。また，企業戦略との関係で事業戦略を策定して，これを管理するためのマネジメント・システムを構築する必要がある。その過程で，あるいは結果として，戦略を修正したり，ときには価値観変革をもたらすこともある。このように，企業価値，戦略，業務計画，実行と修正行動，あるいは創発による戦略形成を行うことを，序章で統合型マネジメント・システムと呼んだ。

　この統合型マネジメント・システムを実践している企業事例として，本書の第3章でキリンホールディングスの事例を取り上げた。そこでは，価値観の設定，企業戦略と事業戦略の策定，および戦略の管理に関わる一連のマネジメント・システムを紹介した。同社は，戦略の修正だけでなく，株主価値から共有価値へと企業価値観を変革したという事例でもある。

　統合型マネジメント・システムには，戦略に関わる3つの中心課題がある。企業戦略と事業戦略の関係によるインタンジブルズのマネジメント，事業戦略によるインタンジブルズのマネジメント，事業戦略と業務計画のインタンジブルズのマネジメントである。これらを検討したのが，本書の第4章から第6章までである。

　第4章では，企業戦略と事業戦略の関係として，ボトムアップ，トップダウン，ミドルアップトップダウンの3つの事例を紹介した。併せて，企業戦略に関わるインタンジブルズとして，シナジー創出とアネルギー抑制を取り上げ，3つの事例でいかに取り組まれているかについても検討した。その結果，各企業間で企業戦略に対する期待の違いから戦略のタイプもそれぞれ異なり，どのタイプの戦略でもインタンジブルズは重要であるが，そのマネジメントの仕方がそれぞれ異なることを明らかにした。

　第5章では，事業戦略によるインタンジブルズのマネジメントを検討し，インタンジブルズの構築として，3つの事例を紹介した。戦略目標アプローチ，戦略実行アプローチ，戦略策定アプローチである。戦略策定アプローチは研究テーマとしては斬新であるが，将来的な課題を有している。私見として，戦略目標アプローチのように対処療法的ではなく，戦略実行アプローチにより，戦略と絡めてインタンジブルズを構築すべきである。

　第6章では，事業戦略と業務計画の関係でインタンジブルズのマネジメント

を検討した。海老名総合病院の事例を紹介して、どのように戦略が業務に落とし込まれているか、つまり、いかにカスケードされているかを紹介した。戦略のカスケードとしては、目標管理、方針管理、ダッシュボード、シックスシグマなどの提案がある。海老名総合病院では、病院の戦略マップとこれを管理するスコアカードを看護部の業務計画に落とし込むのに、BSCを用いていた。

BSCをBSCで落とし込む方法は、Kaplan and Norton（2001, p.248）が紹介したMobil US M & R(C) のように、戦略目標の尺度と類似した指標を落とし込むケースと、Niven（2002, p.209）が紹介したNova Scotia Powerのように新たに4つの視点で戦略目標と尺度を考えるケースがある。Mobilのカスケードは戦略目標を測定する尺度の落とし込みであり、戦略や中期計画の立案を支援するスタッフがすべての従業員に対してインタビューをすることでカスケードできる。他方、Nova Scotia Powerのカスケードは、トップの戦略を下位組織が受け取りながらも下位組織が自ら業務計画を立案できるケースに限られる。Nova Scotia Powerのようなカスケードをするときの課題は、現場が4つの視点で新たな戦略を策定していると誤解する可能性がある。Nova Scotia Powerのようなカスケードをするには、4つの視点で下位組織が業務計画を立案することの意義を明確にしておくことが肝要である。

海老名総合病院の看護部が戦略マップの形で示しているのは業務計画であり、病院の戦略マップとの関連を看護部で明らかにしたかったからである。この看護部の業務計画関連図（戦略マップの形式で業務計画を立案したもの）は、看護部の業務計画の優先順位が明らかになるとともに、戦略と業務の連結ピンとしての意味がある。

Nova Scotia Powerでは、企業全体の事業戦略をマーケティング部門へカスケードして、さらにマーケティング部門がその下位組織の情報技術部門へとカスケードしている。このように3階層下までカスケードしているが、戦略を業績と連動させるために4つの視点で、戦略目標と指標を検討し直している。ただし、下位組織でも4つの視点で戦略目標を考えるとき、戦略のカスケードがうまくいっているのかどうかは不明である。また、業績評価のためにBSCを用いたとき、果たして戦略と業績評価の統合がうまくいくかという疑問もある。

この点を検討したのが，本書の第7章であり，終章としては次節でまとめる。


## 2　業績評価と報酬制度のためのインタンジブルズ


　インタンジブルズの測定目的のうち，2つ目は業績評価と報酬制度である。戦略が策定され，実行段階で業務レベルの活動に落とし込まれる。経営者が実行段階をマネジメントした結果，組織と経営者の業績評価が行われる。組織の業績評価であれば，その組織を現状のまま維持するとか業務を継続する，あるいは拡大したり，ときには閉鎖するといった意思決定に利用される。他方，経営者の業績評価であれば，マネジメント能力が評価される。後者の経営者の業績評価を行う場合は，報酬制度もしくはインセンティブ・システムと結びつけることができる。

　経営者は，短期業績としての財務業績だけでなく，長期業績のためのパフォーマンス・ドライバーとなる非財務業績に対しても責任がある。成果としての財務業績と，プロセスとしての非財務業績を評価して，インセンティブを与えるシステムを構築する必要がある。また，創発戦略を誘発するためにも，非財務情報に注目する必要がある。要するに，経営者を財務業績だけで評価すべきではなく，非財務業績も含めて業績評価する必要がある。この非財務業績の測定では，インタンジブルズを評価することにもなる。

　第7章では，戦略と業績評価の統合について検討した。戦略については，計画，パターン，ポジション，パースペクティブという4つのタイプを取り上げ，これらの戦略をコントロールするレバーを検討した。また，戦略を可視化するために中期計画を立案する企業が多いが，その中期計画は毎年ローリングするケースと，中期計画を固定するケースがある。このように，中期計画を2つのタイプに区分して，事業部長など，トップの業績評価と報酬制度を検討した。その結果，戦略を業績評価と連動させるには，固定型中期計画を診断的コントロールと組み合わせると良い。他方，インターラクティブ・コントロールを目論んで創発戦略を期待するのであれば，厳格に戦略を業績評価と連動させよう

としないで，ローリング型中期計画をインターラクティブ・コントロールと組み合わせるのが良い。

## 3　外部報告のためのインタンジブルズ

　インタンジブルズの外部報告目的では，たとえば，のれんのように財務諸表上にインタンジブルズをオンバランスできないかという研究が行われている。また，オンバランスできないとして，インタンジブルズを開示するという研究も行われている。

　インタンジブルズを資産と認識するには，その要件を満たす必要がある。財務会計上，資産と認識するには，①支配できること，②将来の経済的便益が認識できること，③識別可能であること，④測定できること，以上の4つの要件を満たす必要がある。ブランドやレピュテーションは，将来の経済的便益に貢献できそうではあるが，その他の要件を満たすとは思えない。また，人的資産，情報資産，組織資産は，それだけでは将来の経済的便益すら認識できない。これらのインタンジブルズを戦略と結びつければ，財務業績は大きく向上する可能性があるにもかかわらず，資産性を認識できないという課題がある。要するに，資産性の認識という問題があるために，インタンジブルズのオンバランスという研究を進展させることは困難である。

　そのため，現状では，企業価値を外部報告するのに，資産性という問題から解放されて，有価証券報告書などの財務諸表とは異なる報告書を開示する実務が行われている。たとえば，多くの企業は環境報告書，CSR報告書，あるいはサステナビリティ・レポートを開示している。財務情報の補足情報として，これらの報告書によって非財務情報や記述情報（ナラティブ情報）を開示している。有価証券報告書の開示には法的規制があるが，補足する報告書には何の規制もないため，広報の一種として開示しているとも考えられる。したがって，これらの報告書の間に一貫性がとられないまま，ステークホルダーに開示されているのが現状である。IIRC（International Integrated Reporting Council）

は，これらの報告書を統合して一貫性を持たせる統合報告書の開示を提案している。

　統合報告では，企業を取り巻く外部環境，企業の価値創造プロセス，6つの資本の顛末などを開示することを要求している。ここで，企業の価値創造プロセスとは戦略の可視化であり，管理会計情報の開示を求めていることがわかる。このような管理会計情報の開示は，投資家の投資情報として有用であるとともに，投資家にとって信頼できる情報が企業の信用にもつながる。また，仕入先やユーザー・カンパニーにとっても，将来の取引情報を知ることは大きなメリットがある。外部だけでなく，内部の経営者や従業員にとっても，確約した外部情報を達成すべく努力することになる。さらに，ソーシャルメディアなどによって，ステークホルダー・エンゲージメントを高めることは，企業のレピュテーションにとって重要である。

　以上のように，統合報告は外部報告ではあるが，管理会計にとっても重要な研究テーマである。そこで，第8章では，統合報告による価値創造の可視化について検討した。価値創造プロセスとして，企業戦略，事業戦略，機能部門の業務計画を取り上げた。これらの戦略と業務計画で取り扱う内容については，企業価値を創造するシナジー創出や顧客価値創造だけでなく，企業価値の毀損を抑制するアネルギーの抑制についても検討した。ただし，事業戦略と業務計画まで開示すべきかどうかについては，可視化することがむしろ競争劣位につながる場合があるために，開示を慎重にすべきであることを指摘した。

## 4　インタンジブルズの研究アプローチ

　インタンジブルズのマネジメントをいかに行うべきかを明らかにするために，本節においても，第2章第1節で検討したインタンジブルズの研究アプローチを再び取り上げる。インタンジブルズには，オンバランス，パフォーマンス・ドライバーの探索，戦略の策定と実行のマネジメントという3つの研究アプローチがあった。

　第 1 のアプローチは，オンバランスを考えた Lev の研究である。併せて，Lev（2001）のインタンジブルズの定義を本書でも採用して，インタンジブルズとは無形の価値創造の源泉であるとした。このようなオンバランスの研究は，その後，IIRC（2013）から統合報告のフレームワークの提出へと展開してきた。統合報告では，ステークホルダーへの財務と非財務の統合した情報開示を求めている。

　具体的には，企業価値創造プロセスを可視化したり，6 つの資本として財務資本，製造資本，知的資本，人的資本，社会・関係資本，自然資本の開示を求めている。これらの資本のうち，知的資本，人的資本，社会・関係資本は，ストックとしてのインタンジブルズ情報の開示である。また，企業の価値創造プロセスは戦略に焦点を当てたものであり，フローとしてのインタンジブルズを測定し管理することができる。要するに，インタンジブルズのマネジメントをいかに行ったか，またいかに行うかについて，ステークホルダーに対して開示し，エンゲージメントを図るとともに，これが経営者のコミットメントともなるというのが，第 1 のアプローチの研究であった。

　第 2 のアプローチは，パフォーマンス・ドライバーとしてのインタンジブルズと，財務業績による経済価値の関係性を構築しようとした，Ittner（2008）の研究である。この研究は，財務業績とそのパフォーマンス・ドライバーを探索しようという研究と言い換えることができる。このタイプの研究は，品質が財務業績に影響を与えるかとか，顧客満足度が財務業績に貢献するのかといったように，パフォーマンス・ドライバーを見つけることで優れたマネジメントを探索する。ときには，多様な非財務指標が財務指標に影響するという仮説を実証するケースもあるが，その研究の意図は，戦略ではなく業務管理として優れたマネジメント実務の探索に限定すべきという前提があると考えられる。

　大量データを用いる研究では，業種特性や外部環境などの影響を避けるため，特定の企業に対象を絞った大量データを用いる実験研究によって，その企業でのパフォーマンス・ドライバーを把握することがマネジメントとして有益である。ところが，せっかく見つかったパフォーマンス・ドライバーも戦略との結びつきがないこともあるため，リサーチ・サイトとなった企業ですら，データ

を利用することに問題があった。ましてや，大量データであっても複数の業種を対象として平均値をとった実証研究では，発見したパフォーマンス・ドライバーを企業の戦略のマネジメントに利用するには限界がある。

　したがって，第2のアプローチの研究であるパフォーマンス・ドライバーを探索するという研究には限界があるように思われる。このアプローチの研究は，インタンジブルズの内部管理目的のうち，業績評価と報酬制度のマネジメントを対象にして，それぞれの課題を解決する研究へと向かっていくことが重要であろう。言い換えれば，第2のアプローチは，インタンジブルズをいかにマネジメントすべきかというよりも，インタンジブルズを考慮した業績評価とインセンティブ・システムをいかに構築すべきかという研究のアプローチであった。

　第3のアプローチは，Ulrich and Smallwood（2003）のインタンジブルズを創造するリーダーシップの研究と，Kaplan and Norton（2004）のBSCによるインタンジブルズのマネジメントの研究である。これらは，いずれも戦略的にインタンジブルズをいかにマネジメントすべきかに関する研究である。同様のアプローチとして，ここではサービス・プロフィットチェーンとして知られる研究を紹介する。これは，図表終-2に示すSearsによる従業員・顧客・プロフ

**図表終-2　Searsの従業員・顧客・プロフィットチェーン**

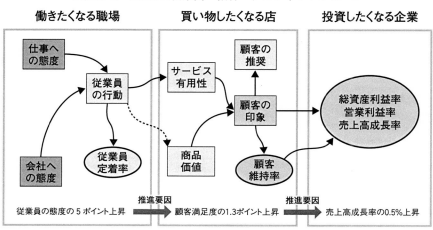

出典：Rucci et al.（1998, p.91）.

ィットチェーンである。

　図表終-2で，一番左に「働きたくなる職場」という学習と成長の視点に類似した一連の戦略目標を設定する枠組みがある。また，中央には，「買い物したくなる店」という顧客の視点に類似した戦略目標を設定する枠組みがある。そして右側の「投資したくなる企業」というのが財務の視点に類似した戦略目標を設定する枠組みがある。この従業員・顧客・プロフィットチェーンには内部プロセスの視点の戦略目標を設定する枠組みがない点が，BSCとは異なる。「働きたくなる職場」の枠組みの中で，内部プロセスの戦略目標も設定するものと考えているためかもしれない。

　Rucci et al.（1998）は，これらの3つの視点の指標について多変量解析を行っている。その結果が，図表の1番下に示してある数値である。すなわち，従業員の態度が5ポイント上昇すると，それによって顧客満足度が1.3ポイント上がる。その結果として，売上高成長率が0.5％高まるという関係がある。このように，従業員，顧客，利益の関係の仮説が統計的に有意であることを明らかにした。

　以上のように，第3のアプローチは，戦略の策定と実行のために有用な研究である。Searsのように特定の企業で特定の戦略の下で大量データによる実証研究が可能なケースであれば，このようなサービス・プロフィットチェーンが効果的である。しかし，多くの企業では特定の戦略に対して大量データを入手することは困難である。そのような企業でも，戦略マップとスコアカードを用いれば，戦略修正や創発戦略のためのインターラクティブ・コントロールに利用できよう。すなわち，BSCの活用は，第3のアプローチでのインタンジブルズのマネジメントを行うのに効果的である。繰り返すことになるが，インタンジブルズを戦略と結びつけて，BSCで管理することを推奨したい。

## まとめ

　最後に，インタンジブルズのマネジメントについて，私見を明らかにする。

インタンジブルズの測定目的に関する先行研究のうち，本書で研究したのは，戦略の策定と実行，業績評価と報酬制度，外部報告の3つである。また，インタンジブルズの研究アプローチは，オンバランス，パフォーマンス・ドライバーの探索，戦略の策定と実行の3つであった。

　オンバランスは外部報告のテーマであり，これが統合報告へと展開した。この統合報告のためには，価値創造プロセスの可視化として，戦略マップを利用できる。また，統合報告で求められている資本の開示では，知的資本，人的資本，社会・関係資本などは，ストックとしてのインタンジブルズの開示である。価値創造プロセスのなかでは，フローとしてのインタンジブルズの開示も重要である。

　パフォーマンス・ドライバーの探索はマネジメントの問題であり，業績評価と報酬制度のテーマである。本書では，戦略との関係に限定して業績評価について検討した。業績評価と報酬制度は，従来から重要性が指摘され，かつ最近でも注目されている「古くて新しい」テーマであり，マネジメントとしては非常に重要なテーマである。ただし，インタンジブルズとの関係で，業績評価を扱うには，戦略に責任のあるトップの経営者だけが対象となる。

　本書におけるインタンジブルズの研究アプローチと測定目的には，いずれも「戦略の策定と実行」がある。本書では，まさにこのテーマを突っ込んで研究してきた。企業戦略を策定し，企業戦略と事業戦略とのアラインメントをとり，これを業務計画にカスケードする。そして，業務活動を行って業績を評価する。そのとき，計画と実績値を対比して診断的にコントロールしたり，戦略を実現するためにインターラクティブにコントロールする。必要であれば，戦略を修正したり，創発戦略を誘発もする。このような将来の価値創造プロセスを外部報告することで，ステークホルダーとのエンゲージメントを強めていく必要がある。

　以上より，戦略の策定と実行は，戦略と業務のすべてのステップを包含するテーマである。これを序章では，統合型マネジメント・システムと呼んだ。本書は，インタンジブルズに焦点を当てた統合型マネジメント・システムを提案するだけでなく，すべての章で，BSCを用いる統合型マネジメント・システ

ムのフェーズに適合した事例を明らかにして，BSCによる統合型マネジメント・システムの実現可能性を保証した。

## 参考文献

Anthony, R. N. and V. Govindarajan (2006) *Management Control Systems*, McGraw-Hill Irwin.

IIRC (2013) *Consultation Draft of the International <IR> Framework*, International Integrated Reporting Council.

Ittner, C. D. (2008) Does Measuring Intangibles for Management Purposes improve Performance? A Review of the Evidence, *Accounting and Business Research*, Vol.38, No.3, pp.261-272.

Kaplan, R. S. and D. P. Norton (2001) *The Strategy-Focused Organization : How Balanced Scorecard Companies thrive in the New Business Environment*, Harvard Business School Press (櫻井通晴監訳 (2001)『戦略バランスト・スコアカード』東洋経済新報社).

Kaplan, R.S. and D.P. Norton (2004) *Strategy Maps : Converting Intangible Assets into Tangible Outcomes*, Harvard Business School Press (櫻井通晴・伊藤和憲・長谷川惠一訳 (2005)『戦略マップ―バランスト・スコアカードの新・戦略実行フレームワーク―』ランダムハウス講談社).

Kotter, J. P. (1990) What Leaders Really Do, *Harvard Business Review*, May-June, pp.103-111 (梅津祐良訳 (1990)「リーダーシップ強化法」『Diamonsハーバード・ビジネス・レビュー』8-9月号 pp.19-29).

Kotter, J. P. (2012) Accererate!, *Harvard Business Review*, May-June, pp.43-58 (有賀裕子訳 (2013)「これからはじまる新しい組織への進化」『Diamondハーバード・ビジネス・レビュー』3月号, pp.90-106).

Niven, P. R. (2002) *Balanced Scorecard Step-By-Step : Maximising Performance and Maintaining Results*, John Wiley & Sons, Inc. (松原恭司郎訳 (2004)『ステップ・バイ・ステップバランス・スコアカード経営』中央経済社).

Lev, B. (2001) *Intangibles : Management Measurement, and Reporting*, Brookings Institution Press, Washington, D. C. (広瀬義州・桜井久勝監訳 (2002)『ブランドの経営と会計』東洋経済新報社).

Rucci, A. J., S. P. Kirn and R. T. Quinn (1998) The Employee-Customer-Profit Chain at Sears, *Harvard Business Review*, January-February, pp.82-97.

Ulrich, D. and N. Smallwood (2003) *Why the Bottom Line isn't! : How to build Value Through People and Organization*, John Wiley & Sons (伊藤邦雄監訳 (2004)『インタンジブル経営』ランダムハウス講談社).

# 事 項 索 引

## サ行

## タ行

# 人 名 索 引

# 組織（企業・団体・部門）名索引

〈著者紹介〉

**伊藤　和憲**（いとう　かずのり）

専修大学商学部教授，博士（経営学）
玉川大学工学部講師，助教授，教授を経て，現職。
日本公認会計士協会学術賞（2015），日本管理会計学会文献賞（2015），日本原
価計算学会著作賞（2015）を受賞。

主な著書に，『グローバル管理会計』（同文舘出版，2004年），『ケーススタディ　戦
略の管理会計』（中央経済社，2007年）など，主な論文に，Managerial Accounting
as a Tool for Corporate Strategy : Synergy Creation and Anergy Inhibition,
*Journal of International Business Research*, Vol.11, No. 1, pp.63-72,「バランス
ト・スコアカードの現状と課題：インタンジブルズの管理」（『管理会計学』
Vol.20, No. 2, pp.109-122, 2012年），「管理会計における統合報告の意義」（『會計』
Vol.185, No. 2, pp.160-172，2014年）などがある。

| | | |
|---|---|---|
| 平成26年9月1日 | 初 版 発 行 | 《検印省略》 |
| 平成31年3月1日 | 初版3刷発行 | 略称：BSC戦略 |
| 令和5年4月10日 | 新 装 版 発 行 | |

# BSCによる戦略の策定と実行
―事例で見るインタンジブルズのマネジメントと
統合報告への管理会計の貢献―

著 者　伊　藤　和　憲
発行者　中　島　豊　彦

発行所　同 文 舘 出 版 株 式 会 社
東京都千代田区神田神保町1-41　　〒101-0051
電話　営業(03)3294-1801　　　編集(03)3294-1803
振替 00100-8-42935　　　http://www.dobunkan.co.jp

©K.ITO　　　　　　　　　　　製版：一企画
Printed in Japan 2014　　　印刷・製本：萩原印刷

ISBN 978-4-495-20062-6